复旦法学·研讨型教学系列教材

新编国际经济法导论

（第三版）

张乃根 著

复旦大学出版社

第三版序
PREFACE

  自1983年复旦大学恢复建立法律学系,国际经济法就是本科法学专业的主干课程之一。首任系主任董世忠教授开创了该课程的导论体系,出版了《国际经济法导论》教材。自1995年接替主讲该门课程以来,根据世界贸易组织成立后国际经济法的发展,我在教学及研究中逐步形成相对新颖的理论及体系。在中国加入世界贸易组织前夕,我结合自己的教案以及在美国从事由富布莱特基金赞助的相关专题研究成果,同时在选课学生提供的详细课堂笔记的基础上以及在所指导的国际法专业研究生的协助下,主编了《新编国际经济法导论》,经董世忠教授审读后,由复旦大学出版社于2001年1月出版。首版问世不到一年,便告脱销。经出版社要求,并根据中国加入世界贸易组织之后有关国际经济法的发展以及参考了国内外研究成果,我修订、充实了本书,于2002年6月再版。2004年9月,本书第二版荣获2003年上海普通高等学校优秀教材二等奖。我主讲的"国际经济法导论"课程也获得2004年度上海高校市级精品课程荣誉证书。此后,我一直负责该精品课程的建设,于2004年组织法学院多位讲授国际经济法的老师合作编写了《国际经济法》,该书被列为"十一五"国家级教材于2009年再版。同时,该书作为复旦大学本科法学专业包括"国际经济法导论"在内的系列课程的统编教材至今,也获得了2011年上海普通高校优秀教材二等奖。

2020年,根据复旦大学本科教学改革要求,法学院需要开设以专业主干课为基础,具有拓展性的荣誉课程;同时,按照法学院相应的研讨型教学系列教材的要求,我负责编写《新编国际经济法导论》第三版,用于主干课程及其荣誉课程的教学。

时光似箭,转眼离本书第二版出版已过20年。国际经济法,尤其是世界贸易组织法和以条约为基础的国际金融、投资法律制度以及区域经贸法律制度已发生了许多重要变化,中国在整个国际经贸关系及其法律制度体系中的地位也已显著提升。如何更新本书是第三版的重点和难点。虑及本科课程,尤其是研讨型教学要求,第三版的撰写在适当简化或调整各章节体系的同时,更多地研究分析国际多边贸易和金融法律体制以及国际投资法律制度、区域经贸法律制度的现行规则,以使学生和一般读者更容易学习理解具有国际公法性质的国际经济法部分内容。

全书共十章,第一章是国际经济法概论性的内容;第二章至第七章是以世界贸易组织法为内容的国际多边贸易法律体制,包括作为基本原则或规则的最惠国待遇和国民待遇、货物贸易的非关税壁垒和非货物贸易的法律制度以及争端解决机制;第八章为国际多边金融法律制度,包括国际货币基金组织和世界银行的法律制度;第九章为国际投资法律制度,包括与外国直接投资有关的国际公约和双边投资保护协定以及与跨国公司有关的国际投资法律;第十章着重评价以关税同盟为基础的欧盟经贸法律制度,以及由美国、加拿大和墨西哥三国组成的北美自由贸易区,以包括中国在内的部分亚洲和太平洋地区国家签署生效的《区域全面经济伙伴关系协定》为代表的自由贸易区经贸法律制度。根据要求,本书第三版各章体裁统一为:首先较全面评价分析相关法律制度,然后提供若干经典案例和文献选读,最后给予扩展阅读的文献目录,以期引导学生或一般读者在了解相关国际经济法制度的基础上,通过课上或课外阅读、讨论有关案例和文献,加深对有关法律制度的理解。在课堂教学中,可向学生提供适当的案例或文献原文,供有能力者研读学习。

本书第三版由我个人撰写,所有的经典案例均由我翻译和评析,所有选读文献或选自我本人经原著作者及出版社授权翻译出版的中文本,或译自国际组织的官方文件,或我主编著作的个人撰写内容,不涉及与他人的版权关系。当然,对本书可能存在的任何问题,文责自负。

在近30年从事国际经济法导论的教学研究中,我与数以千计的学生们教学相长,与校内外同仁们互相学习交流,在此表示由衷的谢意。

张乃根
2022年5月22日

目 录
CONTENTS

第一章 什么是国际经济法 …………………………………………… 1
  第一节 国际经济法是调整国际经济关系的法律制度 / 1
    一、国际经济关系与国际关系 / 1
    二、以国际商业交易为基础的国际经济关系 / 3
    三、与国际商业交易有关的政治法律因素 / 4
    四、当代国际经济关系及其特点 / 6
  第二节 经典案例与文献选读 / 11
    一、经典案例1：美国汽油案 / 11
    二、经典案例2：亚洲农产品公司（AAPL，香港公司）诉斯里兰卡案 / 13
    三、文献选读：《国际法与国际经济关系：导论》（杰克逊） / 14
    四、扩展阅读 / 16

第二章 国际多边贸易法律体制的由来及演变 ………………………… 18
  第一节 从GATT到WTO的国际多边贸易法律体制 / 18
    一、GATT的产生与演变为准国际组织的总协定 / 19
    二、WTO的国际多边贸易体制 / 20
    三、WTO成立后国际多边贸易体制的发展 / 22
    四、中国与WTO的关系 / 25

第二节 经典案例与文献选读 / 28
　　一、经典案例：美国虾案 / 28
　　二、文献选读：《世界贸易组织与乌拉圭回合》（杰克逊）/ 30
　　三、扩展阅读 / 32

第三章　WTO 的最惠国待遇原则　33

第一节 作为 WTO 体系基石的最惠国待遇原则 / 33
　　一、最惠国待遇的概念及其历史发展 / 34
　　二、GATT/WTO 最惠国待遇条款及其适用 / 35
　　三、最惠国待遇原则的适用例外 / 41
　　四、最惠国待遇原则在 GATS 和 TRIPS 协定中的适用 / 44
第二节 经典案例与文献选读 / 46
　　一、经典案例：加拿大汽车案 / 46
　　二、文献选读：《WTO 的未来：非歧视性的削弱》/ 48
　　三、扩展阅读 / 50

第四章　WTO 的国民待遇原则　51

第一节 作为 WTO 非歧视原则的国民待遇 / 52
　　一、国民待遇的概念及其历史发展 / 52
　　二、国民待遇在货物贸易中的适用及其例外 / 55
　　三、GATS 和 TRIPS 协定的国民待遇及其适用 / 61
第二节 经典案例与文献选读 / 64
　　一、经典案例：日本酒税案 / 64
　　二、文献选读：《国民待遇义务与非关税壁垒》（杰克逊）/ 66
　　三、扩展阅读 / 68

第五章　WTO 的非关税壁垒制度　69

第一节 WTO 非关税壁垒制度概述 / 69
　　一、GATT 非关税壁垒制度以及在总协定时期的发展 / 69

二、WTO 现行非关税壁垒制度 / 71
　第二节　WTO 的反倾销法制度 / 74
　　一、反倾销的概念及其法律制度 / 74
　　二、GATT 第 6 条的反倾销规定 / 75
　　三、《反倾销协定》的基本规定 / 79
　第三节　经典案例与文献选读 / 91
　　一、经典案例 1：欧共体床单案 / 91
　　二、经典案例 2：美国归零案（日本）/ 93
　　三、文献选读：《倾销幅度与低于公平价值》(杰克逊) / 94
　　四、扩展阅读 / 96

第六章　WTO 非货物贸易法律制度 ……………………… 97
　第一节　WTO 服务贸易法律制度 / 97
　　一、GATS 的由来及发展 / 97
　　二、GATS 的基本法律制度 / 98
　第二节　WTO 的知识产权保护制度 / 102
　　一、国际贸易与知识产权的内在关联性 / 102
　　二、从 GATT 到 TRIPS 协定 / 103
　　三、TRIPS 协定的主要规约 / 107
　第三节　经典案例与文献选读 / 115
　　一、经典案例 1：美国博彩案 / 115
　　二、经典案例 2：印度专利案 / 117
　　三、文献选读 1：《乌拉圭回合的服务贸易》(杰克逊) / 123
　　四、文献选读 2：《TRIPS 协定生效之后的发展》/ 125
　　五、扩展阅读 / 133

第七章　WTO 争端解决机制 …………………………………… 134
　第一节　WTO 争端解决机制的由来 / 134
　　一、GATT 争端解决机制的形成及演变 / 134

二、WTO 争端解决机制的建立 / 140

第二节 WTO 争端解决的基本程序 / 143

一、争端解决必经的磋商阶段 / 143

二、争端解决任何阶段均可进行的斡旋、调解和调停 / 144

三、专家组程序 / 144

四、上诉复审程序 / 148

五、履行及授权中止关税减让程序 / 149

第三节 WTO 争端解决机制的改革 / 151

一、对 WTO 争端解决规则的改革建议 / 152

二、当前 WTO 争端解决机制面临的严峻挑战及应对可能 / 154

第四节 经典案例与文献选读 / 155

一、经典案例：欧盟香蕉案 / 155

二、文献选读：《WTO 争端解决机制的未来：马拉喀什之后的改革建议》/ 157

三、扩展阅读 / 160

第八章 国际多边金融法律体制 ········ 161

第一节 国际金融法与国际货币基金组织 / 161

一、国际金融法的概念 / 161

二、国际货币关系 / 162

三、布雷顿森林体系的兴衰与国际货币法的演变 / 163

四、IMF 近 30 年的改革 / 164

五、IMF 协定的基本内容 / 166

第二节 世界银行 / 173

一、世界银行的宗旨 / 173

二、世界银行的成员和资本 / 175

三、世界银行的组织结构 / 176

四、世界银行的业务 / 177

五、世界银行集团成员 / 178

第三节　经典案例与文献选读 / 181
　　　　一、经典案例：亚洲公共支出管理系统——第二阶段 / 181
　　　　二、文献选读：《前所未有之年：国际货币基金组织2020年年报》/ 185
　　　　三、扩展阅读 / 188

第九章　国际投资法律体制 …………………………………………… 189
　　第一节　国际投资及其相关国际条约 / 189
　　　　一、国际投资与国际投资法 / 189
　　　　二、与外国直接投资有关的国际公约 / 191
　　　　三、WTO框架下与投资有关的协定 / 197
　　　　四、国际投资的双边保护协定 / 199
　　第二节　跨国公司相关国际投资法律 / 201
　　　　一、跨国公司在国际投资中的作用 / 201
　　　　二、与跨国公司有关的法律问题及其研究 / 202
　　　　三、调整跨国公司的国际"软法"问题 / 204
　　第三节　经典案例与文献选读 / 207
　　　　一、经典案例1：KT亚洲诉哈萨克斯坦案 / 207
　　　　二、经典案例2：安顺诉中国案 / 210
　　　　三、文献选读：《世界投资年报2021》（概述）/ 214
　　　　四、扩展阅读 / 215

第十章　区域经贸法律体制 …………………………………………… 217
　　第一节　欧盟及其经贸法律制度 / 217
　　　　一、欧盟的由来及现状 / 217
　　　　二、欧盟的基本体制 / 219
　　　　三、欧盟法的渊源 / 223
　　　　四、欧盟法与成员国国内法的关系 / 224
　　　　五、欧盟主要的经贸法律制度 / 225
　　第二节　自由贸易区及其经贸法律制度 / 234

一、北美自由贸易区的经贸法律制度 / 234

　　二、RCEP 的自由贸易区经贸法律制度 / 238

　第三节　经典案例与文献选读 / 241

　　一、经典案例：欧盟紧固件案 / 241

　　二、文献选读：《WTO 区域贸易协定的透明度机制》/ 246

　　三、扩展阅读 / 248

附录　缩略语对照 ··· 250

主要参考文献 ··· 252

第一章 什么是国际经济法

如同国际法(或国际公法)、国际私法(或冲突法),国际经济法也是一个外来名词。① 什么是国际经济法?或者说,国际经济法究竟是国际公法或国际私法的新分支,抑或是独立的法律部门?对此,国内外学术界一直存有分歧。本章对这些学术争鸣存而不论,首先径直地陈述己见,然后结合相关经典案例和选读文献,进一步展开分析和讨论。

第一节 国际经济法是调整国际经济关系的法律制度

简言之,国际经济法是调整国际经济关系的法律制度。把握国际经济法这一定义的关键在于理解这种国际经济关系。

一、国际经济关系与国际关系

国际经济关系是国际关系中不可或缺的组成部分。国际关系可追溯至古

---

① "国际经济法"于20世纪80年代初被引入我国学术界。参见[法]卡路、佛罗列和朱依拉:《〈国际经济法〉目录》,王铁崖(笔名"石蒂"译,《国外法学》1980年第8期;[日]金泽良雄:《国际经济法的结构》,姚梅镇译,《国外法学》1982年第2期;芮沐:《第一讲 关于国际经济法的几个问题》,《国外法学》1983年第1期;参见刘丁:《国际经济法》,中国人民大学出版社,1984年。

代。早在中国春秋战国时期（公元前770年至公元前221年），东周衰落，名存实亡，诸侯各国，相对独立，由此产生了世界古代史上较早的国际关系。几乎同时，在古希腊城邦时期（公元前750年至公元前336年），以雅典与斯巴达为代表的城邦国家之间，以及与其他国家或民族之间，出现了西方历史上最早的国际关系。然而，现代意义上的国际关系，直到16、17世纪，西方社会的民族国家形成之后，才逐渐发展起来。因此，严格的国际关系是指主权国家之间的关系，即使在人类跨入21世纪之后，也是如此。在此类国际关系之外，以当今地区性政治或经济共同体、单独关税区作为主体而产生的关系可称为跨境关系。

一定的国际关系可能包含一定的国际经济关系。据说，在春秋战国时期，商品经济蓬勃发展，诸侯各国之间的商业交往频繁。在公元前的古希腊和古罗马时期，地中海沿岸各民族、国家或地区之间的经济往来也十分兴旺。甚至，据推测，中国最早当钱使用的玛瑙贝壳可能来自遥远的马尔代夫群岛。公元2世纪，连接东西方文明古国之间的"丝绸之路"，堪称古代世界的国际经济关系典范。到了近代，欧洲地区的主权国家之间的关系，与当时的国际经济关系密切相关。17世纪初，被称为"国际法之父"的格劳秀斯（Grotius）在研究国家之间战争与和平的政治关系时，首先观察的是与印度（当时被称为东方）的贸易有关的国际经济关系。至于当代的国际关系，更是突出地反映了各种错综复杂的国际经济关系。1994年4月15日，包括中国在内的123个国家或地区的政府代表，在乌拉圭回合的"一揽子"协定上签字，而后，该协定于1995年1月1日生效，世界贸易组织（WTO）问世。这不仅翻开了当代国际经济关系的新篇章，而且也是影响世纪之交整个国际关系的重大事件，尤其是2001年12月11日，中国正式加入该组织，使其名副其实。如今，中国已成为世界第一货物贸易大国，开始改变包括经济关系在内的国际关系格局。

西文"国际关系"作为专门术语，可能来源于近代国际法学说。1625年，格劳秀斯以拉丁文发表的《战争与和平法》，第一次系统地论述了调整主权民族国家之间关系的法律，并沿用了罗马法的"万民法"（*jus gentium*，直译是"各民族的法律"）。近代西方社会的民族国家是政治独立的主权国家，因此在这个意义上，西文"民族"成了"国家"的同义词。1789年，英国著名法学家边沁（Bentham）的《道德与立法原则导论》首创了形容词——"国际的"（international），表示"两个君主之间的"（between sovereigns）意义，并认为调整不同国家的成员之间的法律,是国际的"法理学"(jurisprudence,包括确定现有的和应有的法律)。尽管该书字里行间没有出现"国际法"和"国际关系"这两个如今人们常用的英文名词,但是,边沁对"国际法理学"和"君主之间的相互交往"这两个术语或概念的阐述,使后人普遍认为他是使用英文"国际法"和"国际关系"这两个术语的第一人。

国际经济关系作为国际关系的一部分,虽可追溯到古代,至少在近代数百年来愈加明显,但它作为相对独立的学术研究对象,引起人们的重视,却是第二次世界大战之后的事。第二次世界大战后,随着国际货币基金组织(IMF)和《关税与贸易总协定》(GATT)的出现,西方一些国际法学者开始关注这些新的调整国际经济关系的条约法,提出了"国际经济法"或"国际经济关系法"等概念。20世纪60年代后,美国著名国际经济法学者杰克逊教授明确将"国际经济关系"及其调整的法律问题,作为独立的学术研究对象,并获得了广泛的认同。我国学者从70年代末80年代初开始研究调整国际经济关系的法律制度,其中有些从国家之间的关系出发理解国际经济关系,有些则认为宽泛的国际经济关系不局限于严格的国家之间的经济关系,由此产生了对国际经济法的认识分歧。

二、以国际商业交易为基础的国际经济关系

国际经济关系本身是以国际商业交易为基础的。众所周知,商业交易是商品经济的基础。没有商业交易,就不可能产生商品。商品的本质在于交易。商业交易起源于实物交易。从法律角度看,实物交易意味着物的所有权交易。这是货物买卖的法律实质。尽管人类社会已进入电子商务时代,货物买卖仍然是最基本、最重要的商品交易形式。至今,无论是调整交易主体之间横向的,或政府管制交易活动的纵向的国际经济关系的法律制度,都以货物买卖的法律关系为首要调整对象或前提。前者,如联合国国际贸易法委员会制定的《联合国国际货物销售合同公约》;后者,如 WTO 管辖的《货物贸易多边协定》。

从理论上归纳,一般的商业交易可能具有两个最基本的特性:第一,商业交易与市场相联系而存在。不同的商业交易会有不同的市场形式。比如,电子商务与依托互联网的电子化市场相联系而存在、发展。因此,商业交易本质上是市场交易。第二,商业交易是人为的经济行为,与之联系的市场则是人为的制度安排。这种在一定时间、空间内进行的商业交易包括了三方面要素,即,主观要素(交易双方当事人对被交易的物及其价格等的主观判断)、客观要素(可观察的交易行为,交易

的时间、地点和设施等)、客体要素(主客观要素所指向的被交易物——商品)。研究不同时代、不同地点、不同形式的商业交易,都离不开这三方面的分析。当然,研究这些要素背后的经济动力(为什么会有这样或那样的主观判断或交易行为,涉及生产力与生产关系、价值规律和市场竞争)也是题中之义。从法律角度看,一般的商业交易形成市场交易主体(平等的民事或商事主体)之间的经济关系。

国际商业交易具有上述一般商业交易的基本特征,但是又有不同之处。就经济动力而言,传统的比较优势法则理论认为,国际贸易产生的原因在于各国自然资源和劳动力成本不一。同样的产品,在各国的生产需要不同的生产成本,因而形成不同的产品价格。各国厂商都尽量生产在本国成本较低的产品,供应本国市场和出口到他国市场销售,从而形成各国之间的产品进出口贸易。但是,从某种意义上说,这还没有完全揭示国际商业交易的特点,因为比较优势法则对于一个国家内不同地区的商业交易也起着作用。为此,需要分析与国际商业交易有关的政治法律因素。

三、与国际商业交易有关的政治法律因素

国际商业交易都要超出一定国家管辖范围。从商业交易所适用的法律这一角度看,在同一法域内的商业交易不是真正意义上的国际贸易。"国际"一词意味着"不同国家之间"。自人类进入文明时代,国家形态经历了数以千年的演变过程。比如,在西方文明史上,经历了从古希腊时代的城邦国,到罗马帝国统治下的世界国家,乃至教皇权威高于世俗君主的中世纪封建王国。在近代文艺复兴后产生具有主权的民族国家之前,尚没有现代意义上的国际法。古罗马时代的万民法是罗马私法的"三重法源"(threefold origin),属于国内法范畴。根据《查士丁尼法学阶梯》,"罗马人的法律一部分是特别地适用于自己,一部分则适用于所有民族"。[①] 这意味着罗马法只解决如何将罗马法适用于非罗马人,而不涉及适用非罗马法的问题。这种法律观念和制度与当时环地中海地区似乎只存在一个罗马"世界国家"有关。中国唐朝则开始有了适用外族人的所谓"俗法"的明确规定,较之罗马法,更进一步。欧洲中世纪后期,随着世俗的自治城市国家兴起,国际私法的法则及其理论逐渐形成。当欧洲的民族国家产生后,才有了

---

① *The Institutes of Justinian* (5th ed.), translated into English with an Index by J.B. Moyle, Oxford: At the Clarendon Press, 1913, p.4.

调整主权国家之间的现代国际法。这本身既是西方政治形态演变的结果,更是资本主义发展的需要。正如马克思和恩格斯所描述的:"资产阶级日甚一日地消灭生产资料、财产和人口的分散状态。它使人口密集起来,使生产资料集中起来,使财产聚集在少数人的手里。由此必然产生的后果就是政治的集中。各自独立的、几乎只有同盟关系的、各有不同利益、不同法律、不同政府、不同关税的各个地区,现在已经结合为一个拥有统一的政府、统一的法律、统一的民族阶级利益和统一的关税的国家了。"①

在马克思和恩格斯所说的现代国家形成后,才有法律意义上真正的国际贸易。根据对关税的历史考察,虽然早在古希腊时代和古代中国先秦时期就有关税,但是在西方世界,统一的国境关税是在1648年英国资产阶级革命之后出现的。在中国,唐朝鼎盛时开始设置国境关税,较之西方更早些。只有与这种统一的国境关税相联系的国际贸易才真正地涉及不同主权国家的法律,而区别于同一主权之下法域内的国内贸易。在中国盛唐时,西方世界尚处于中世纪前期,因此,一般而言,不同主权国家间的贸易是17世纪以后的事。这也可以理解为什么亚当·斯密(Adam Smith)等人的国际贸易理论是在17世纪以后才会提出。

尽管罗马法中的万民法仍是国内法,但是罗马法包含了现代国际法的理论基础。比如,个人财产权与国家主权的比较。如上所述,商业交易中的货物买卖,其法律实质是物的所有权交易。最简单、最直接的货物买卖形式是类似于"一手交钱,一手交货"的即时交易。这种交易直观地体现了物的所有权的"易手"过程。商业交易是财产所有权主体之间的商品交换。这种交易的前提是财产权的排他性。对物的所有权,实质上是财产权主体对其所有物享有的"主权"。按照罗马法的解释:"根据自然法,让渡是我们取得物的另一种方式;因为一个人愿意将他的财产转让给另一个人,是最符合自然公平的,所以他的意愿应予承认。因此,无论哪种有形物均可让渡,并且,一旦由其所有主让渡给他人,便成为他人的所有物。"②

领土主权是国家主权的首要内容。一个主权国家不可能没有领土。国家领土也叫国家的领土财产。尊重他国的领土主权,即领土完整和政治独立是《联合

---

① 《马克思恩格斯选集》(第1卷),人民出版社,1972年,第255—256页。
② The Institutes of Justinian, translated into English with an Index by J. B. Moyle (5th ed.), Oxford: At the Clarendon Press, 1913, p.44;亦可参阅[罗马]查士丁尼:《法学总论——法学阶梯》,张企泰译,商务印书馆,1989年,第57—58页。

国宪章》重申的现代国际法基本准则之一。作为主权国家的领土财产可以转让，其中以平等自愿为基础的非强制性转让，如交换、买卖等，可采用契约方式（即国家契约）。一旦领土被转让，该领土连同与该领土有关的一切地方性国际义务都转移至新的主权者。这一原理显然根源于罗马法。

推而言之，从民法原理来理解商业交易，财产权主体之间对其所有物的交易过程包括：主观上的"意志"约定，实现契约法上所说的合意，交易双方完成各自的所有权转移。这是由物法和债法分别调整的过程，其中，当事人的意志自治与国际法上"主权独立"有着内在联系。国际商业交易是不同国家的财产权主体对物的交换，同样有"意志"约定的过程。问题在于，一旦跨越国界，超出法域，适用哪一国法律？究竟是适用属人原则，抑或属地原则？这就涉及法律的冲突（或者说抵触）问题。因此，从法律的角度看，国际商业交易的根本特点在于涉及不同国家的法律适用问题。在跨境关系中，一般称之为不同法域的法律适用问题。

总之，就一般的商业交易性质而言，国际商业交易和国内商业交易没有本质区别。这是我们研究国际经济关系时的基点，否则，就难以理解调整国际经济关系的国际法和国内法为什么具有共性之处？为什么前者在协调后者的基础上趋于一致？即便是在调整纵向经济关系方面，各国的法律制度也在求同存异，并且相同的程度逐步提高。但是，国际商业交易与国内商业交易毕竟有区别。在主权国家的现代国际社会中，国际商业交易是超出一国范畴的商业交易，因而带来了一系列在一国范畴内不存在的法律问题，包括与一国领域范围及其国内法有关的适用空间、时间效力，一国国民或法人的国籍及其待遇等诸多国际公法或私法（冲突法）问题。

四、当代国际经济关系及其特点

在对以国际商业交易为基础的国际经济关系作了初步分析之后，我们再来观察当代国际经济关系。本书所论国际经济法主要都是调整当代国际经济关系的法律制度。那么，什么是当代国际经济关系？与先前的国际经济关系相比，它有什么新的特点呢？

如上所述，没有国际商业交易，就没有国际经济关系。不同主权国家间的商业交易是近现代以后才出现的。在19世纪末之前，基于这种国际商业交易的近现代国际经济关系，主要是各国商人间的贸易和金融关系，以及各国政府为保护各自商业利益而达成的双边友好通商关系。前者或通过国际私法(冲突法规)适用各有关国家的合同法等国内法,或直接适用有关国际商业惯例;后者根据双边友好通商协定加以调整。

19世纪末,源起于英国的工业革命已席卷西方各主要国家,并在科学的推动下,迅速地改变着整个世界面貌,促使国际贸易进一步增长。1883年《保护工业产权巴黎公约》的签署,标志着国际社会开始采用多边条约或公约的方式调整国际经济关系。截至第二次世界大战前夕,仅国际联盟、海牙国际私法会议、国际海事委员会主持制定的国际商业性多边条约或公约,以及巴黎公约联盟和伯尔尼公约联盟等知识产权国际保护机构所辖有关国际条约或协定就达20余项。

第二次世界大战后,以美英两国倡导建立的布雷顿森林体系为基础的国际经济秩序逐步形成。但是,在60年代之前,由于冷战,苏联及其东欧集团没有加入以西方国家为主的多边国际贸易和金融法律体系,而新中国和其他摆脱殖民统治的亚非新兴发展中国家尚处于联合行动的酝酿阶段;同时,欧洲和日本处在战后重建和恢复时期,因此,上述国际经济秩序没有受到任何挑战。

60年代以后,在广大发展中国家的共同努力下,联合国大会于1962年12月通过了《关于天然资源之永久主权宣言》,于1964年召开了贸易与发展会议(简称"贸发会议"),并由贸发会议于1974年通过了《建立国际经济新秩序宣言》和《各国经济权利和义务宪章》。同时,布雷顿森林体系亦发生了重大变革,其中的GATT于1965年新增了"第四部分贸易与发展",规定了发展中国家指导本国贸易政策的总目标,并开始将非关税壁垒列入调整范围。这说明,此时战后国际经济关系的广度和深度有了明显的发展。

进入80年代,尤其是1986年GATT乌拉圭回合多边贸易谈判开始后,战后国际经济关系中一度对峙鲜明的南北双方,即广大发展中国家与少数发达国家的对立,逐步淡化。发达国家利用发展中国家企求拓展国际贸易、促进本国经济发展的迫切需要,将发展中国家纳入其主导设计的、更加全面的,包括服务贸易、与贸易有关的知识产权保护以及投资措施在内的国际贸易新体系。

1989年年底,柏林墙倒塌,紧接着德国实现统一,冷战随之结束,世界历史翻开了冷战后或"后战后"时代新的一页。1994年4月15日,全世界123个国家或地区的政府代表签署了乌拉圭回合的"一揽子"协定;1995年元月,《建立WTO协定》正式生效。此后的国际经济关系,至少就调整其中的国际贸易关系的WTO规则而言,更具有延续至今的"当代"性,因而本书所说"当代国际经济关系"更多是指WTO成立之后至今的国际经济关系。当然,WTO以GATT为多边贸易体制的法律基础,同时,国际货币基金组织虽经70年代美元脱离与黄金兑换挂钩的固定汇率等重大变化,但其基本的货币金融法律制度未变。因此,当代国际经济关系仍然离不开战后确立的国际经济秩序的基本关系。相比而言,当代国际经济关系具有如下三个新特点。

第一,全球经济一体化日益加深。这是观察当代国际经济关系的出发点。战后世界经济的发展大致经历了三个阶段:(1)国际经济阶段(战后至60年代)。在50年代初,国际贸易总量占世界生产总值的比例约为8%,贸易多限于原料或成品,投资主要是为了建立海外子公司。(2)全球经济阶段(70至80年代)。70年代后,尤其是80年代,信息和通讯技术的迅速发展,促使全球化经济的形成,跨国大公司直接进入各国国内市场,促进了全球性市场的延展,国际贸易总量占世界生产总值的比例从1973年的14.9%扩大到80年代末的22%。(3)"无边界经济"阶段(90年代以来)。随着互联网的兴起,信息产业迅猛发展,全球经济更趋一体化,国际贸易总量占世界生产总值已超过25%。"全球化不是政策选择——判断正确或错误。这是一个过程——受经济和技术变化的现实驱动。"[①]这种经济全球化进程是40多年来中国经济发展的外部环境。在80年代初,中国对外开放不久,国际贸易地位相对较低,而且当时正值全球化经济形成初期,因此,我们还难以体会全球化经济的作用。如今,中国进出口总值约占国内生产总值的30%。中国经济与世界经济已密不可分。这是我们研究当代中国对外经济关系及其法律调整问题时必须面对的现实。

诚然,近年来呈现的逆全球化倾向值得研究。全球经济一体化的实质是各国或地区的产业链日趋相辅相成。据统计,超过三分之二的全球货物贸易的产品通过全球价值链(GVCs)跨境生产、运输和组装。[②]尤其是近20年,随着运输燃料和通讯成本以及贸易壁垒的减少,GVCs相关贸易显著增加并促进了许多国家的经济发展。同时,因贸易而获益的分配性效果不平衡,使得逆全球化和贸

---

① Renato Ruggiero, "Beyond the Financial Crisis", WTO, 6 October 1998, accessed 25 April 2021, https://www.wto.org/english/news_e/pres98_e/pr113_e.htm.
② WTO, *Global Value Chain Development Report 2019*: *Technological Innovation*, *Supply Chain Trade*, *and Workers in a Globalized World*, Geneva: WTO Publication, 2019, p.1.

易保护主义抬头,乃至出于政治动机而人为阻断相关产业链。中国自 2001 年 12 月加入 WTO 以来,快速融入全球经济一体化,跃居世界第一货物贸易大国,并在全球产业链中占据了最完整的制造业地位。因此,中国坚定支持全球经济一体化和多边贸易体制。这是研究当代国际经济关系必须具有的中国视角。

第二,国际经济关系多样化与综合化。在全球经济一体化日益加深的情况下,以国际商业交易为基础的国际经济关系趋于多样化、综合化。如今,国际贸易已从传统的货物贸易发展到包括服务贸易、技术贸易在内的综合贸易,其中的服务贸易更是发展迅速,尤其与现代信息技术有关的服务贸易(电信服务、金融服务等)量都已达到成千上万亿美元。1996 年 1 月 1 日,WTO 经过一年过渡期而正式运行后,在当年 12 月第一次部长级会议上达成的《信息技术产品协定》以及翌年先后达成的《基础电信服务协定》和《金融服务协定》都涉及信息技术。据统计,仅前两项协议的实施所涵盖的贸易量就将超过当时农业、汽车和纺织品三项传统国际贸易的总量。这标志着以知识为基础的经济占据世界经济的主导地位。在知识经济形态中,制造业与服务业的界线开始模糊。比如,在信息技术产业中,硬件业、软件业和信息服务业之间的区别日趋消失。技术创新成为各国经济发展的根本动力,相应地,国际贸易中的技术因素日益增多,这使国际贸易中的知识产权保护显得越来越重要。依托神奇的国际互联网而形成的全球电子商务,不仅将彻底改变传统国际商业交易的方式,而且带来了各国关税、服务业、知识产权保护等多方面的复杂问题。

国际贸易与金融(投资本质上也是金融问题)关系非常密切。如今,国际金融市场一有风吹草动,就会影响各国进出口贸易。1997 年东南亚金融危机和 2008 年因美国房贷大公司破产引起的世界金融危机就是明证。国际投资(包括直接投资,即与跨国大公司有关的国际私人投资;间接投资,即在国际证券市场上融资、投资)规模越来越大,以致国际社会惊呼需要充分发挥私人投资者在缓冲金融危机过程中的作用。1999 年 1 月 1 日,欧元的如期启动,对当代国际经济关系,尤其是国际货币金融关系的发展,具有重要影响。近年来,随着中国综合经济实力的提升,人民币国际化进程加快,2016 年起开始进入 IMF 由美元、欧元、人民币、日元和英镑五种国际通用货币组成的特别提款权"篮子",并占 10.92% 的比例,2022 年提高至 12.28%,成为稳定国际经济秩序的重要支柱之一。

贸易与环境、投资与环境等可持续发展经济问题变得日益重要,已引起了世界各国的极大关注。1992年联合国召开了环境与发展会议,即"地球峰会"(the Earth Summit),并通过了著名的《里约环境发展宣言》,呼吁大力加强全球环境保护的国际协调。此后,有关的"多边环境协议"与日俱增。1994年4月15日签署的《建立WTO协定》要求各成员"根据可持续发展原则,最有效地利用世界上的资源,努力保护和维持环境,并加强实施措施"。随后,该组织设立了贸易与环境委员会,专门负责协调全球经济一体化加速过程中的国际贸易发展与环境保护。2015年12月签署的《巴黎气候变化协定》不到一年便生效,突出彰显了国际社会对加强环境保护的迫切要求,而该协定的实施对可持续经济和贸易的发展至关重要。这表明,环境因素在当代国际经济关系中的作用会越来越大。

在分析当代国际经济关系的上述特点时,还应充分注意其双边的(bilateral)、诸边的(plurilateral)和多边的(multilateral)关系,或者是区域的和全球的关系诸方面,尽管本书着重论述全球性多边经济关系。

第三,国际社会加强协调。面对多样化、综合化的当代国际经济关系,各国政府及国际社会正在建立和完善各种管理和协调措施,因此,调整当代各种经济关系的国内法和国际经济条约越来越多。在相当程度上,国际经济法是"国际经济条约法"。以WTO问世为标志,政府间对全球化经济的协调关系,已成为最重要的,或者说具有框架性意义的国际经济关系。杰克逊教授称之为调整国际经济关系的"核心"制度,或者说"宪法"。从目前情况来看,当代国际经济关系中,贸易与金融仍然是最重要的两个方面,但是,WTO法所调整的国际贸易关系,已超出传统的货物贸易范畴,几乎涉及除金融以外的其他各种国际经济关系,如服务贸易、与贸易有关的知识产权保护、与贸易有关的投资措施,以及贸易与环境保护。

在各国政府及国际社会加强管理和协调下的当代国际经济关系,被越来越多地纳入以条约规则为基础的国际经济秩序之中。以WTO法为例,战后8轮多边贸易谈判的成果,尤其是历时8年的乌拉圭回合的"一揽子"协定所包含的规则,数不胜数。该组织前总干事鲁杰罗(Ruggiero)称这种以规则为基础的国际经济秩序为"新的国际经济秩序"。这是相对于以权力为基础的国际经济秩序而言的。但是,这种区分与联合国贸发会议1974年《建立国际经济新秩序宣言》的原则大相径庭。该宣言要求建立新的国际经济秩序,以尊重各国经济主权、强调公平互利和国际合作谋求发展的原则为基础,旨在改变发达国家与发展中国家在国际经济关系中的实质不平等。然而,原则不等于规则。从实际情况分析,由于具有经济强势地位的西方发达国家的抵制,这些反映发展中国家利益的原则,多半还没有落实到调整当代国际经济关系的具体规则体系之中。

在乌拉圭回合过程中,70年代在国际政治舞台上活跃的"77国集团",难以发挥其作用。虽然现在"77国集团"欲重整旗鼓,但是要以《建立国际经济新秩序宣言》的原则为指导,改变WTO法律体系,谈何容易。比如,WTO成立后于2001年12月启动"多哈发展议程"的多边贸易谈判,其中明确将通过谈判修订反倾销和补贴以及区域贸易安排的规则,并顾及发展中及最不发达国家成员的需求,但是,至今除了达成《贸易便利化协定》和修订《与贸易有关的知识产权协定》的个别条款外,在其他规则修订方面几乎一事无成。这说明,作为发展中国家的中国,在处理国际经济关系的事务时,必须面对这一严峻的现实,既要坚持联合国确认的建立国际经济新秩序的原则,又要充分认识其局限性,善于利用WTO和IMF等组织的现有规则,趋利避害,并尽可能地参与新规则的制定。

综上,当代国际经济关系是在全球经济一体化日益加深的情况下,越来越多样化、综合化的,以国际商业交易为基础的,受到各种国内经济法和国际经济条约调整和协调的国际经济关系。尽管当前存在逆全球化倾向,但是由生产力驱动的经济全球化趋势难以改变。在当代国际经济关系中,横向的国际经济关系主要是私人(市场交易主体)间日趋复杂多样的国际商业交易,或国际经济交往关系;纵向的国际经济关系主要是政府或单独关税区当局(市场管理主体)间对国际经济关系的管理和协调。这两方面关系,纵横交叉,无法分割。放眼世界,这是客观存在的事实。人们如何研究这些国际经济关系及其法律调整,是从主观视角对客观现实的认识问题。

第二节　经典案例与文献选读

一、经典案例1:美国汽油案[①]

这是WTO成立后审结的第一起国际经济贸易案件。该案起因是美国国会

---

① US-Gasoline, WT/DS2/AB/R, 29 April 1996.

于1990年通过《清洁空气法》修正案,规定在美国不同地区销售的汽油须符合精炼或常规等级。美国环境保护署据此于1993年12月颁布《燃料和燃料添加剂条例——精炼汽油和常规汽油的标准》(简称《汽油标准》),以1990年代表性车型使用相关汽油的不同排放量为基准,要求所有在美国销售汽油的本国炼油厂商或汽油进口商均须提供有关汽油质量的数据;凡符合要求者给予单个基准,否则适用法定基准。1994年5月,该环境保护署又建议修订《汽油标准》,使得出口汽油至美国的外国炼油厂商可以采用类似于美国国内炼油厂商所要求的标准和程序以获得单个基准。但是,美国国会拒绝向环境保护署拨款实施该建议。因此,在《汽油标准》下,出口汽油至美国的外国炼油厂商仅可能获得法定基准,而难以获得美国炼油厂商的单个基准。委内瑞拉和巴西以美国国内法实际上使得进口产品的销售待遇将低于国内相同产品等歧视性待遇为由,于1995年2月、4月先后向WTO提起争端解决。

该案首先涉及的进口汽油与国产汽油的销售待遇差异,实质上反映了在国际商业交易中美国市场上的进口汽油厂商与国内汽油厂商之间的竞争关系。美国《清洁空气法》及《汽油标准》规定,根据基准的不同等级,汽油在相应区域的市场销售,属于政府对包括进口产品在内相关产品的销售管制措施。

该案争端所涉国际经济法的具体问题是该管制措施有无违反GATT第3条有关国内法规的国民待遇规则,以及是否违反GATT第20条一般例外下"与保护可用尽的自然资源有关的措施",并符合此类措施的实施规则。

GATT第3条第4款规定:"在任何缔约方领土的产品进口至任何其他缔约方领土时,在有关影响其国内销售、许诺销售、购买、运输、分销或使用的所有法律、法规和规定方面,所享受的待遇不得低于国内相同产品所享受的待遇。"经该案专家组认定,涉案进口汽油与美国国产汽油是相同产品,且"注意到本国汽油在总体上获得好处这一事实,即,作为提炼厂商的销售商使用单个基准,而进口汽油却不能"。其导致的结果是进口汽油无法与相同国产汽油一样在市场需求较大的地区销售。这是委内瑞拉和巴西诉告美国以保护其出口本国汽油至美国的厂商利益之缘故。

在违反上述条约下国民待遇的情况下,根据相关一般例外条款,美国辩称其管制措施是为了保护人类、动植物的生命或健康,以及清洁空气这种可用尽的自然资源而必不可少的。该案专家组通过对涉案条约规定的解释,并参考先前相关判例,认定涉案措施虽出于保护人类生命、动植物的生命或健康,但并非必需,而且其目的也"并非主要旨在保护自然资源"。

根据 WTO 成立后新的争端解决规定,允许当事方对专家组认定和裁决所涉法律解释,如有不服,可提请上诉机构复审。美国对该案专家组有关涉案措施不属于旨在"保护可用尽的自然资源"的条约解释提起上诉。上诉复审认为专家组"忽视了条约解释的基本规则",亦即《维也纳条约法公约》第 31 条第 1 款"条约应依其用语按其上下文并参照条约之目的及宗旨所具有之通常意义,善意解释之"。WTO 的争端解决规定应"依照国际公法的解释惯例澄清"涉案条约义务,而该条约解释基本规则已在国际法实践中取得了"相当于习惯或基本国际法的地位"。上诉机构复审据此解释 GATT 第 20 条(g)款关于"与保护可用尽的自然资源有关的措施,如此类措施与限制国内生产或消费一同实施"的意义,认为应结合 GATT 相关条款的上下文,并根据 GATT 的框架及其目的和意图来解读该条款,并应在个案基础上顾及 WTO 成员对于其国内立法目的和意图之说明。上诉复审认定涉案措施符合"保护可用尽的自然资源"这一目的,且"这种措施不仅对进口汽油同时也对国内汽油产生限制"。然而,美国在实施该措施时没有与委内瑞拉、巴西政府协商达成一定的合作安排以尽量避免为保护可用尽的自然资源而影响进口汽油应享有的国民待遇,因此有悖 GATT 第 20 条小序言有关"此类措施的实施不在情形相同的国家之间构成任意或不合理歧视的手段"的规定。

二、经典案例 2:亚洲农产品公司(AAPL,香港公司)诉斯里兰卡案

这是国际投资争端解决中心(ICSID)首起适用国际法上条约解释惯例,对涉案《双边投资协定》进行解释的案件。1987 年 7 月,该案原告亚洲农产品有限公司(AAPL)作为一家中国香港公司,根据当时英国与斯里兰卡于 1980 年 2 月缔结的《双边投资协定》第 8 条(1)款,就其在斯里兰卡投资的农场因斯里兰卡安全部队的军事行动而遭受财产损失,向 ICSID 提起仲裁。就私人国际投资而言,这是一种国际商业交易,即私人投资者通过在投资东道国的投资兴业获取回报。这与国际货物贸易中交易双方各获其利一样,都是为了获取商业利益。私人投资者的国籍所属国与投资东道国的《双边投资协定》属于政府间对私人国际投资的管制。

该协定第 8 条(1)款规定:"各缔约方同意根据 1965 年 3 月 18 日在华盛顿开放签署的《解决国家与他国国民间投资争端公约》,将一缔约方与另一缔约方国民或公司间,后者在前者领土内有关投资的任何法律争端,递交 ICSID 经调解或仲裁解决。"该案争议焦点在于如何解释涉案《双边投资协定》有关投资"应享有充分保护与安全"的含义,以及由此引起"正当谨慎责任"抑或"严格或绝对责任"之争。

该案仲裁庭认为涉案条约用语"应享有充分保护与安全"须依据"习惯的普通用法所含观念",亦即"自然及显见的意义"和"公平的意义"加以解释。许多国家间的双边协定在鼓励各自国民在另一缔约国从事经济活动时采用了类似用语。但是,没有任何案件假定东道国所提供给另一缔约国国民"充分保护与安全"的义务被解读为绝对的义务,即保证没有任何损害、任何违反将自动引起东道国的严格责任。国际裁判早已明确东道国依据国际法提供"充分保护与安全"的义务,其用语的自然及通常意义并无"严格责任"的含义。在解读条约用语的通常含义基础上,该案仲裁庭进一步参照涉案条约的一般精神及宗旨,即通过充分的法律保护鼓励投资,认为这并无支持确定"严格责任"的用意。为了说明这一解释符合涉案条约的原意,该案仲裁庭指出,如果将"充分保护与安全"解释为具有"严格责任"的含义,那么涉案条约第 4 条的例外就没有必要,因为"严格责任"实际上不允许这些例外。由此可见,"充分保护与安全"不是绝对的,所引起的应是东道国"正当谨慎"的责任。

根据上述解释,该案仲裁庭裁定:斯里兰卡政府对其安全部队的军事行动"不作为与忽视,违反了其应采取所有可能措施之正当谨慎义务,导致本可合理预期防止的投资者人身及财产受损"。由此产生的损失应给予相应的赔偿,包括公平合理的利息。

三、文献选读:《国际法与国际经济关系:导论》(杰克逊)

选自已故著名国际经济法学家约翰·H.杰克逊教授(John H. Jackson)代表作《世界贸易体制——国际经济关系的法律与政策》(张乃根译,复旦大学出版社 2001 年版)第 1 章第 4 节。

国际经济法

近来,人们越来越多地听到"国际经济法"这一表述。可是,这个术语并没有得到很好的界定。学者们和实务者对这一术语的意义,也是众说纷纭。有人认为这是范围非常广泛,几乎囊括所有与经济问题相关的国际法。从广义上说,几乎所有的国际法都可称为国际经济法,因为几乎所有国际关系都在某一方面涉及经济。确实,从后者的角度观察,可以说没有什么与国际经济法脱离的问题。然而,比较严格的国际经济法定义包括跨国交易中涉及贸易、投资与服务问题,以及与来自域外的个人或企业在域内的经济活动有关的问题。

在任何情况下,国际贸易(货物或服务贸易)的内容总是处于国际经济法的核心地位。本书集中论述货物的国际贸易规则,但是,这些规则的意义对于国际经济关系其他主题而言,也是显见的。主要由 GATT 规定的货物贸易规则,是最复杂、最广泛的,涉及现存国际经济关系中任何主题的规则。自然地,这些规则将对其他国际经济主题,尤其是乌拉圭回合新增加的议题,比如服务贸易和知识产权的规则发展,具有潜在影响。此外,还应注意到 GATT 中的投资问题,以及 WTO 对其他领域的可能调整。因此,本书集中讨论货物贸易规则也是顺理成章的。人们可以将该研究看作关于国际规则体系的有利或不利,积极或消极因素的"案例研究"。

然而,国际经济法的内容存在两个分支。第一个分支是货币与贸易。可以说,这是"一枚硬币的两面"。将两者分开研究,是人为的。但是,国际组织、国内政府,乃至大学内的院系也都是将这两者分开处理。看来不可能将整个世界一股脑儿一起研究,因此,将贸易问题分开,还是有很大实际价值的。

另一个分支是国际与国内规则。本书将两者融合研究。事实上,有关经济的国内与国际法律规则或体系是难以分开的。不可能将两者的运行机制隔离开来加以理解。国内规则(尤其是宪法性规则)对国际体制与规则具有极大的影响。我们可以经常看到两者之间的相互影响。因此,我试图在本书中将两者结合研究,并在下一章专门讨论。

国际法与经济关系

在介绍有关经济方面的国际法及其历史时,有几个问题值得一提。首先,国际法的渊源一般分为"习惯"与"公约"。后者指的是条约,常常称为"协定"。习惯国际法被界定为各国在实践中形成的,具有法律义务性质的行为规则。可惜,习惯国际法的规范往往含糊不清。学者们和实务者对许多习惯国际法规范的含义,甚至是否存在,争论不休。争论的原因来自确认习惯国际法规范的原理本身。

但是，在经济问题上，公认的习惯国际法规范非常少。在与一个国家的政府征用外国人的财产有关的管辖权问题上，就有严重的分歧。此外，在海洋法方面，与海洋有关的问题上有一些公认的规范。除此以外，几乎没有什么实体性的习惯国际法规范（这不是指处理政府与政府之间关系的程序，或是在少数情况下，当国际法可适用于企业或个人时，处理企业或个人间关系的规范）。

有人认为在处理各国之间经济关系方面，存在禁止"歧视性"行为，这样一种习惯性规范。在包括WTO和GATT的许多条约中，都包含了"最惠国"（MFN）的理念，但是，多数学者和实务者并不认为存在任何MFN的习惯国际规范。因此，在研究国际经济法时，人们接触的主要是条约。

对国际经济法的功能性研究

一个关键问题是，当人们接触国际法规范时，几乎都会问："为何这是重要的？"以另一种方式表达，那就是人们对国际法的重要性或有效性还有许多疑虑。公众经常可以从新闻报道中，了解到大大小小的国家违反国际法规则的情况。有时，有些国家的领导人即便承认了违反（在这个问题上常常会有激烈的、却无结论的争论），也会千方百计地论证这些违反如何合理或"正当"。因此，人们对国际规则存有疑虑，就毫不奇怪了。

可是，许多国际规则又确实得到了很好的遵守。其原因一直是人们所深思的问题，在此不予展开分析。互惠的观念、国家间相互依赖的愿望使得许多国家遵守国际规则，哪怕是他们并不完全愿意这样做。本书的关键任务是现实地评价国际与国内规则在影响国家、个人或企业的行为方面所起的作用。在以下各章，我将继续阐述这个问题。

至少在经济行为，特别是在市场经济这种非中央化决策的情况下产生的行为方面，规则具有重要的运行功能。对于潜在的投资或贸易发展，规则可以提供可预见性与稳定性。没有这种可预见性和稳定性，贸易或投资的风险可能会更多，因而会更加困难。如果这种"自由贸易"目标有助于世界福利，那么旨在实现该目标的各种规则也应该有利于世界福利。换言之，旨在减少风险的政策可以降低企业家们在进行国际交易时所需的"风险投保费用"。

四、扩展阅读

1. 董世忠主编：《国际经济法》（第二版），复旦大学出版社，2009年，第一篇

《绪论》。

2. 余劲松主编:《国际经济法学》,高等教育出版社,2016年,第一编《国际经济法概述》。

3. US-Gasoline,WT/DS2/AB/R,29 April 1996.

4. *AAPL v. Sri Lanka*,Case No. ARB/87/3,Award,27 June 1990.

5. Steve Charnovitz,"What is International Economic Law?" *Journal of International Economic Law*,Volume 14,Number 1,March 2011.

第二章 国际多边贸易法律体制的由来及演变

对国际商业交易的政府管制有着悠久历史渊源,尤其是各国或地区通过关税调整其对外货物贸易,并作为其财政收入的重要来源。这早在古代社会就有,只是到近代逐渐形成世界通行的关税制度。第二次世界大战后,以1947年《关税与贸易总协定》为基础,经过历史演变而成为如今WTO管辖《货物贸易多边协定》、《服务贸易总协定》(GATS)和《与贸易有关的知识产权协定》(TRIPS协定)的国际多边贸易法律体制。这是国际经济法中的国际贸易公法,与国际货物买卖及支付法等国际贸易私法构成当代国际贸易法。本章扼要论述国际多边贸易法律体制的由来及演变,并结合经典案例和文献选读,供进一步讨论。

第一节 从GATT到WTO的国际多边贸易法律体制

GATT是有史以来第一项由许多缔约方签署的多边贸易协定,是美国当时主张国际贸易应该为"多边"(multilateral)而非双边的对外贸易关系原则的产物,旨在更大范围为美国产品打开战后的世界市场。[①] WTO是当代国际多边贸

---

① 杰克逊教授指出:当时"美国还是很支持GATT的无条件最惠国待遇条款所包含的多边主义和非歧视性原则的"。这里所说的"多边主义"是相对"双边主义"而言的,分别与多边或双边贸易协定相关。See John H. Jackson, *The World Trading System: Law and Policy of International Economic Relations*(2nd ed.), Cambridge: The MIT Press, 1997, p.169.

易体制。

一、GATT 的产生与演变为准国际组织的总协定

1947 年 GATT 本身是关税与货物贸易的多边国际协定,以后逐步演变为准国际贸易组织(通常称之为"总协定")。现行 WTO 的法律体制与作为条约的 GATT 和曾为事实上国际组织的总协定,有着千丝万缕的联系。

关税针对国际贸易而言,是执行贸易政策的必要手段。一般来说,关税是国家为进出口贸易设置的特别税,即由海关根据事先公布的关税税则,以进出口货物和物品的流转额为课税对象征收的一种税。关税的直接作用是提高被征关税货物在一定市场上的价格。比如,一辆进口汽车的到岸价是 1 万美元,进口税率为 25%,完税后在进口国的市场价可能是 1.25 万美元。通过关税调节某类货物在国内市场的价格,从而抑制或鼓励进出口,显然对国际贸易产生直接的重大影响。

同时,关税是一国政府国库收入的重要来源。因此,在主权国家存在的条件下,关税的作用是不可替代的。非主权的单独关税区问题,暂且存而不论。

关税是国家主权的体现,一国无权干涉他国设定的关税水平,因此,一国只能通过外交途径,经过谈判,与他国达成关于互相减让关税的协议,以促进本国的对外贸易。近代史上最初的关税协调发生在 19 世纪下半叶。当时,英国是全世界头号贸易大国,奉行贸易自由主义政策,不断降低关税水平。但是,在国际贸易中,一国单方面保持低关税,是不可能长久的。因此,在 1860 年,英国与法国达成了第一项互减关税的通商协定,即《科布登—谢瓦里埃条约》(Gobden-Chevalier Agreement)。随后法国又与欧洲大陆其他国家达成一系列类似的互减关税协定。第一次世界大战前后,国际贸易因政治军事冲突而减少。英国于 1919 年放弃自由贸易政策,转而实行贸易保护主义政策。欧洲各国纷纷效仿。在 30 年代初世界性经济大萧条时,各国关税水平都很高,如美国 1931 年的关税水平为 60%。1934 年之后,为了克服大萧条,国力已经相对强盛的美国首先实行全面的贸易自由政策,减低关税,并在第二次世界大战之前,与其他国家签订了 32 个互减关税的双边贸易协定。第二次世界大战以后,已代替英国成为世界头号经济和贸易大国的美国,便与英国一起倡导建立多边的关税协调与促进国际贸易的新体系。

1945 年 10 月 24 日,联合国正式宣告成立。美国随即向联合国经济与社会理事会(简称"联合国经社理事会")提议召开世界贸易与就业会议,并建立一个

国际贸易组织(ITO)。1946年2月,联合国经社理事会接受美国的建议,成立了一个筹备委员会。同年10月,在伦敦召开了筹委会第一次会议,讨论由美国提出的ITO宪章草案。1947年4月,在日内瓦召开的第二次筹委会通过了ITO宪章草案,然后提交给1947年11月在古巴哈瓦那举行的联合国贸易与就业会议审议通过。哈瓦那会议有56个国家参加,于1948年3月结束,通过了ITO宪章。该宪章须由各国政府批准后生效。不料,美国国会不予批准,理由是1945年国会通过的《贸易协定延长法》并没有授权美国总统及其贸易谈判代表签署建立有关国际贸易组织的国际条约。换言之,美国有关建立ITO的提议一开始就与国会授权相抵触,结果数十个国家花了九牛二虎之力达成的有关协议,完全是白费劲。在当时的条件下,由于美国不批准,使得其他任何国家的批准都毫无实际意义,ITO最终未能成立。

尽管如此,联合国贸易与就业会议的参加国为了协调相互间的关税政策,仍然希望将在酝酿成立ITO的过程中已达成的关税减让协议,即于1947年10月30日在日内瓦万国宫由美、英、法、中等23国签署的GATT付诸实施。其生效的唯一根据是同时签署的《GATT临时适用协定书》。原先考虑在ITO成立后,由该组织负责实施GATT。可是,由于ITO未能成立,GATT只得从临时适用变为长期适用,并自身逐步成为一个很特别的准国际组织,即以总协定名义运行的非联合国系统组织,秘书处设在日内瓦。

从1948年1月1日GATT临时生效到1995年1月1日WTO正式成立,作为条约的GATT以及实际上行使国际组织功能的总协定起到两个作用。第一,各缔约方根据GATT普遍最惠国待遇原则和国民待遇原则,履行已生效的互减关税义务;第二,总协定为各缔约方提供进一步谈判互减关税以及解决其他国际贸易摩擦的可能性。此类多边的关税与贸易谈判有过八个"回合"(round)。其中第八轮(乌拉圭回合)多边贸易谈判从1986年9月15开始,至1994年4月15日正式结束。中国于1986年7月10日正式提出恢复GATT原始缔约方地位,随后参加了该轮多边贸易谈判的全过程,并在最后的"一揽子"(single package)协定上签字。

二、WTO的国际多边贸易体制

乌拉圭回合多边贸易谈判的结束及其"一揽子"协定的签署,意味着作为事实上国际组织的总协定完成了其历史使命,一个新的国际贸易组织问世了,这是一个历史里程碑。

1994年4月15日,代表124个国家(包括中国)或地区政府及欧共体的部长们,汇聚在摩洛哥的马拉喀什城,通过了《马拉喀什宣言》。该宣言首先概述了乌拉圭回合的三大成就,即确定了更加有力和明确的世界贸易法律框架,将实现全球范围40%的关税减让,建立了新的服务贸易和知识产权保护制度,以及加强了农产品、纺织品和服装的多边贸易协调制度;其次强调了WTO的重要意义,认为这将开始新的全球性经济合作的时代,反映了日益被更多国家或地区所承认的事实,即合作建立更加公平和开放的多边贸易体系,有利于其人民生活水平的提高;再次重申了要加强与国际货币基金组织、世界银行之间的协调;从次指出了发展中国家在世界贸易体系中发挥着越来越重要的作用,要求发展中国家和经济转型国家进一步进行经济改革,促进贸易自由化,同时再次呼吁发达国家继续履行对发展中国家,尤其是最不发达国家实行特殊待遇的义务;最后宣布了作好必要准备,使得《建立WTO协定》(包括所有附件)如期从1995年1月1日起生效。这些附件包括对所有WTO成员有拘束力的"一揽子"协定,即《货物贸易多边协定》、GATS、TRIPS协定、《关于争端解决规则与程序的谅解》(DSU)、《贸易政策评审机制》,以及部分成员参加的诸边贸易协定。

马拉喀什部长会议还通过了一系列决定,包括:(1)接受与加入建立WTO协议的决定。它规定凡在1995年1月1日之前为GATT缔约方,同时可以接受WTO协定,即可成为WTO成员;否则,需经过加入WTO的申请程序。这说明,GATT与WTO既有联系,又有区别,即在WTO协定生效前,凡是GATT缔约方,可直接接受《建立WTO协定》,成为WTO成员。但是,GATT与《建立WTO协定》是两个国际条约,因此,GATT缔约方是否会成为WTO成员,还取决于该缔约方是否接受《建立WTO协定》。当WTO成立后,所有原非GATT缔约方均需通过申请加入,才能成为WTO成员。(2)贸易与环境决定。它指示WTO总理事会的第一次会议成立贸易与环境委员会。(3)实施《建立WTO协定》的组织与金融后果的决定和建立准备委员会决定。这些都是有关WTO正式成立的事宜。

根据上述宣言,WTO从1995年元旦起正式建立。但是,为了顺利过渡,1995年1月1日至12月31日是WTO替代作为事实上国际组织的总协定的过渡期；从1996年元旦起，WTO完全替代总协定。

从国际法角度看，WTO与作为条约的GATT以及事实上国际组织的总协定，两者既有联系，又有区别：(1) GATT是临时生效的国际协定，尽管"临时"，但从1948年1月1日至1995年12月31日，整整48年，作为国际组织的总协定是事实上形成和运行的；但《建立WTO协定》是正式生效的，WTO是一个具有法律人格的正式国际组织。(2) GATT从未经过其成员批准，而《建立WTO协定》经每个成员批准，具有坚实的国际法基础，因为任何国际条约和国际组织的效力取决于成员的立法机关批准。如此长期"临时"生效的GATT是一个非常特殊的国际法现象。(3) GATT及其总协定只包括或管辖货物贸易的事宜，而《建立WTO协定》以及WTO管辖除传统的货物贸易外，还有服务贸易和知识产权保护以及投资措施。(4) 总协定时期的争端解决机制有严重缺陷，WTO解决机制更为有效，事实上是不可能被某一个成员所阻止。从1996年元旦起，总协定作为准国际组织不复存在，但是1947年GATT本身作为国际协定仍在WTO的法律框架内，作为《货物贸易多边协定》的一部分继续存在。作为条约的GATT是WTO新的国际多边贸易体制的基石之一。同时，总协定时期所有争端解决判例在WTO解决争端时仍起着有效的指导作用。

三、WTO成立后国际多边贸易体制的发展

WTO成立27年来，该体制的新发展主要体现在市场进一步开放、新规则的制定和争端解决适用规则及解释这三方面。

（一）市场进一步开放

(1)《信息技术协定》(ITA) 与货物贸易市场进一步开放。ITA是1996年12月WTO第一次部长级会议的重要成果，全称为《关于信息技术产品贸易的部长级宣言》。该宣言明确信息技术产品贸易在信息产业发展和世界经济的动态扩张中所起的关键作用，确认提高生活水平和扩大货物生产与贸易的目标，期望在信息技术产品的世界贸易中取得最大限度的自由化，鼓励世界范围内信息技术工业的持续发展，关注信息技术对全球经济增长和人民福利的积极贡献，因而同意将乌拉圭回合谈判达成的关税减让表之外新增的减让谈判成果付诸实施，并承认这些谈判成果也包括在先谈判所提出的某些减让。这说明，《信息技

术协定》是乌拉圭回合谈判达成的关税减让的延伸。该协定始初有29个参与方,其附录原则规定了任何WTO成员,或正申请加入该组织的国家或单独关税区可根据该协定的基本步骤参与信息技术产品的世界贸易扩展,后增加为82个参与方。从2000年起,该协定参与方的国家或地区实现第一阶段信息技术产品贸易的零关税。2015年12月,在WTO第十次部长级会议上,50个ITA参与方达成第二阶段增加的201种产品的零关税协定。该协定是部分WTO成员作为信息技术产品的主要进出口方,达成的此类产品零关税协议,并作为其各自关税减让承诺,根据MFN待遇原则适用于所有WTO成员。

(2) 服务贸易新协定与市场准入的进一步扩大。WTO部分成员于1996年4月30日和1997年12月12日就基础电信和金融服务市场准入分别达成议定书,也称为《基础电信服务协定》和《金融服务协定》。与货物贸易的ITA一样,服务贸易方面这两项新协定也是乌拉圭回合相关谈判的延伸。这虽是部分参与方的服务市场准入的承诺,但根据MFN待遇原则适用于其他所有成员。《基础电信服务协定》有69个WTO成员加入。这些成员同意向外国公司开放各自国内电信服务市场。正式生效日为1998年2月5日,但是,如某一成员政府对于某一服务领域的开放表有待拟定,则可根据开放表确定的日期实施。1999年3月1日生效的《金融服务协定》也有70个WTO成员加入。根据该协定,参加的各成员须列出金融市场的开放表,总的趋势是在许多国家或地区,允许更多的外国银行、证券商和保险公司进入其境内市场,尽管会有各种条件和数量限制。这样,在某一国家或地区的金融机构可以为境外客户提供服务,许多开放表还包括扩大境外金融机构进入本国或地区的许可数量;外国资本在该类银行、保险公司和其他金融机构的保障水准;外资金融机构对资产运作和清算等金融服务项目的参与度等等。该协定强调所有的开放表都集中于市场开放和具有约束力的进入条件,并承认有必要对所有银行、证券商和保险公司规定进一步的管制措施。

(二) 新规则的制定

(1) 全球电子商务的新规则。全球电子商务是在电子数据交换(EDI)的基础上发展而来。广义上,电子商务系指通过电话联系、传真、电子邮件或电脑数据连接的跨境贸易。1998年5月,WTO第二次部长级会议通过的《关于全球电子商务的宣言》指出全球电子商务正在增长和创造新的贸易机会,因此,WTO

总理事会将设一个全面性的工作项目,检查涉及全球电子商务的所有贸易相关问题,并宣布 WTO 成员将继续对电子传送的贸易不征关税。以后历次部长级会议均重申这一做法不变。

(2)《贸易便利化协定》(TFA)。这是 WTO 迄今达成的唯一的多边贸易新协定,于 2013 年 12 月由 WTO 第九次部长级会议通过,并于 2017 年 2 月 22 日对接受该协定的每一成员生效。① 该协定旨在使海关程序流程化、简约化和标准化,有助于减少全世界的贸易成本。有关新规则包括加快进出口(含过境)货物的流动、放行和完税,澄清和改进了 GATT 第 5 条(过境贸易)、第 8 条(进出口费用和手续)和第 10 条(贸易法规的公布与实施),并为发展中及最不发达国家成员提供了特殊与区别的待遇,给予相应的过渡期和技术支持。

(3)《TRIPS 协定与公共健康多哈宣言》(简称《多哈宣言》)以及 TRIPS 协定第 31 条之二。2001 年 WTO 部长级会议通过的《多哈宣言》明确 TRIPS 协定可以而且应该以支持 WTO 成员享有保护公共健康,特别是促进所有人可获得药品的权利这样的方式来加以解释和实施。为此,该宣言提出了 TRIPS 协定实施的"灵活"(flexibility)原则,这包括每个成员有权实施专利强制许可,并自行决定授予此类许可的依据。由此,该宣言要求启动修改有关专利强制许可的 TRIPS 协定第 31 条。该第 31 条修正案议定书经 WTO 总理事会在 2005 年 12 月通过,并于 2017 年 1 月 23 日对接受该议定书及其新的第 31 条之二的 WTO 成员生效。② 该第 31 条之二是"一揽子"协定中迄今唯一经修改而新增的条款,规定了允许为公共健康目的,授予专利强制许可的出口成员将该许可生产的药品出口到发生公共健康危机,且缺乏或无药品生产能力的最不发达或某些发展中国家成员,但此类进口药品不准再出口。

(4)《政府采购协定》(GPA)修正案的新规则。GPA 不是"一揽子"协定之一,而是部分成员参加的诸边协定。2012 年经修正议定书新增若干规则,如定义(第 1 条)规定"电子招标"(electronic auction),基本原则(第 4 条)规定"电子方法的使用"(use of electronic means),体现了网络时代的政府采购程序呈现的

---

① 根据《建立 WTO 协定》第 10 条第 3 款,应由 WTO 三分之二多数成员接受后生效,并对此后接受的每一其他成员生效。截至 2021 年 1 月 1 日,共有 129 个成员加入(含欧盟及其成员国)。中国于 2015 年 9 月 4 日接受该协定。
② 截至 2021 年 1 月 1 日,共有 105 个 WTO 成员(含欧盟及其成员国)加入该修正案议定书。

电子化特点。

（三）争端解决适用规则及解释

WTO 争端解决机制运行至今逾 26 年,已受理 612 起案件,其中通过专家组报告和上诉报告（均含履行复议）分别为 282 份和 194 份。① 这些报告均根据 DSU 第 3 条第 2 款,对解决涉案争端的可适用协定,依照国际公法的解释惯例加以澄清,从而形成了相应的条约解释判理。② 这些在争端解决实践中适用现行规则及解释也产生了不少事实上的新规则。比如,"美国汽油案"的上诉报告就如何适用 GATT 第 20 条的一般例外条款,通过解释和澄清,确立"两步"分析的判理：先分析涉案措施是否符合第 20 条具体例外款项,如不符合,分析到此为止；如符合,则进一步分析是否符合第 20 条引言的要求。同时,该报告还明确对于第二步的分析,主张符合引言的这一方负有举证责任。这一相互联系的两个层次的分析判理对之后许多涉及 GATT 第 20 条一般例外条款的案件,具有非常重要的指导意义,成为事实上的"判例法"。又如"美国虾案"上诉报告解释 GATT 第 20 条(g)款项下保护可用尽的自然资源,澄清说："鉴于近来国际社会对采取有关保护自然资源的双边或多边协调行动的认知,忆及 WTO 成员在《建立 WTO 协定》序言中对可持续发展目标的承认,我们认为如今将 GATT 第 20 条(g)款解读为仅仅对可用尽的矿石类和非生物资源的保护,未免太过时了。……我们裁定,按照条约解释的有效原则,不论是生物或非生物的,均可为第 20 条(g)款项下的可用尽自然资源。"③ 这与其他案例中的同样解释,实际上形成了对该条款下"可用尽的自然资源"的扩张解释规则。

四、中国与 WTO 的关系

中国于 2001 年 12 月 11 日正式加入 WTO。然而,作为 GATT 原始缔约方之一的中国,原本不存在加入 WTO 的问题,结果却历经十多年艰难曲折的谈判,才加入 WTO。这是国际经济关系史上绝无仅有的。为了理解其中的复杂

---

① 统计数据来源：WTO｜dispute settlement-chronological list of disputes cases, https://www.wto.org/english/tratop_e/dispu_e/dispu_status_e.htm,最后浏览日期：2022 年 5 月 24 日。
② 参见张乃根：《条约解释的国际法》（下卷）,上海人民出版社,2019 年,第 9 章《国际贸易法的条约解释》。
③ US-Shrimp, WT/DS58/AB/R, 12 October 1998, para.131.

原因,有必要了解中国与 GATT/WTO 的关系。

中国与 GATT/WTO 的关系可追溯到第二次世界大战后,中国作为联合国安理会五个常任理事国之一,最初参加了 GATT 的谈判及 ITO 的筹备建立。1947 年 4 月至 10 月,由联合国经社理事会主持在日内瓦举行了联合国贸易与就业会议第二次筹委会,通过了 ITO 宪章草案,并进行双边和多边的关税减让谈判,拟定了 GATT。这实际上构成了 GATT 第一轮多边贸易谈判。当时中国政府代表应邀参加了这次筹委会及关税减让谈判,并于 1947 年 10 月 30 日在日内瓦万国宫,与其他 22 个国家的政府代表一起,签署了 GATT。1948 年 1 月 1 日,GATT 根据《临时生效议定书》开始生效。中国代表于同年 4 月 21 日在该议定书上签字,因而成为生效后的 GATT 最初缔约方之一。

1949 年 10 月 1 日,中华人民共和国宣告成立。可是,美国等西方国家当时对新中国持敌视态度,竭力庇护溃逃到台湾岛上的国民党当局,并支持它继续盗用中国政府的名义,窃据在总协定中的席位,而原先承担关税减让的义务,它却根本无法履行。于是,在 1950 年 3 月,国民党当局擅自以中国政府的名义,以电报形式通知总协定秘书处,退出 GATT。这一违反国际法公认准则的行为,居然被美国主导的总协定所接受。同时,由于美国等西方国家对新中国实行全面禁运,使得 GATT 中关税减让的义务对中国失去了意义。因此,中国政府没有,实际上也难以与总协定交涉,事实上与之脱离。1965 年,台湾当局又盗用中国政府的名义,申请加入总协定,取得了观察员席位。这是又一次违反公认的国际法准则的行为。

1971 年,联合国恢复了中华人民共和国的合法席位,并将台湾当局驱逐出联合国。同年,总协定也取消了台湾当局的所谓观察员席位。中国照理应立即恢复 GATT 原始缔约方地位,但是,中国长期被排斥在总协定之外,已不适应 GATT 的关税减让义务,因此需要通过必要的复关谈判,调整中国与其他 GATT 缔约方的关系。可是,当时的中国未能及时开展复关谈判,直至 1982 年 11 月才首次派出代表团以观察员身份列席了 GATT 第 38 届缔约方大会,并确定了"以恢复方式参加 GATT,而非重新加入;以关税减让作为承诺条件,而非承担具体进口义务;以发展中国家的地位享受相应的待遇,并承担与我国经济和贸易发展水平相适应的义务"三项"复关"原则。[①] 1984 年,中国取得了特殊观察

---

① 汪尧田、周汉民主编:《关税与贸易总协定总论》,中国对外经济贸易出版社,1992 年,第 248 页。

员资格,即准缔约方资格。

1986年7月11日,中国正式提出了"复关"申请,并派代表团列席了同年9月15日在乌拉圭举行的关于新一轮多边贸易谈判的GATT部长级会议。自此,中国开始了"复关"这一漫长艰难的"长征"。尽管中国全程参加了乌拉圭回合多边贸易谈判,并在谈判达成的"一揽子"协定上签了字,但是,在1994年12月31日之前未能结束"复关"谈判,因而未能成为1995年1月1日新成立的WTO原始成员方。此后,中国不得不根据《建立WTO协定》第13条第1款,在原先"复关"谈判的基础上进行更加艰巨的加入WTO的谈判,最终于2001年12月11日正式加入WTO。

由于历史原因,中国内地、香港、澳门和台湾地区作为关税区并存。中国以主权国家身份加入WTO,其他三地以单独关税区身份为WTO成员。于是,一国四地之间的贸易关系呈现前所未有的复杂状态。按照《中华人民共和国宪法》第31条有关特别行政区规定之精神,这种贸易关系属于一国主权之下不同社会制度的区域之间经济关系。但是,在WTO体系内,这种特殊的一国四地都属于平等的成员,如同与WTO其他成员之间贸易关系属于国际经济关系一样,四地之间贸易关系也属于国际经济关系的范畴,或者至少是"准国际经济关系"。这必然会带来特殊的WTO法与成员域内法的关系问题。

以法律调整为例,根据"一国两制"的根本原则,四地可以实行各自的法律制度,形成四个法域。在一国主权之下,以根据宪法制定的、指导内地与其他地区之间关系的基本法为准则,四个法域之间的法律抵触可以参照一般的冲突法规加以解决。但是,在WTO法的框架内,四地的域内法都有可能与WTO法相抵触。如果发生一地政府申诉另一地的域内法不符合WTO法,这种贸易争端将由申诉方提交WTO解决。WTO争端解决机构依据争端解决规则,采用当事方磋商、调解和成立专家组正式受理以及上诉审理等程序,解决这种贸易争端。就规则的适用而言,这种贸易争端的解决与WTO其他成员之间的贸易争端解决没有任何区别。这就是说,同是WTO成员的中国、中国香港、中国澳门和中国台北,将根据WTO法,即国际法,来解决一国主权之下的地区之间贸易争端。这种被视为国际经济关系范畴的贸易争端,可能会引起中国中央政府管辖领域内的法律与作为单独关税区的港澳台地区政府管辖领域内的法律之间的关系发生某种变化。

假如 WTO 争端解决机构裁定中国中央政府管辖内的法律与 WTO 法相抵触，前者就必须废除或修改；如裁定作为单独关税区的香港、澳门或台湾地区的法律与 WTO 法相抵触，这些地区的立法机关也必须废除或修改。香港、澳门回归中国之后，均以基本法明确了"一国两制"，即中央政府承认现作为特别行政区的两地现有法律制度 50 年内基本不变，两地均享有立法权，制定（包括废除、修改）与颁布适用于本地的法律，因此，在 WTO 体系内解决内地与港澳两地之间贸易争端时，可能不会出现难以解决的法律障碍。然而，在目前海峡两岸现状下，WTO 体系内的两岸法律关系会发生某些一时不易解决的难题。不过，事实上迄今未发生任何此类案件。

第二节 经典案例与文献选读

一、经典案例：美国虾案

1996 年 10 月，印度等国就美国以保护濒危物种的海龟为由，依据其国内法禁止某些虾及虾制品的进口，启动 WTO 争端解决程序。经专家组裁定后，美国对其中的法律问题与条约解释问题，提起上诉。1998 年 10 月，上诉机构发布复审报告。该报告论及许多 WTO 体制性问题，其中之一是可否允许非 WTO 成员政府的其他个人或机构参与 WTO 争端解决程序。WTO 是一个政府间国际多边贸易组织，其争端解决的当事方限于 WTO 成员。但是，根据 DSU 第 13 条，"每一专家组有权向其认为适当的任何个人或机构寻求信息和技术建议"。这就是专家组的"寻求信息权利"。然而，该案专家组在审理阶段时收到两份未经其主动寻求获得、由非政府组织提交的"法庭之友摘要"（amicus briefs），被其拒绝。由此引起对于该第 13 条"寻求"（to seek）的解释问题，即非政府组织未经专家组要求，可否向其递交相关信息？专家组应否接受之？其实质是在何种程度上允许个人或非政府组织参与 WTO 争端解决程序？这是关系 WTO 争端解决机制性质的大问题，也是该案有助于进一步理解 WTO 的国际多边贸易组织特点所具有的典型意义。

首先，该上诉报告明确：WTO 争端解决程序仅限于 WTO 成员参与。因此,根据WTO法,任何个人或其他政府间或非政府组织都不得参与。即便是WTO成员,也只有成为争端解决的当事方或与争端事项有重大利害关系的第三方,才能参与整个争端解决程序,包括递交书面陈述和出席听证会。

其次,就本案上诉的问题,即DSU第13条授权专家组寻求有关信息,可否接受案外个人或机构未经专家组要求而提供的信息,则取决于对该条款的解释。该上诉报告认为:"该授权不仅包括选择和评价可寻求的信息或咨询。专家组的授权还包括决定完全不寻求此类信息或咨询。"①简言之,在寻求涉案信息或技术咨询方面,专家组享有完全的个案裁量权。

最后,该上诉报告解释了第13条的关键用语"寻求":"在DSU给予专家组如此宽泛授权的上下文中,并顾及第11条规定的专家组职能之目的及宗旨,我们并不认为'寻求'这一用语必须如专家组那样明显流于字面的方式加以解读。该专家组对'寻求'用语的解读具有不必要的形式化及技术性,以致显然'个人或机构'应先请求得到专家组的允许以提交某陈述或摘要。在这种情况下,专家组就会置之不理。"②在对"寻求"用语作了宽泛的解释之后,该上诉报告进一步指出:"在特定案件中行使其合理的自由裁量权时,如专家组决定可以这样做而没有'不适当地延迟专家组程序',那么它就可以允许提交此类陈述或摘要,只要此类条件在它看来是合适的。当然,专家组的裁量权也可以,并且也许应当包括与该争端当事方磋商。在这样的情况下,就实际目的而言,'要求的'与'非要求的'信息之区别不复存在。"③

上诉报告对涉案所适用的WTO法所作的宽泛解释,表明虽然WTO是一个政府间国际组织,其成员是主权国家或单独关税区政府,但是WTO毕竟是国际多边贸易组织,所解决的贸易争端与从事国际商业交易的个人或公司往往有着密切关系。与涉案事项有关的非政府主体可以未经专家组的主动请求而提供一定的信息或摘要,虽不属于直接参与WTO争端解决程序,但体现了非政府的个人或机构(公众)可以通过这一渠道向WTO反映有关必要信息或要求这一特点。代表WTO审理案件的专家组可酌定接受与否。

---

① US-Shrimp, WT/DS58/AB/R, 12 October 1998, para.104.
② US-Shrimp, WT/DS58/AB/R, 12 October 1998, para.107.
③ Ibid.

二、文献选读:《世界贸易组织与乌拉圭回合》(杰克逊)

选自约翰·H.杰克逊著《世界贸易体制——国际经济关系的法律与政策》(张乃根译,复旦大学出版社2001年版)第2章第3节。

新体制的法律特征与结构

作为谈判最后成果的乌拉圭回合协定,首先是《建立WTO协定》。本书称之为"宪章",虽然从技术上说,这并非宪章。实际上,它是庞大的乌拉圭回合协定的"第一章"。乌拉圭回合协定中的许多部分都标以"协定",但是,它们不是单独的,并且,我有时称之为"文本",如"反倾销文本",尽管正式名称冠以"协定"。

应该提及该谈判成果中若干极其重要的特点。或许,最重要的是"一揽子"观念。在谈判头几年,谈判代表们就致力于采纳这一观念,并解决了该谈判的重要问题。这一观念是指需要一个详尽的文本,所有期望加入这一新结构的成员都必须服从和接受。这不同于东京回合的成果,该成果包括了许多可选择加入的特别协定(俗称"GATT"卡片)。另一个非常重要的特点是决定将乌拉圭回合最后成果作为新的协定来对待,而不是对以前协定,如GATT本身的修改。根据这一新的法律结构,乌拉圭回合协定是一项设立一个新组织——WTO——的新协定,并将GATT文本与有关协定作为附件。因此,这没有必要根据GATT协议中的修改程序,并且,技术上,也没有最低限度的加入方要求,这样可以确保新的协定得以生效。虽然,不言而喻,一定数量的加入方还是必需的,包括所有主要的贸易国。

乌拉圭回合协定的法律结构

理解乌拉圭回合的法律结构,最好莫过于罗列一个协定的内容表。应留意,《建立WTO协定》是一个覆盖所有具体文本(还包括约25,000页减让表)的大伞。WTO宪章只有10页。但是,它有四个非常重要的附件,几乎包括了乌拉圭回合的其他谈判而成的文本。附件1是强制性的"多边协定"(即,所有成员必须接受)。附件1又分成三部分,相应的是三个主要的基本协议,即货物贸易协议(1994年GATT及其相关协议与其他文本)、服务贸易协议(GATS及其附件)和与贸易有关的知识产权协议(TRIPS)。所有成员也都必须接受附件2(争端解决谅解书)与附件3(贸易政策评审机制)。

附件4稍稍偏离了"一揽子"观念。这包含了可选择性的"诸边协定"。这四项"诸边协定"是：两项关于农产品，内容并不很多；对于两项关于民用飞机与政府采购的协定，工业化国家比发展中国家更有兴趣（虽然这是有问题的）。

各附件，特别是在附件1A中包括了大量部长级会议决定与宣言，因此，协定的解释必须考虑到这些文件（以及其他有关解释的成分，如GATT附件1的"解释性注释"）。

在很大程度上，目前的国际经济相互依赖可以说是由于第二次世界大战之后成功地建立起来的体制，即，包括国际货币基金、世界银行与GATT在内的布雷顿森林体系所带来的。尤其是GATT在过去40多年已成为大幅度削减工业品关税壁垒的主要推动力，至少在以市场为主导的工业化民主国家是如此。随着1994年GATT的签署，乌拉圭回合的成功结束和世界贸易组织的创立，GATT体系的影响已扩大到服务贸易、知识产权和其他先前在GATT之外的重要领域。

乌拉圭回合最终产生了一个具有完全法律基础的国际组织——WTO。其宪章开宗明义地宣布建立该国际组织，然后规定了该组织优先考虑的因素，包括作用与结构、两年一度的部长级会议作为最高权威机构、秘书处、总干事以及一系列附属机构，包括四个理事会（总理事会、货物贸易理事会、服务贸易理事会、与贸易有关的知识产权理事会）。

毋庸置疑，WTO宪章这一条约是经正式生效而适用的。人们再也没有GATT历史上始终存在的，因临时适用引起的困难和模棱两可。GATT与WTO并行存在了一年（GATT于1995年年底终止，而WTO则从1995年起运行）。如今，1947年GATT已不复存在，尽管根据各种法律上的安排（有些是双边的），还存在一些"事实上的适用"。GATT体制已成过去。然而，GATT的实体性义务（有些是程序性义务）与1994年GATT的文本，作为WTO的附件1A仍然存在。因为没有任何临时适用的议定书，所以就没有任何"祖父权"或"现有立法"的例外。但是，至少在这一情况下，先前的祖父权还存在于一项特殊的文本中（1994年GATT的基本注释）。该文本延续了祖父权（由美国行使），对有关各国领水内的港口之间商业性适用船舶的较一般条款作了表述，但是，这明显有利于美国的规则。也许，这是唯一在新的乌拉圭协定中还明确规定的祖父权。因此，一般而言，祖父权终于不复存在。

不过，谁也不应期待乌拉圭回合的文本非常"清晰"。大量附属文本糅合在一起,它们之间的关系很不清楚。谈判中的妥协需要在许多地方留下,或者至少容忍模棱两可的规定。协定的极端复杂性肯定会引起许多解释的问题。然而,贸易政策的专家们一致认为,乌拉圭回合是朝着世界贸易体系发展所跨出的显著和实质性的一大步。

三、扩展阅读

1. 董世忠主编:《国际经济法》(第二版),复旦大学出版社,2009年,第五章《世界贸易组织法概述》。

2. 王贵国:《世界贸易组织法》,法律出版社,2003年,第一章《从关贸总协定到世界贸易组织》。

3. 张乃根:《关于WTO未来的若干国际法问题》,《国际法研究》2020年第5期。

4. US-Shrimp,WT/DS58/AB/R,12 October 1998.

5. Arthur E. Appleton,"Shrimp/Turtle: Untangling the Nets",*Journal of International Economic Law*,Volume 2,Number 3(September,1999).

第三章 WTO 的最惠国待遇原则

国际贸易中的最惠国（MFN）待遇通常是指一国或地区通过双边或多边协定，给予另一国或地区及其国民不低于给予其他国家或地区及其国民的待遇，或者是"一视同仁"地给予其他协定的缔约国或地区及其国民以同样的优惠待遇。GATT 不仅是第一项规定"一般"或"普遍"（general）MFN 待遇的国际多边货物贸易协定，而且实际上也是多边条约史上有关 MFN 待遇的开先河之作。MFN 待遇原则及其具体制度是整个 WTO 多边贸易体制的法律基础。目前 WTO 体系危机重重，其中，MFN 待遇原则遭受严重侵蚀或冲击，危及该体系的生存。坚持多边主义的世界贸易体制，关键在于坚持和改进 WTO 的 MFN 待遇原则及其具体制度。本章将着重分析 MFN 待遇的概念与历史发展及其在 WTO 体系中的地位、适用及其例外，并提供经典案例和文献选读，供进一步学习理解。

第一节 作为 WTO 体系基石的最惠国待遇原则

MFN 待遇源于条约法，在 WTO 多边贸易体制中从货物贸易延伸到服务贸易和与贸易相关的知识产权领域，成为最主要的法律原则，同时又有例外适用，尤其是区域贸易安排（RTAs）的 MFN 例外，并在实践中偏离了其制度设计的初衷，导致如今数以百计的 RTAs 几乎淹没了整个多边贸易体制。回归其初衷，平衡 RTAs 与 MFN 的关系,很大程度上决定了 WTO 的未来。

一、最惠国待遇的概念及其历史发展

MFN 待遇是一个国际法概念。根据 1978 年联合国国际法委员会第 30 次会议通过的《关于最惠国条款的条文草案》第 1 条规定,MFN 待遇是指国家之间根据条约规定给予的一种待遇。该草案第 5 条将 MFN 待遇定义为:"最惠国待遇是授与国给予受惠国或与之有确定关系的人或事(物)的待遇,不低于授与国给予第三国或与之有同于上述关系的人或事(物)的待遇。"[①]

MFN 待遇的萌芽可以追溯到 12 世纪,但是,MFN 待遇条款最早出现在 17 世纪末欧洲一些国家之间的通商协定中。在 15、16 世纪,随着欧洲各主权国家的形成,国际贸易发展迅速。但是,英国、荷兰与西班牙、葡萄牙竞争,而法国、斯堪德纳维亚各国与汉萨同盟、意大利各城市共和国竞争,因而各国都千方百计地从其对外贸易中获取最大利益,为此又不得不给予他国关税减让。于是,渐渐地,各国在友好通商协定里包括了给予关税减让的 MFN 待遇条款。有些是无条件的,有些则是有条件的。前者如 1750 年英国与西班牙之间一项条约规定:西班牙同意"所有给予或允许,或将给予或允许其他国家的权利、特权、免除、豁免权应同样给予和允许上述英国臣民,且英王陛下应对在英国的西班牙臣民给予或允许上述同样的权利"。[②] 后者如 1778 年美国与法国的友好通商协定,双方同意:如果法国与第三国一样作出补偿,法国将获得美国给予任何第三国的相同的减让。附加减让的给予是基于提供附加补偿条件的,因此这是有条件的 MFN 待遇。从该协定到 1923 年,美国一直奉行有条件的 MFN 待遇,即对一国贸易协定的减让不自动延伸适用于其他国家,而只延伸至给予美国互惠减让的国家。1923 年,美国国务卿根据 1922 年关税法授权,宣布将以无条件的 MFN 待遇为基础与他国谈判友好通商条约。

然而,在两次世界大战之间,世界经济大萧条迫使各国相继实施贸易壁垒,

[①] See Draft Articles on Most-Favoured-Nation Clauses, in *Yearbook of the International Law Commission 1978* (Vol. II, Part Two), New York: United Nations, 1979. 2015 年联合国国际法委员会经过再次对该条约草案的讨论,认为没有必要改变这些条款草案。See Final Report of the Study Group on the Most-Favoured-Nation Clause, in *Yearbook of the International Law Commission 2015* (Vol. II, Part Two), New York: United Nations, 2015.

[②] 引自[美]布鲁斯·E.克拉伯:《美国对外贸易法和海关法》(上),蒋兆康、王洪波、何晓睿等译,法律出版社,2000 年,第 8 页。

导致国际贸易大幅度减少。美国1930年关税法将其进口平均税率提高到接近60％，仅次于1833年关税法的税率。其他国家，尤其是欧洲国家纷纷效法，采取同样的高关税进行报复。1934年美国通过了《互惠贸易协定法》，授权总统与其他国家缔结旨在降低双方关税税率的贸易协定。至1945年，此类采取无条件的MFN待遇的双边互惠贸易协定共32项。该无条件的MFN待遇是指授与国给予受惠国出口至美国的货物至少与该国给予其他国家货物的优惠条件相同的优惠待遇。

第二次世界大战以后，美国作为世界头号强国，其对外贸易的一个重要目标是消除战前出现的各种贸易优惠安排，从而保障MFN待遇原则成为各国均需遵循的真正的全球贸易规则。虽然，最终因为美国国会未能批准国际贸易组织而使之"胎死腹中"，但是，作为临时适用的1947年GATT却保留了下来，并将无条件的普遍MFN待遇作为国际多边贸易体制的基础，明确规定在GATT第1条，并成为其核心原则。更重要的是，传统的MFN待遇都是建立在双边的基础上，而GATT第一次将之置于多边基础上，使之为世界经济发展与繁荣，发挥了更大的作用。乌拉圭回合后成立的WTO更是使MFN待遇这一多边贸易规则的发展有了一次新的飞跃。在WTO法律框架中，MFN待遇原则不仅适用于传统的货物贸易领域，还扩展至服务贸易领域以及与贸易有关的知识产权保护领域，从而赋予了MFN待遇原则新的内涵。

二、GATT/WTO最惠国待遇条款及其适用

（一）MFN条款

1947年GATT（不包括临时适用议定书）是作为WTO"一揽子"协定之一的《货物贸易多边协定》的首要内容。1994年GATT的一部分，因而在整个WTO的法律体系内其仍是基本条约。其中，GATT第1条是这一体系的基石。该第1条规定了适用于当今世界贸易体制的普遍MFN待遇，其中第1款是基础性条款："在关于征收关税和对进出口而设置的或相关的费用，或对进出口的国际支付转移而设置的任何费用方面，在关于征收关税和费用的方法方面，在关于与进出口有关的所有规则与手续方面，在关于第3条（即GATT第3条关于国民待遇的规定）第2款、第4款规定的所有事项方面，任何缔约方给予运自或指定运

往任何其他国家的任何产品的任何利益、优惠、特权或豁免,都应立即地和无条件地给予运自或指定运往所有其他缔约方领域的相同产品。"①

包括 GATT 在内的所有 WTO 协定文本以英文为主,尚无作准中文本,因而如何准确理解上述条款,我国学术界有不同看法,并体现于相关中译本中。我国著名 GATT/WTO 学者汪尧田教授负责翻译的《乌拉圭回合多边贸易谈判成果》(汉英对照)将 GATT 第 1 条第 1 款译为:"在对输出或输入、有关输出或输入及输出入货物的国际支付转账所征收的关税和费用方面,在征收上述关税和费用的方法方面,在输出和输入的规章手续方面,以及在本协定第 3 条第 2 款及第 4 款所述事项方面,一缔约国对来自或运往其他国家的产品所给予的利益、优待、特权或豁免,应当立即无条件地给予来自或运往所有其他缔约国的相同产品。"②另一位著名 GATT/WTO 学者赵维田教授的译文是:"在对进出口或有关进出口而征收的、或者为进出口产品的国际支付转移而征收的关税及任何税费方面,在征收此类税费的方法方面,在与进出口有关的所有规则与手续方面,以及在第 3 条第 2 款与第 4 款所指所有问题方面,任何缔约方给予原产于或运往任何其他国家(或地区)的产品的任何好处、优惠、特权或豁免,应当立即地与无条件地给予原产于或运往所有缔约方境内的相同产品。"③

比较两种中译本,可以发现,除了前者采用的某些术语,如"输出或输入""缔约国",宜为"进口或出口"(importation or exportation,较符合通常所说的"进出口")、"缔约方"(contracting party,从 GATT/WTO 可接纳非主权国家的单独关税区为其成员来看,必须译成"缔约方"),两者的主要区别在于"来自"和"原产于"。赵维田教授认为:"originating"这个词具有表述原产地的含义。"一旦将第 1 条第 1 款的原产地因素抹掉,必然使原来的规则发生扭曲,其后果堪虞。"④这是值得探讨的问题。

---

① 译自 *WTO Agreements: the Marrakesh Agreements Establishing the World Trade Organization and its Annexes*,Cambridge:Cambridge University Press,2017,pp.19-20。除了根据1994年GATT第2条(a)项,1947年 GATT 文本中的"缔约方"应视为如今的 WTO"成员",其他文本内容没有任何改变。
② 汪尧田总编审:《乌拉圭回合多边贸易谈判成果》,复旦大学出版社,1995年,第 319 页。后经对外贸易经济合作部翻译的 GATT 中文本与此类似。见《世界贸易组织乌拉圭回合多边贸易谈判结果法律文本》,法律出版社,2000年,第 424 页。
③ 赵维田:《最惠国与多边贸易体制》,中国社会科学出版社,1996年,第 257 页。
④ 同上书,第 87 页。

GATT 本身并没有直接的关于原产地规则的条款。GATT 第 9 条系指产品的原产地标记要求方面的优惠待遇,即"各缔约方应给予其他缔约方域内产品在标志方面要求的待遇,不低于给予任何第三国相同产品的待遇",这还不是确定原产地的规则本身,也没有将 GATT 第 1 条第 1 款最惠国待遇的适用与原产地规则直接"挂钩"。这是无须争辩的。

问题在于:GATT 第 1 条第 1 款与原产地规则到底有什么关系?如果该条款中的"originating"必须译为"原产于",否则就会导致"原来的规则发生扭曲"如此严重后果,那么 GATT 本身为何又不包括任何原产地规则呢?

美国著名 GATT/WTO 学者杰克逊教授在解释原产地规则与 MFN 待遇之间的关系时指出,某一国家的海关官员在对某一货物征收一定的关税之前,必须依次完成三件事:第一是该货物的分类,以便根据关税税则的分类加以确定;第二是该货物的估价,以便从价计税;第三是确定该货物的原产地,以便有可能在特定分类中适用有关税率。但是,"如果关税的适用是建立在统一的,最惠国的基础上,原产地的确定就没有必要"。[①] GATT 第 1 条第 1 款是普遍 MFN 待遇,在所有缔约方内都将得到统一的适用,因此,在各缔约方海关征收运自或指定运往任何其他缔约方域内的货物的关税时,就不必确定原产地。在这个意义上,第 1 条第 1 款中"originating"译为"运自"符合普遍 MFN 待遇的原意。由此可以回答上述问题:GATT 第 1 条第 1 款与原产地规则没有直接关系。该条款中"originating"不译成"原产于",并不会导致"扭曲"普遍 MFN 待遇的"严重后果"。

接着的问题是:既然 GATT 本身没有原产地规则,为什么乌拉圭回合达成的"一揽子"协定包括了《原产地规则协定》?有了这一协议之后,GATT 第 1 条第 1 款中"originating"是否应译为"原产于"?

事实上,在 1947 年 GATT 之后,越来越多的缔约方达成作为普遍 MFN 待遇例外的优惠性贸易安排,如关税同盟、自由贸易区和对发展中国家的优惠项目,使得原产地问题日益突出。同时,随着各国或地区的非关税壁垒(原产地标贴的要求、配额制、反倾销税和反补贴税的适用等)的贸易法规增多,原产地的确定显得更加必要。更为复杂的是,当某产品是由跨国公司利用全球范围的资源生产时,原产地的确定会非常困难。因此,国际社会感到有必要制定一项多边的

[①] John H. Jackson, *Legal Problems of International Economic Relation* (4th ed.), St. Paul: West Group, 2002, p.376.

原产地规则协定。这就是《原产地规则协定》的由来。该协定旨在协调非优惠的原产地规则，以免这种规则本身成为贸易的不必要障碍。这与GATT第9条关于给予原产地标记要求方面的MFN待遇规定相比，立法思想是不同的。可见，该协定的产生主要与MFN待遇的适用例外以及非关税壁垒的增多有关。

《原产地规则协定》第1条第1款将"原产地规则"定义为"任何成员确定货物原产地的法律、条例和具有普遍适用效力的行政命令"。可见，原产地规则与原产地标记要求是两回事，前者是确定原产地的问题，后者是标贴原产地标记的问题。第1条第1款还规定，原产地规则与超出GATT第1条第1款的适用而授予关税优惠的契约性或自治性贸易制度（如关税同盟）无关。第1条第2款规定，原产地规则包括所有非优惠商业政策措施使用的原产地规则，比如在适用GATT第1条MFN待遇时的原产地规则。这说明在适用MFN待遇时，可能涉及某些非优惠商业政策措施，这些措施与原产地规则有关，而普遍MFN待遇本身的适用与原产地规则仍然没有直接关系。因此，在《原产地规则协定》生效后，GATT第1条第1款中的"originating"依然应该译为并理解为"运自"。

（二）MFN条款的适用

根据《GATT临时适用协定书》第1条(a)款规定：自1948年1月1日起，GATT第一、第三部分将临时适用。根据该条款，属于第一部分的GATT第1条关于普遍MFN待遇的规定适用于所有GATT的缔约方之间的贸易关系，不允许援引所谓"祖父条款"，即以GATT生效之前的有关国内法来抵触GATT有关规定。根据1994年GATT第1条(a)款，该"祖父条款"不再适用。可以说，从1948年1月1日以来至今，在GATT缔约方，然后又在WTO成员方之间的国际贸易关系中，有关上述四个方面，即各方征收关税及有关费用、征收之方法、与进出口有关的法律制度、与进口产品的国内税有关的国民待遇，原则上一直适用普遍MFN待遇。这四个方面构成了普遍MFN待遇的基本适用范围。

该MFN待遇原则与GATT第2条关于关税减让的规定相结合，成为实现GATT的初衷——缔约方普遍地互相减免关税的最基本的制度。离开这一制度，GATT就失去了意义。尽管在当下的WTO体系中，非关税因素大大地增加，但是关税减让仍是基础性问题。1997年"欧共体香蕉案"上诉报告曾阐明了GATT第1条第1款的MFN待遇原则的适用，认为该原则设定了一项非歧视义务,也就是说,"只要进口产品是相同的,无论其来自何方,均应给予同样的关税待遇",除非根据特别的豁免或依照 GATT 第 24 条允许的例外。①

在决定适用 MFN 待遇的范围时,"相同产品"(like product,或"同类产品")的确定是一个容易引起贸易争端的关键问题。在海关征收关税时,这与关税税则的分类密切相关。从 GATT 的缔约方到 WTO 的成员,都没有必须采纳某一种税则的义务。WTO 成员有权根据世界海关组织(前身为海关合作理事会)有关进出口货物分类的《关于协调商品名称及编码制度国际公约》(简称《协调制度》)制定其税则。如因相同产品的确定引起了适用 MFN 待遇的贸易争端,究竟如何解决呢?从 GATT 历史上的贸易争端解决来看,这取决于个案的酌情解决。根据《建立 WTO 协定》第 16 条第 1 款,由 GATT 全体缔约方通过的专家组报告应对 WTO 争端解决具有指导作用。

首先,以 1989 年"日本规格木材案"为例。这是解释 GATT 第 1 条第 1 款下普遍 MFN 待遇原则适用范围的一个重要案件。加拿大指控日本对原产于加拿大的一种加工为特定规格的木材(简称"规格木材")所征进口税,违反了 GATT 第 1 条第 1 款规定的最惠国待遇。根据日本的税则,某种针叶松木材是免征关税的,其他种类木材征 8% 进口税。加拿大认为,根据 GATT 第 1 条第 1 款,日本应将授予某种针叶松木材的零关税优惠给予云杉松规格木材。

问题在于:第一,加拿大出口到日本的云杉松规格木材与在日本授予零关税优惠待遇的针叶松规格木材是否为"相同产品"?第二,由进口方抑或出口方决定"相同产品"?

专家组认为:第一,GATT 缔约方在制定其关税税则时,都遵循《协调制度》。但是,"该制度只对货物的关税分类作一般协调,而没有对各成员国制定其最终的关税细则施加任何义务,尤其是货物的具体名称分类由各国税则决定。"② 因此,在《协调制度》基础上确定的具体关税分类是 GATT 缔约方可以根据其贸易政策决定的合法手段,但是,这种合法手段可能被滥用,以致造成事实上的歧视。

第二,凡是指控某一缔约方滥用关税分类的合法手段的一缔约方,负有举证责任,证明这种分类已经超出了正常的分类目的,而成为国际贸易中的歧视手

---

① EC-Bananas,WT/DS27/AB/R,9 September 1997,paras.190-191.
② Japan-SPF Dimension Lumber,BISD 36S/167,19 July 1989,para.5.8.

段。在审查这种指控时,必须考虑到这种分类的国内保护利益和对来自不同缔约方的有关产品进口产生的实际或潜在影响。

在本案审理中,双方都据理力争。加拿大认为规格木材在加拿大和美国是用于平房建造的木材,在日本也广泛用于建筑。根据日本技术标准,这种木材名称是"JAS600"。这就是说,这是相同产品。日本则认为,加拿大进口到日本的规格木材是一种特殊建筑木材。无论是在国际上,还是在日本税则中,都没有采用规格木材的概念。根据《协调制度》,日本税则包括了所有锯割为纵长6毫米以上的针叶松。除了木材的厚度和加工等级,日本税则对木材的分类取决于木材的生物种类性质。因此。规格木材不是日本税则分类的概念。

究竟由加拿大还是由日本决定此案中的"相同产品"? 专家组认为,GATT所说的关税是指各缔约方的关税,而不是统一的关税。在决定"相同产品"时,只能根据进口方税则,在本案中,则根据日本税则。加拿大所说的规格木材是在加拿大适用的标准,因此,不能成为指控日本违反GATT第1条第1款的根据。

其次,以1981年"西班牙未烘咖啡案"为例,说明进口方确定其关税税则的合法手段可能被滥用,以致造成事实上的歧视。在1979年之前,西班牙将所有的未烘咖啡和未脱咖啡因的咖啡都归入同一关税分类。在1979年,西班牙将这类咖啡细分为5个部分,其中3个部分征收7%关税,其余两个部分为零关税。由于巴西是被征关税部分的咖啡的主要出口国,为此向GATT提起申诉。

专家组听取了双方的理由,认为此贸易争端与咖啡豆的地理因素、种植方法和加工工艺以及遗传因素等导致的品味差异有关,这种差异不能构成关税上差别待遇的充分理论。专家组也指出,在农产品方面,最终产品的口味和香味会由于上述某一个或数个因素而有所差异。专家组进一步发现,未烘咖啡主要以各种咖啡混合的方式销售,就最终使用的咖啡而言,它被普遍地认定为单一的饮料产品。GATT其他所有缔约方都没有像西班牙那样对未烘咖啡和未脱咖啡因的咖啡作类似的关税分类。因此,专家组得出结论:未烘咖啡和未脱咖啡因的咖啡豆都应认定为GATT第1条第1款所说的"相同产品"。"西班牙适用的税则对运自巴西的未烘咖啡构成歧视待遇。"[①]

上述有关"相同产品"的贸易争端案提出了一个很重要的问题:究竟由谁决

---

① Spain-Unroasted Coffee,BISD28S/102,11 June 1981,para.4.10.

定"相同产品"？如何防止滥用"相同产品"的认定导致实际上的歧视待遇？在通常情况下，进口方有权制定其税则，并根据其税则决定哪一类产品属于"相同产品"，如"日本规格木材案"。但是，在"西班牙咖啡案"中，专家组否定了西班牙关于未烘咖啡和未脱咖啡因的咖啡豆的税则分类，因为这种分类涉嫌进口方滥用其最终制定税则的主权。

WTO之后还发生多起因进口方税则有关产品名称歧义而引起关税分类的争端案。这与"相同产品"认定有关，因为产品名称含义本身存有疑义，就难以确定适用某具体税则的产品。以2005年"欧共体鸡块案"为例。巴西和泰国对欧共体关税分类下"盐腌"(salted)这一用语含义发生争议，焦点是此类盐腌制品是否包括含盐量 1.2%—3%的冰冻无骨鸡块？该案上诉报告通篇136页（348个自然段）都围绕澄清该用语含义而展开。由于乌拉圭回合谈判达成的关税减让表作为各成员税则的条约依据，涉案关税分类的用语等是条约用语。该上诉报告依据条约解释惯例对该用语在上下文中的通常意义，兼顾其缔约宗旨，并参照其相关补充资料，加以详尽的解释，最终认定："'盐腌'用语不包含该盐腌必须是为保存目的之要求。"①也就是说，该"盐腌"不是指经盐腌具有长期保存特点的咸肉，而是经盐腌可准备食用的肉类，但又不是仅仅为防止运输途中变质而抹盐以临时保存的鲜肉。因此，涉案欧共体关税分类下"盐腌"产品包括含盐量1.2%—3%的冰冻无骨鸡块。

三、最惠国待遇原则的适用例外

GATT第1条第1款规定的MFN待遇虽然是普遍的、无条件的，但是从它一开始实施就存在诸多限制，即适用例外。首先是第1条第2款规定的已有优惠制。这是指在GATT生效之前，一些缔约方之间因历史上的宗主国与殖民地之间关系，或其他特殊关系而形成的，在GATT生效之后不可能全部取消的关税优惠制。当时，为了使GATT能够为全体缔约方所接受，这些历史性的特惠安排作为MFN待遇的例外而被允许继续存在。这有点类似GATT第二部分允许的"祖父条款"，但是，这种已有优惠制的适用范围由GATT的附件加以明确限定，如GATT附件1至7规定MFN待遇适用例外的已有优惠制，即英联

---

① EC-Chicken Cuts, WT/DS269,286/AB/R, 12 September 2005, para.297.

邦、法兰西联邦、比卢荷关税同盟及比利时与卢森堡经济联盟、美国与其海外辖地之间、智利与毗邻国家之间、黎巴嫩—叙利亚关税同盟与巴勒斯坦及外约旦之间、南非联邦与法兰西等国之间的已有优惠制。不过，随着历史的变化，这些已有的优惠制早就失去了原有的意义，不再是 MFN 待遇的主要例外适用。

其次是 GATT 还允许一些 MFN 待遇的适用例外，如第 6 条允许的反倾销税与反补贴税、第 14 条非歧视原则的例外、第 19 条允许一缔约方利用保障条款暂时中止对另一缔约方的允诺关税减让、第 20 条的一般例外和第 21 条的国家安全例外以及第 23 条规定授权一缔约方暂时中止对违反 GATT 义务的另一缔约方的关税减让，等等。

然而，如今在适用普遍 MFN 待遇原则时，影响最大的是 GATT 第 24 条第 5 款规定的关税同盟和自由贸易区作为普遍 MFN 待遇的适用例外。欧洲历史上素有关税同盟的传统。比如 14 世纪中叶著名的汉萨同盟。1947 年，在起草 GATT 时，当时竭力主张贸易自由化的美国碰到一个难题，即如何在普遍的和无条件的 MFN 待遇框架中容纳关税同盟。美国从其战略利益出发，支持战后西欧经济一体化，因此便有条件地同意关税同盟和自由贸易区可作为例外。经各方利益的权衡，GATT 第 24 条第 1 款规定："本协定诸条款应适用于各缔约方本国关税领土。"这表明，就 GATT 的空间效力而言，适用于所有缔约方的关税领土。但是，第 4 款规定了空间效力的例外："各缔约方承认通过自愿的协议，发展协议各方之间的经济一体化，增进贸易自由的好处。各方也承认关税同盟或自由贸易区旨在促进其构成的各领土之间贸易，并且不提高其他缔约方与这类领土之间的贸易壁垒。"这说明，该关税同盟是战后欧共体（后为欧盟）的基础，条件是这种关税同盟不得阻碍其他缔约方与该同盟及其协议方之间的自由贸易，实质上主要指与美国的贸易关系。正如当时美国谈判代表所言："关税同盟是可取的，条件是：比较同盟建立之前其与同盟外各国的贸易，不损害他国利益。"[①]

GATT 第 24 条允许的关税同盟并不仅仅是针对第 1 条第 1 款普遍 MFN 待遇的。第 24 条第 5 款原则上规定："本协定各项条款不得阻止各缔约方在其领土之间建立关税同盟或自由贸易区，或为建立关税同盟或自由贸易区的需要而采用某种临时协定"，但是，由此实施的各种关税或贸易规章，均不得超过建立

---

① 转引 John H. Jackson, *Legal Problems of International Economic Relation* (4th ed.), St. Paul: West Group, 2002, p.453。

之前的限制水平。应该说,这一规定首先针对的是关税减让的普遍 MFN 待遇,因为在关税同盟内各成员(同时为 GATT/WTO 成员)给予的各种优惠将不适用于同盟外的 GATT/WTO 成员,就此形成了差别待遇。该条款的"但书"在一定程度满足了上述美国的利益:只要你不损害我的既得利益,你可以做你想做的事。这实质上是战后美国与其欧洲盟国在经济上的一种战略妥协,当然如上所述,美国基于冷战的政治与军事战略,也希望欧洲盟国摒弃前嫌,走经济一体化道路。

根据第 24 条第 8 款,GATT 框架内的关税同盟是指"以某单一关税领土代替两个或两个以上的关税领土"。这意味着,首先,与同盟内各构成领土之间实质上所有贸易相关的关税和其他相关贸易管制均须取消,除非 GATT 第 11 条(一般取消数量限制的例外)、第 12 条(为保障国际收支而实施的限制)、第 13 条(非歧视性的数量限制)、第 14 条(非歧视规则的例外)、第 15 条(外汇安排)和第 20 条(一般例外)允许的例外。其次,同盟内每个成员对同盟外领土的贸易均适用同样的关税和其他贸易管制。这样,在关税同盟内各领土间可以进行完全自由的贸易,形成类似于国内的统一市场。战后欧共体内的关税同盟,是根据 GATT 第 24 条第 4 款、第 5 款的例外以及第 8 款的定义而逐步发展起来的。

北美自由贸易区是适用 MFN 待遇的又一典型例外。北美自由贸易区根据 1992 年 12 月 17 日签署的《北美自由贸易协定》(NAFTA)产生。与欧盟内关税同盟不同,北美自由贸易区内美、加、墨三国之间关税减让或取消等待遇只适用于三国间贸易,不适用普遍 MFN 待遇。三国各自执行其关税,没有统一的对外关税。这是区别于关税同盟的主要特点。三国已缔结新的自由贸易区协定——《美墨加协定》(USMCA),并于 2020 年 7 月 1 日生效,替代了 NAFTA。

鉴于 GATT 生效之后,关税同盟和自由贸易区增多,并且在整个世界贸易中占了相当大的比例,乌拉圭回合的各方通过 1994 年 GATT,就 1947 年 GATT 第 24 条达成了新的谅解,强调各种关税同盟和自由贸易区,或者导致组成关税同盟和自由贸易区的协议,须与第 24 条相一致,并且必须满足该条第 5 款至第 8 款的规定,各关税同盟和自由贸易区应定期向 WTO 货物贸易理事会定期报告有关协定的执行情况。尽管如此,WTO 成立之后包括关税减让在内的多边贸易谈判停滞不前,因而各成员纷纷通过 RTAs 推进区域内贸易自由化,致使以普遍 MFN 待遇为基石的多边贸易体制受到严重侵蚀。早在 2004

年,由 WTO 总干事咨询委员会提交的报告就认为:"MFN 不再是规则;它几乎成了例外。"①

对发展中国家的成员适用的"普惠制"(GSP)也是普遍 MFN 待遇的例外。1947 年 GATT 制定时,还不存在发展中国家的问题。战后,随着殖民地和半殖民地的世界体系逐渐崩溃,新兴独立国家越来越多,并在世界事务中起着重要的作用。1964 年联合国第一届贸易与发展会议呼吁采取有力措施,促进发展中国家的经济与贸易。1965 年 GATT 第六轮回合新增一篇,即第四篇"贸易与发展",规定 GATT 缔约方采取特别措施,帮助发展中国家发展经济与贸易。以非互惠原则为基础的 GSP 便是之一。

根据 GSP,GATT/WTO 中的发达国家成员可以在给予发展中国家成员的原产产品以关税优惠时,允许不适用普遍 MFN 待遇,即在给予发展中国家成员的最低关税时,不立即地和无条件地将这类优惠给予其他成员,因此,这是 MFN 待遇例外。GSP 基本规则是原产地规则。为了确保 GSP 优惠仅给予在发展中国家成员领域内生产、收获和制造,并在发展中国家成员运出的产品,GSP 给惠国均制定详细的原产地规则,包括原产地标准、直运规则和书面证明。

四、最惠国待遇原则在 GATS 和 TRIPS 协定中的适用

在 WTO 法律框架内,MFN 待遇原则不仅适用于传统的货物贸易领域,而且推广适用于 GATS 与 TRIPS 协定,从而扩大了 MFN 待遇适用的范围。

GATS 第二部分"一般义务与纪律"第 2 条规定了 MFN 待遇。该第 2 条要求每一成员方有关服务贸易的措施给予任何其他成员方的服务或服务提供者的待遇,应立即无条件地以不低于前述待遇给予其他任何成员方相同的服务或服务提供者;成员可以保持与前述措施不一致的措施,但该项措施必须是列入并符合 GATS 附录第 2 条有关免责条款所规定的条件。根据该第 2 条,GATS 的规定不可以解释为可以阻碍任何成员与其毗连国家仅限于为了方便彼此边境毗连地区而交换当地生产和消费服务所提供或赋予的利益。由此可见 GATS 的 MFN 待遇不仅给予服务,而且给予服务提供者,因为服务贸易具有不同于货物

---

① The Future of the WTO: Addressing Institutional Challenges in the New Millennium, Report by the Consultative Board to the Director-General Supachai Panitchpakdi, Geneva: WTO 2004, p.19, para.60.

贸易的特点。货物可以独立于生产商、销售商而存在;但服务通常是服务提供者的直接即时性的行为,一般要求服务提供者在现场。

GATS 第 2 条 MFN 待遇是原则性规定,其适用也允许多种例外。比如,申请义务免除的例外。GATS 的附录之一"关于免除第 2 条义务的附录"具体规定了申请义务免除的例外。申请义务免除包括两个方面,一是《建立 WTO 协定》生效时,成员关于义务免除的申请已被准许的应依此执行;二是《建立 WTO 协定》生效后,成员申请新的义务免除,应依《建立 WTO 协定》第 9 条第 3 款处理。该款规定:在例外情况下,部长级会议可以决定豁免某一协定成员或任何若干单项贸易协议成员的义务;但如果该款另有规定,这种决定必须获得成员的四分之三多数批准。义务豁免请求应提交部长级会议审议,部长级会议在不超过 90 天的期限内审议这种请求;如果在期限内不能达成一致意见,任何赋予义务免除的决定必须经成员的四分之三多数同意。对于涉及服务贸易协定及其附件的义务豁免请求,应该主动提交服务贸易理事会在一定期限内审议,这个期限应不超过 90 天,期限届满时,服务贸易理事会应向部长级会议提出报告。一般来说,服务贸易一定义务的豁免不应超过 10 年,具体由下一个回合的贸易自由化谈判情况而定。

又如边境贸易悠久例外。GATS 的 MFN 待遇不适用于两国边界地区相互交换当地生产及消费服务而给予的优惠。这是 GATS 的所谓悠久例外,不需要成员方申请而自动有效。

再如经济一体化的例外。GATS 第 5 条经济一体化的例外类似于 GATT 第 24 条第 2 款的规定。GATS 不阻止成员成为其他自由化服务贸易的成员,这种自由化服务贸易协定中所给予的优惠,通常应给予 GATS 成员。GATS 规定,任何成员的服务提供者,如果被其他自由化服务贸易协定成员的法律认定为法人并在该方境内从事实质性经营,则有权享受该协议项下所给予的优惠;但此种优惠有例外,即第 5 条第 3 款(b)项的补充规定:尽管有上述 MFN 待遇规定,如果参加该自由化服务贸易协议的成员为发展中国家,那么该协议成员的自然人所拥有或控股的法人应给予较多的优惠待遇。这一例外的适用限制了主体,即只有成员的私人投资或控股的法人才可享受更多的优惠,成员的国有或国家控股法人不在例外之列。其他,如特殊服务部门例外、政府采购例外等,不逐一赘述。

TRIPS 协定将国际贸易中通行的 MFN 待遇原则扩展到与贸易有关的知识产权领域,不仅改变了传统的知识产权的国际保护制度,而且也是 MFN 待遇原则发展史上一个重要的里程碑。MFN 待遇原则是 GATT/WTO 的基石,因此,TRIPS 协定的 MFN 待遇应放在整个 WTO 体系内加以理解。

TRIPS 协定第 4 条规定在知识产权保护方面,某成员给予任何其他成员国民的任何利益、优惠、特权或豁免,应立即无条件地给予所有其他成员国民。除非该协定明文允许的例外。2002 年"美国拨款法案"上诉报告指出:"TRIPS 协定的制定者决定将 MFN 待遇义务延伸至对该协定所涵盖的知识产权保护。作为世界贸易体制的基石,MFN 义务对于知识产权的意义必须与其长期以来对 GATT 货物贸易的意义同等重要。"[①]在该案中,美国立法规定未经被古巴国有化的美国公司所持有商标原始所有人同意,该商标持有人不得在美国注册和寻求司法救济。根据 TRIPS 协定第 4 条,在该案中 MFN 待遇涉及两种所有人:在古巴没收之前,分别通过普通法及注册取得两项不同的美国商标的权利。这两项美国商标与在古巴注册的商标相同或实质相似。该古巴商标用于被古巴没收的资产,其商标所有人被称为"古巴所有人"。美国商标的原始所有人不是古巴商标的所有人,也不是美国国民,其商标所有人被称为"非古巴的外国所有人"。如今这两个原始所有人都在美国寻求维护各自的美国商标权。根据美国立法,古巴所有人在美国的维权受到限制,而非古巴的外国所有人不受限制。这在原始所有人的古巴国民与非古巴外国国民之间设置了歧视,因而违反了知识产权保护的 MFN 待遇。

第二节　经典案例与文献选读

一、经典案例:加拿大汽车案

这是 WTO 成立后涉及 GATT 第 1 条第 1 款下普遍 MFN 待遇的第一案。1998 年 7、8 月间,日本和欧共体先后诉告加拿大有关汽车产业的法律法规等违反

---

① US-Section 211 Appropriations Act,WT/DS176/AB/R,2 January 2002,para.297.

了 GATT 第 1 条以及其他条约规定。根据加拿大税则,在加拿大进口的汽车享有 6.1% 的 MFN 税率,但是某些汽车依据加拿大 1998 年《汽车关税令》(MVTO)及《特别免税令》(SPOs)享有免税待遇,由此产生是否抵触 MFN 义务的争端。1998 年 MVTO 是为了履行加拿大与美国于 1965 年签订的有关汽车产品的双边协定而制定的国内法,嗣后于 1988 年、1998 年修订。根据 1998 年 MVTO,符合进口汽车免税的条件为:(1)该汽车生产商在加拿大必须在指定的"基准年份"(base year)已生产相同汽车;(2)在加拿大生产汽车的纯销售价值与在进口期间销售给加拿大消费者该类别所有汽车的纯销售价值之比,必须等于或高于"基准年份"的比率,且不得低于 75∶100(比率要求);(3)在加拿大本地生产的汽车增值量必须等于或高于该类别汽车在"基准年份"本地生产的增值量(增值要求)。除了符合这些条件的进口汽车,加拿大还指定某些汽车生产商的进口汽车免税。

该上诉案的首要问题是加拿大有关进口免税措施有无抵触 GATT 第 1 条第 1 款下的义务。所面临的棘手问题是解释 MFN 原则的某些方面。该原则一直是 GATT 的基石,也是 WTO 贸易体制的支柱之一。具体而言,依据加拿大有关法律法规及税则,原产于某些国家的汽车,且此类汽车的某些生产商在加拿大设有分厂,因而享有进口汽车免税待遇。然而,问题在于根据 GATT 第 1 条第 1 款,从其他所有 WTO 成员进口的同类汽车是否也享有免税待遇?

针对加拿大抗辩涉案措施没有限制享受进口免税的汽车来源地,即"来源地中立"(origin-neutral),该案上诉报告认为,GATT 第 1 条第 1 款的用语没有将其适用范围限制在这样的情况,即措施本身或根据该措施的用语,就可证明未给予所有其他成员的同类产品以某"利益"。该第 1 条第 1 款也未采用"法律上"(*de jure*)或"事实上"(*de facto*)的用语。然而,该第 1 条第 1 款并不仅仅涵盖"法律上"的歧视,而且包括了"事实上"的歧视。从该上诉报告援引的诸多总协定时期的相关判例来看,这是关于 GATT 第 1 条第 1 款项下 MFN 的重要判理,即该普遍 MFN 待遇不仅是法律上的,而且也应是事实上的。

该上诉报告进一步认为:根据 GATT 第 1 条第 1 款,任何成员给予运自或运往任何其他成员的任何产品的任何利益、优惠、特权或豁免,应立即无条件地给予运自或运往所有其他成员领域的同类产品。"该第 1 条第 1 款的用语不是指该条款界定的某些方面所授予的某些利益,而是'**任何利益**',不是某些产品,而是'**任何产品**'。不是运自某些成员的同类产品,而是运自或运往'**所有成员**'的同类产品。"①(粗体加重号均为原文)

事实上,加拿大仅授予根据 MVTO 和 SPOs 在加拿大设分厂的美国福特、通用和雪佛莱等厂商的汽车进口免税待遇。这与 GATT 第 1 条第 1 款相悖,因而构成事实上的歧视。

从 GATT 第 1 条第 1 款之目的及宗旨看,该条款禁止歧视运自或运往不同成员的同类产品。该条款对歧视的禁止也起到了鼓励将双边谈判达成的市场准入以普遍 MFN 待遇为基础,扩展到所有其他成员。

总之,加拿大根据涉案措施将实际给予运自某些成员的汽车进口免税待遇,没有给予运自其他某些成员的同类汽车,违反了 GATT 第 1 条第 1 款的 MFN 义务。

二、文献选读:《WTO 的未来:非歧视性的削弱》

选自 WTO 总干事咨询委员会报告《WTO 的未来:新千年的体制性挑战》(2004)第 2 章《非歧视性的削弱》A 节《非歧视:GATT 的中心原则》。

58. GATT 的核心是非歧视原则,以最惠国(MFN)条款和第 1 条所包含的国民待遇规定为特征。MFN 条款被认为是 GATT 的组织性中心规则,并且由此构成世界贸易规则体系。它要求适用任何 GATT 缔约方的最佳关税及其非关税条件应自动地和无条件地扩展到任何其他 GATT 缔约方。

59. 选择无条件 MFN 作为 GATT 的既定原则反映了对两次大战之间保护主义盛行,尤其是双边安排增多的普遍反思。人们普遍认为大萧条至少部分归结为 20 世纪 20 年代末封闭市场及竞争性汇率政策的结果。于是,一些关键的政治领导人以及绝大多数国际贸易学者得出结论:MFN 及其非歧视性是国际社会开展国际贸易的最佳途径。②

60. 然而,在 GATT 建立后半个世纪的今天,MFN 不再是规则;它几乎是例外。当然,主要经济体之间的许多贸易依然基于 MFN 进行。但是,关税同盟、

---

① Canada-Autos,WT/DS139,142/AB/R,31 May 2000,para.79.
② 美国国务卿(1933—1944)科德尔·赫尔(Cordell Hull)是 MFN 的主要提倡者。约翰·梅纳德·凯恩斯(John Maynard Keynes)可以说是 20 世纪最伟大的经济学家,尽管他最初反对,最终还是成为 MFN 的不倦鼓吹者。在发起 GATT 时,几乎所有伟大的经济学家,如哈佛大学的戈特弗里德·哈伯勒(Gottfried Haberler)无不为坚定的多边主义者和非歧视的支持者。

区域及双边自由贸易区,优惠制和无数五花八门的贸易协定构成所谓的"意大利碗面"(spaghetti bowl)早已到了这一地步,即,MFN 待遇已沦为例外待遇。如今肯定可以将该用语界定为"最不优惠国"(least-favoured-nation,LFN)待遇了。这意味着什么呢?我们认为这对 WTO 的未来至关重要。这不是说论证就这么简单。也不是说"意大利碗面"可以轻易地或很快地拌开来。但是,我们都关注国际经济合作的多边路径,如对整个体系而言,风险确实存在,就需要小心衡量目前趋势与寻求某些出路。

61. 综合而论的"优惠贸易协定"(PTAs)支持者认为在多边体系之外的行动具有很多正当性。不断推动各政府发展双边或区域安排的动力只能说明多边路径的失败。本咨询委员会的设立实质上是世界贸易组织近年来没有开展多边谈判这样普遍的失败结果。我们之目的,也是本报告之目的在于支持各政府在日内瓦的谈判桌上,以有效和有目标的方式,聚焦于建设性参与。

62. 但是,将 PTAs 只是作为容易的路径而忽略这一问题,将是错误的。其他主张也有其共同理由。其一,少于 WTO 全体成员的部分国家集团也许有意发展其贸易关系,相比全球范围更容易实现,且更广泛和深入。当然也有一些经验说明此类协定,如欧盟和北美自由贸易区。这是最明显的,也可以引起多边体系更加迟缓的发展。国内层面的保护主义可能面临并抵消后来多边谈判的利益。无疑,如我们将讨论的,必须关注有些 PTAs 的日程或许使得 WTO 走向歧路。但是,风险不应用于否认 PTA 的某些潜在好处。

63. 进言之,推动一些 PTAs 的政治或外交政策动机也应该有其积极与消极含义。给盟友回报对于贸易政策而言不是容易辩解的方法。支持改革、稳定性、减少贫困和反腐败都可能是理由。欧盟的建立本身是为了给曾经有过无数冲突的地区提供和平、稳定和安全。这是明显的原因,并且是曾经在冷战铁幕后的新国家加入欧盟的原因,并且它们也成为与世界贸易相连的关税同盟一部分。

64. 对于发展中国家,尤其最不发达国家的非互惠的优惠在过去十年有强劲发展。正如我们应该看到的,该趋势并不完全是积极的。不过,我们不得不接受在 WTO 中此类安排早已建立,并有理由认为这是其发展中成员的"要求"的一部分。并且,对贫穷国家的许多厂商而言,只有在激励竞争的全球经济中争取获得一点份额,其商业价值才是实在的。此类厂商常常需要一些积极的特殊待遇以便还有一点机会。因此,对于寻求复制 PTAs 的"意大利碗面"方式的每一个进口商而言,发展中国家的制造商、农民和贸易商所能得到的最佳机会取决于利用优惠中小量比较优势。

65. 在这同样背景下,也可以理解,至少在政治上,发展中国家的小集团也许看到区域贸易安排中的自由化价值,作为其努力方式(提升其学习曲线),应对全球经济的严酷竞争现实。南锥体国家(Mercosur,成员国包括阿根廷、巴西、巴拉圭和乌拉圭)是此类集团的范例。

66. 因此,我们对PTAs的基本看法是:首先感谢对该问题的关注;其次,承认过去10年中广泛发展的PTAs的现实;最后,展望前行方向。

三、扩展阅读

1. 赵维田:《最惠国与多边贸易体制》,中国社会科学出版社,1996年。

2. The Future of the WTO: Addressing Institutional Challenges in the New Millennium, Report by the Consultative Board to the Director-General Supachai Panitchpakdi, Geneva: World Trade Organization 2004, Chapter II.

3. Japan-SPF Dimension Lumer, BISD 36S/167, 19 July 1989.

4. Spain-Unroasted Coffee, BISD28S/102, 11 June 1981.

5. Canada-Autos, WT/DS139,142/AB/R, 31 May 2000.

第四章 WTO的国民待遇原则

国民待遇与MFN待遇一样是国际经济交往中一项传统的基本原则。在WTO货物贸易中,进口成员对运自另一成员的产品应给予本地相同产品的国民待遇。这种国民待遇是进口产品享有非歧视的普遍最惠国关税待遇的延伸,以确保在完税清关后享有本地相同产品的非歧视待遇。非歧视原则以相同方式适用于WTO服务贸易,在一成员承诺市场准入的前提下,根据MFN待遇进入其市场的任何另一成员的服务和服务提供者,均应享有其国民提供的服务或作为服务提供者获得的待遇。但是,在贸易有关的知识产权领域,基于知识产权保护的地域性,一成员对任何另一成员国民的知识产权保护给予其国民待遇,并根据MFN待遇将该国民待遇普遍授予任何其他另一成员国民的知识产权。本章将论述国民待遇的概念及其历史发展、WTO体系中的国民待遇原则,尤其是GATT第3条的主要款项及其适用、国民待遇原则的适用例外等,并提供相关经典案例和文献选读,便于进一步学习理解。

第一节 作为 WTO 非歧视原则的国民待遇

一、国民待遇的概念及其历史发展

(一) 国民待遇的概念及其作用

国际法上国民待遇的基本含义是指在国际民商事法律关系中，条约缔约一方在其领域对缔约另一方国民，或来自缔约另一方货物或提供服务及其他事项，给予与本国国民相同的待遇。

与 MFN 待遇源于条约法有所不同，国民待遇的法律渊源除了国际条约或公约，还包括国内立法。GATT 第 3 条的标题是"国内税制与管理的国民待遇"，这表明 GATT 框架内的国民待遇主要体现于国内立法。当然，授予关税减让的普遍 MFN 待遇也体现于一国或地区的海关法及其关税税则。但是，以关税减让为例，MFN 待遇通常先根据国际条约或公约加以确定，然后有关国家或地区根据约定，对有关国家或地区进出入本国或地区的货物履行关税减让的义务。而国内税制与管理首先由国内法决定，然后根据国际条约或公约的义务，对进入本国或地区的进口货物实施国内税制与管理的国民待遇。

国际公法上国民待遇主要指对合法入境的外国人的待遇，一般不包括政治权利，因此，这类待遇属于民事地位或刑事方面的权利与义务。国际私法上国民待遇均涉及外国人的民事法律地位，这种国民待遇具有若干特点，如一般是互惠的，但不一定以条约规定的互惠为条件；一般是原则的，在具体的民事权利方面外国人和内国人并非完全一样；一般在适用范围上加以限制，如国内税收、提供某些服务、知识产权保护等。国际经济法上的国民待遇以国际公法、国际私法上的国民待遇为基础。GATT/WTO 的国民待遇不涉及任何政治权利，仅限于进口产品与本地产品、服务贸易中域外提供服务或提供服务者与域内提供服务或提供服务者、知识产权保护方面的国民待遇。

WTO 的国民待遇起源于 GATT 第 3 条。该第 3 条与第 1 条普遍 MFN 一样具有"一视同仁"的含义,但是,MFN 待遇是指 WTO 成员负有义务"一视同仁"地对待运自或指定运往所有成员域内的相同产品,而国民待遇是指 WTO 成员有义务"一视同仁"地对待本地产品和完税(包括征税或免税)清关后的进口产品。在 GATT/WTO 的法律框架内,国民待遇的作用首先是防止某成员利用其国内税收和其他管理规则,保护本地产品,使得享受关税减让的 MFN 待遇的进口产品在当地销售时,受到低于国民应有的待遇,从而抵消 MFN 待遇的作用。换言之,MFN 待遇提供了 WTO 各成员之间相同产品进入某一成员市场的公平竞争条件,而国民待遇旨在为域内生产的产品与所有成员进口产品提供在域内市场上公平竞争的条件。在这个意义上,国民待遇是 MFN 待遇的补充,两者如同两大支柱,构筑起 WTO 体制范围内公平竞争的国际贸易"大厦"。

(二) 国民待遇的历史发展

一般认为,通过国内法或国际条约形式明确规定国民待遇原则,是 19 世纪以后的事。1804 年法国《拿破仑法典》第 11 条规定:"外国人,如其本国和法国订有条约允许法国人在其国内享有某些民事权利者,在法国亦得享有同样的民事权利。"[①]这一规定说明该法典首次统一规定了在全法国境内,法国国民享有的民事权利和承担的民事义务,然后,如果法国与其他国家签订互惠的国民待遇条约,则外国人可对等地在法国享有某些民事权利。显而易见,国内法是前提,没有该法典,外国人根据互惠的条约享受的国民待遇也无从谈起。该法典第 13 条还规定:"外国人经政府许可设立住所于法国者,在其继续居住期间,享有一切民事权利。"这就是说,在法国有合法居留权的外国人,与法国国民一样享受一切民事权利。这对于以后允许在本国设立商业场所的外国人享受国民待遇,将民事方面的国民待遇扩展到商事,乃至各种国际经济贸易活动,具有非常重要的意义。由于《拿破仑法典》在欧洲乃至世界范围的巨大影响,随着许多国家参照该法典制定本国民法典,这种有条件、互惠的国民待遇得以推广。

1883 年缔结的《保护工业产权巴黎公约》(简称《巴黎公约》)第一次以国际公约的形式明确规定了国民待遇。专利、商标等知识产权的授予或注册保护,都被严格地限于授予国或注册地国域内,因此各国在工业产权保护方面的法律制

---

① 引自《拿破仑法典》(法国民法典),李浩培、吴传颐、孙鸣岗译,商务印书馆,1979 年。

度差别,会影响国际经济贸易活动的正常开展。在酝酿制定《巴黎公约》时,曾有提议,通过强制性的统一实体法或选择性的法律冲突法,解决因工业产权保护的地域性而产生的各国法律差异问题,但是,缔约国最终采纳了国民待遇原则。

根据《巴黎公约》第2条第1款,本联盟任何成员国的国民,在保护工业产权方面,应在本联盟所有其他成员国,享受各该国有关法律已经授予或今后可能授予各该国国民的权益,本公约所特别规定的权利不得受到任何侵害。从而只要遵守各该国国民应遵守的条件和手续,其他任何成员国的国民将与各该国国民受同样的保护,并在其权利受到侵害时获得同样的法律补救。根据这一规定,保护工业产权的国民待遇,首先是指《巴黎公约》各成员国负有义务,使其他成员国国民在该国与本国国民享受同样待遇。这样既尊重了知识产权保护的地域性原则,又在成员国范围内最大限度地缩小各国工业产权保护的差异,使得所有成员国的国民在某一特定成员国内,与该国国民享受同样的工业产权保护待遇。

为了尽可能扩大《巴黎公约》的适用范围,该公约第3条规定:"非本联盟成员国国民在某一成员国领土内已有住所,或有真实的、有效的工商企业,应享有与本联盟成员国国民同样的待遇。"这正是上述《拿破仑法典》第13条的翻版。但是,这并不要求本联盟成员国国民在请求保护的国家内设有住所或营业所才能享有工业产权。

可见,保护工业产权的国民待遇,是指各成员国的有关法律规定本国国民已经或可能享受的待遇。因此,工业产权保护的国际协调,仍以各国国内法为前提。各成员国只要是在国内法规定范围,给予其他成员国国民以本国国民享受的工业产权保护待遇,都被视为履行了《巴黎公约》规定的国际法义务。但是,各成员国在给予其他成员国国民以本国国民享受的工业产权保护待遇时,必须保障《巴黎公约》特别规定的权利,如专利申请、商标与外观设计注册的优先权,不受任何侵害。这说明,即便是实施国民待遇的国内法也不得与《巴黎公约》特别规定相抵触。《巴黎公约》关于国民待遇的开创性制度,为19世纪末至今的一系列国际条约或公约中的现代国民待遇制度提供了一个最基本的模式。GATT第3条的国民待遇与之非常相似。

如果说现代国际法上的 MFN 待遇首先主要体现于国际贸易领域,然后被推广至服务贸易和知识产权领域,那么国民待遇则首先通过知识产权领域的多边国际协调制度加以确立,然后再发展到多边国际贸易条约,如 GATT。这说明,国际贸易与知识产权保护有着本质联系。只不过在国际协调过程中,显现的突出问题有先后之分。如今在世界贸易体制中,无论是货物贸易、服务贸易,还是与贸易有关的知识产权保护措施,都离不开 MFN 待遇与国民待遇制度的融合与配合以履行非歧视原则。

二、国民待遇在货物贸易中的适用及其例外

(一) GATT 第 3 条

与 GATT 最惠国待遇条款相比,其国民待遇条款显得更加复杂。GATT 第 3 条包括 10 款,其中第 1 款是指导整个第 3 条的基本原则,即在国内税制与管理方面,不得内外有别,为本国产品提供保护;第 2 款、第 3 款是国内征税收费方面国民待遇的规定;第 4 款是有关法律、条例和规定方面的国民待遇;第 5 款、第 6 款和第 7 款是国内数量限制的规定;第 8 款是国民待遇例外的规定;第 9 款是关于国内最高限价的规定;第 10 款是关于电影片的数量限制规定。

从第 3 条标题看,该国民待遇条款属于 GATT 第二部分,紧随着第一部分第 1 条普遍 MFN 待遇和第 2 条关税减让表,并限于"国内税制与管理"。它与关税减让 MFN 待遇相结合,起到"内"(国内税)"外"(进出口关税)互补的作用。当初《GATT 临时生效议定书》允许包括第 3 条在内第二部分相关在先国内法可优先适用,就是为了最大限度地避免 GATT 与各缔约方已有国内法相抵触,导致 GATT 无法临时生效,也像原定成立的 ITO 那样夭折。如今,这样的"祖父权"不复存在,WTO 各成员的国内法必须符合 WTO"一揽子"协定,尤其是 GATT 第 3 条,以保障关税减让的普遍 MFN 待遇真正得到实施。

GATT 第 3 条第 1 款具有"小序言"的性质,规定了国民待遇的基本原则:"各缔约方承认,凡影响产品销售、许诺销售、购买、运输、批发或使用的国内税和其他国内费用、法律、条例和规定,凡要求特定数量或比例的产品混合、加工或利用的国内数量管制,都不应适用于进口的或国内的产品,以保护国内生产。"GATT 之所以要求各缔约方对已完税后的进口产品实行国内税制与管理方面的国民待遇,是因为第 1 条规定在所有缔约方内实行关税减让的普遍 MFN 待遇,如果缺乏国内税制与管理的国民待遇,比如对进口产品征收高于本地产品 5% 的销售税,就意味着该进口产品失去了入关享受 5% 关税减让的好处。如果

不实行普遍 MFN 待遇,就会对进口至某国家或地区的不同国家或地区的产品"厚此薄彼",而不实行国民待遇,必然造成"厚内薄外"——保护本国生产的后果。因此,GATT 第 3 条第 1 款禁止以"保护国内生产"的方式对待进口产品,实为整个第 3 条国民待遇的内在精神。

在 GATT/WTO 有关第 3 条的贸易争端解决实践中,上述第 3 条第 1 款不被单独地援引,而是作为指导原则与第 3 条其他款项结合援引。其中第 3 条第 2 款与第 1 款关系最密切:"任何缔约方领土内的产品进口至任何其他缔约方领土内,不应直接地或间接地被征收任何种类高于那些相同产品被直接地或间接地征收的国内税或其他国内费用。而且,任何缔约方不应以抵触于前述第 1 款所确立原则的方式对进口或国内产品征收国内税或其他国内费用。"通常,该款规定被视为由"两个句子"(类似于"项")所组成,而且第二个句子直接地将第 3 条第 1 款与第 2 款几乎是不可分割地连在一起。下文以 WTO 成立后受理的最初贸易争端案件之一"日本酒税案"为例,来理解第 3 条第 2 款与第 1 款的关系。

(二) GATT 第 3 条的适用

在"日本酒税案"中,美国、欧共体和加拿大诉告涉案税法违反 GATT 第 3 条第 2 款规定。日本不服专家组裁定支持该诉求的报告,提起上诉。上诉机构基本维持专家组的裁定,并对第 3 条第 1 款、第 2 款以及补充注释性说明,作了全面详细的解释,指出:"第 3 条的宽泛和基本目的就是避免在适用国内税与管理措施时的保护主义。"[①]具体而言,第 3 条之目的是确保国内相关措施不适用于进口产品以保护国内生产,为此目的,根据第 3 条起草者的意图而设置的义务,进口产品在完税清关后应与国内相同产品得到同样待遇,否则就会给予间接保护。

该上诉报告进一步解释了第 3 条第 2 款以及与第 1 款的关系,认为第 3 条第 2 款第 1 项规定如果进口产品被征收了高于相似的国内产品的税收,则该税收措施与第 3 条相抵触。由此,第 3 条第 1 款影响到第 2 款。至于第 3 条第 2 款第 2 项,上诉报告认为,这是第 3 条第 1 款以特别提示的方式引出的款项。它包含了一个普遍性禁止,即禁止以对进口产品或本国产品采用与第 3 条第 1 款

---

① Japan-Alcoholic Beverages, WT/DS8, 10, 11/AB/R, 4 October 1996, p.16.

相抵触的方式来征收国内税和其他国内费用。

根据上述对第3条第1款与第2款的解释,上诉报告认为本案所涉"清酒"(Shochu)与伏特加酒是相同产品,日本在实施酒税法时,通过对进口产品征收高于相同的国内产品的税,违反了GATT第3条第2款第1项。而且,本案所涉清酒和其他《协调制度》2,208类目下所列进口酒(除伏特加酒),都是第3条解释性说明的"直接竞争或可替代产品"。日本实施酒税法,没有对进口产品与那些直接竞争或可替代的国内产品征收相同的税,因而对国内生产提供了保护,违反了第3条第2款第2项规定。

GATT第3条第4款要求给予进口产品以国民待遇的涉及面更广:"任何缔约方领土内产品进口至任何其他缔约方领土内,应该在所有影响进口产品的领土内销售、许诺销售、购买、运输、批发或使用的法律、条例和规定方面,得到不低于本国产品的待遇。"这些法律、条例和规定不限于国内税制,而进口产品与相应本国产品的市场销售无所不及,因此可以说,这方面的国民待遇也是无所不及。GATT/WTO的许多贸易争端与此相关。下文以1997年"加拿大期刊进口案"为例进行说明。

在此案中,美国诉告加拿大禁止或限制某些期刊的进口措施违反了GATT有关条款。其中涉及国民待遇的诉求是:其一,根据加拿大《消费税法》第五部分第一节对于"分版"①期刊征收一种消费税与GATT第3条第2款或第4款相抵触;其二,加拿大邮电局根据"基金资助的"出版物和"有关商业的加拿大"出版物的费率制度,将较低的邮资费率适用于本国出版的期刊,与GATT第3条第4款相抵触,并且这不属于GATT第3条第8款关于国内补贴的含义范围。

专家组认定,加拿大《消费税法》第五部分第一节违反了GATT第3条第2款第1项规定的原则。在加拿大国内出版的非"分版"期刊与从外国进口的"分版"期刊为"相同产品",而后者被征收了高于前者的国内税(即使是间接地征税),因此,这显然与GATT第3条第2款第1项相悖。关于邮费问题,根据GATT第3条第4款规定,任何缔约方领土内产品进口至任何其他缔约方领土

---

① "分版"(split-run)期刊是指那些与本国版本所刊载的文章内容相同,但是在某外国出版,并刊有当地市场商品广告等商业性宣传内容的杂志。例如,《体育画报》(加拿大版)与《体育画报》(美国版)所刊载的文章和图画相同,但是,加拿大版刊登了美国版没有的关于加拿大啤酒、运动服等商品广告。该加拿大版就是"分版"。

内,应该在所有影响进口产品的域内销售、许诺销售、购买、运输、批发或使用的法律、条例和规定方面,得到不低于本国相同产品的待遇。专家组认定,加拿大邮政当局对于加拿大本国期刊实行"有关商业的加拿大"费率和"基金资助的"费率这两种。这两种费率均低于适用于进口期刊的"国际的"费率。这种做法属于政府条例和规定方面的歧视,有悖于 GATT 第 3 条第 4 款的原则。不过专家组也否定了美国关于"基金资助的"费率计划并非 GATT 第 3 条第 8 款所指的国内补贴的说法,认为它确属加拿大所称专为国内生产者提供的补贴。

加拿大和美国均对专家组裁定提出上诉。针对加拿大的上诉请求,上诉报告认为,GATT 的有关规定适用于加拿大《消费税法》第五部分第一节。不过,上诉机构推翻了专家组关于进口的"分版"期刊和本国的非"分版"期刊是"相同产品"的认定,因而推翻了专家组关于 GATT 第 3 条第 2 款第 1 项所作的结论。可是,上诉机构认为,加拿大《消费税法》第五部分第一节的规定与 GATT 第 3 条第 2 款第 2 项规定不符。该项实质上规定,如果国内产品和外国产品为直接竞争产品或替代产品,则禁止对两者实行不同的税收待遇。上诉机构认为:"同类型的进口'分版'期刊与加拿大国内非'分版'期刊只要在加拿大期刊市场的同一部分,就是直接竞争或可替代的期刊。"[①]加拿大未对上述两种期刊实行同样的税收待遇,且加拿大《消费税法》第五部分第一节的设计与结构明显对加拿大期刊的生产提供了保护。最后,上诉机构还推翻了专家组关于加拿大的"基金资助的"邮费计划符合 GATT 第 3 条第 8 款(b)项的裁定,支持了美国的上诉请求。

(三) GATT 第 3 条的适用例外

GATT 第 3 条在规定宽泛的(根据上述案例的解释)国民待遇的同时,也"网开一面",允许不少国民待遇的适用例外,加上 GATT 其他条款涉及的国民待遇适用例外,使国民待遇的适用例外变得格外复杂,成为频频引发贸易争端的"导火线"。总体上,所有的国民待遇例外,可归入第 3 条本身允许的例外、第 3 条以外允许的例外这两大类。

第一类包括第 3 条第 3 款、第 6 款曾作为"祖父权"的例外,第 8 款规定的政

---

① Canada-Periodicals,WT/DS31/AB/R,14 March 1997,p.29.

府采购例外与对国内生产者补贴例外。其中,政府采购例外已通过东京回合达成的《政府采购守则》,以及在此基础上经乌拉圭回合修改而成的《政府采购协定》,演变为一个专门的协定例外。《政府采购协定》不属于WTO"一揽子"协定之一,适用范围仅限于加入的部分WTO成员,因此,在一定程度上,政府采购具有双重例外意义,即不仅是GATT第3条第8款(a)项所允许的例外,而且是"一揽子"协定的例外。至于第8款(b)项规定的对国内生产者补贴,是经常引起争端的原因。比如,上述"加拿大期刊进口案"涉及对国内生产者补贴例外问题。上诉报告最终否定了加拿大关于"基金资助的"费率计划属于第8款(b)项所允许例外的理由。

第二类包括GATT第20条"一般例外"对第3条国民待遇义务的制约。以"欧共体石棉案"和"巴西翻新轮胎案"为例,分别说明在WTO争端解决实践中是如何认定"一般例外"是否成立的。

2001年"欧共体石棉案"是迄今唯一成功抗辩"一般例外"的案件。该案因作为欧共体成员国的法国于1997年禁止石棉及含石棉纤维品的措施而引起加拿大申诉。专家组裁定涉案措施违反GATT第3条第4款国民待遇,但符合第20条(b)款"为保护人类生命或健康所必需的措施"的一般例外规定,且与该第20条小序言不相抵触。加拿大不服而提起上诉。上诉机构维持专家组裁定,认为专家组所咨询的科学专家都证明石棉纤维及其产品对人类健康构成风险,第20条(b)款下"保护人类生命或健康"的含义本身也无争议。关键在于涉案措施是否为"必需的"(necessary)。上诉机构认为该款项下的风险本身没有量化要求,可进行相应定性或定量评估。根据该案所涉石棉及含石棉纤维品的性质及特点,可确认其具有致癌风险,因而无须再作定量评估。上诉机构援引以前总协定时期专家组意见,指出:"对于本专家组而言,显然某缔约方如可合理地期望采用可替换的措施,且与GATT条款不相抵触,那么就不可论证其抵触另一GATT条款的措施属于第20条(b)款下'必需的'。同理,如不能合理地采用符合GATT其他条款的某措施,那么某缔约方有义务可合理采用,且与其他GATT条款抵触最小的措施。"[①]这说明GATT第20条(b)款涉及"保护人类生命或健康",故对于论证其一般例外的要求是:优先考虑采用可合理替换,且不抵触其他GATT条款

---

① EC-Asbestos,WT/DS135/AB/R,12 March 2001,para.171.上诉报告援引1989年"美国337节案"判理。

的措施;如无法合理做到这一点,则"两权相衡,取其轻",可采取与其他GATT条款抵触最小的措施,只要是"保护人类生命或健康"所"必需的"。该案涉及直接危及人类生命或健康的可致癌衣料,因此法国作为欧共体成员国采取抵触GATT第3条第4款,但为GATT第20条(b)款下"必需的"措施。值得留意的是,加拿大在该案上诉时仅针对专家组裁定涉案措施符合GATT第20条(b)款,没有涉及第20条小序言。因此,作为迄今唯一成功抗辩一般例外的案件,该案很大程度上得益于未经上诉机构对第20条小序言相关问题的严格审查。

  2007年"巴西翻新轮胎案"也涉及GATT第20条(b)款例外。巴西不否认其涉案措施构成对包括GATT第3条第4款的违反,但以符合第20条(b)款例外规定为抗辩理由。上诉机构基本维持了该案专家组裁定,强调对根据GATT第20条的措施分析是两步法:其一,专家组必须审查该措施是否属于第20条所列10项例外之一;其二,该措施是否满足第20条小序言所必须考虑的要求。上诉报告认为第20条(b)款下"必需的"不限于"必不可少"(indispensable)。"当一措施对国际贸易产生限制效果,如同进口禁令所导致的,看来对专家组认定该措施的必需性是很困难的,除非这满足了该措施对于达到其目的具有重大作用这一要求。"[1]上诉机构认定涉案措施不仅对其所达到保护人类生命或健康具有"重大"作用,而且没有可替代的措施,因而符合第20条(b)款。然而,上诉机构认定巴西颁布和实施涉案措施未满足第20条小序言的要求。"该要求是双重的。其一,被暂时认定属于第20条某款项下措施必须不以构成在情形相同国家间'任意或不合理歧视的'方式适用。其二,该措施必须不以构成'对国际贸易的变相限制'方式适用。按照这些要求,该小序言用于保证成员们善意行使保护其认为第20条下合法利益之权利,同时不被当作规避对其他WTO成员应尽义务的手段。"[2]巴西依据地区经济共同体仲裁庭裁决,对该共同体成员国的实施豁免进口翻新轮胎禁令,构成了该禁令以构成任意或不合理歧视的方式加以适用。从该案看,虽然涉案措施符合GATT第20条(b)款,但是依据GATT第24条下区域贸易安排而豁免地区共同体实施进口禁令,仍有悖于第20条小序言。可见,第20条(b)款允许保护人类生命或健康所"必需的"措施,而区域贸易安排

---

[1] Brazil-Retreated Tyres, WT/DS332/AB/R, 3 December 2007, para.150.
[2] Brazil-Retreated Tyres, WT/DS332/AB/R, 3 December 2007, para.215.

的豁免仅在于保护贸易自由化。两权相衡,前者大于后者,后者与"必需的"措施目的无关,乃至抵触,因此不符合第 20 条小序言的要求。

三、GATS 和 TRIPS 协定的国民待遇及其适用

GATS 第三部分"有关市场准入的具体承诺"第 17 条规定了国民待遇:"1. 对于列入减让表的部门,在遵守其中所列任何条件和资格的前提下,每一成员在影响服务提供的所有措施方面给予任何其他成员的服务和服务提供者的待遇,不得低于给予本国同类服务和服务提供者的待遇。2. 一成员可通过对任何其他成员的服务或服务提供者给予与其本国同类服务或服务提供者的待遇形式上相同或不同的待遇,满足第 1 款的要求。3. 如形式上相同或不同的待遇改变竞争条件,与任何其他成员的同类服务或服务提供者相比,有利于该成员的服务或服务提供者,则此类待遇应被视为较为不利的待遇。"

不同于 GATT 国民待遇与 MFN 待遇均为货物贸易中的非歧视原则,两者相辅相成,GATS 国民待遇条款作为第三部分"具体承诺"项下的服务贸易原则规定,首先是各成员在其承诺减让表所列限定条件下承担的义务。GATS 国民待遇的适用十分宽容,允许各成员在其承诺减让表中,对国民待遇具体适用于哪些部门和不适用于哪些部门,自行作出承诺。不过,这种承诺一旦作出,该成员须给予任何其他成员的服务和服务提供者不低于本国同类服务和服务提供者的待遇。从第 17 条第 2 款、第 3 款可以看出另外一个不同点。GATS 规定的国民待遇突破了 GATT 中相同或同等待遇的严格要求。GATS 国民待遇条款所谓"不低于",并非指待遇措施要完全相同,而是指这些措施尽管有不同,但其所体现的整体待遇相同。因此,允许一个成员对其他任何成员的服务或服务提供者实行与对本国相同服务或服务提供者"形式上不同"的待遇。GATS 的这一规定,主要考虑了服务贸易各个部门的特殊性。WTO 争端解决的"阿根廷金融服务案"是有助于进一步理解 GATS 第 17 条项下国民待遇的典型案例。

2016 年由上诉机构复审解决的"阿根廷金融服务案"涉及金融服务的税收有关财富不当增收假定、交易定价方法和快速配置规则等措施是否违反 GATS 第 17 条项下的国民待遇。上诉机构认为 GATT 第 3 条第 4 款下"同类产品"的解释完全适用于 GATS 第 17 条下"同类服务及提供者"。参照货物贸易中"同类产品"的认定条件(特征、性质、终端用户或消费者的偏好),服务贸易与提供者

的同类性比较也要考虑这些条件,但应充分兼顾服务贸易的不同方式(GATS 第1条2款规定的跨境交付、境外消费、商业存在和自然人流动)对"同类性"认定的作用。"认定服务贸易上下文之'同类性'而进行比较之根本目的,亦即,评估涉案服务与服务提供者是否,以及在什么范围处于竞争关系。随后分析竞争条件是否被改变这一'不低于待遇'的要求,则以竞争关系的存在为前提。"①就"不低于待遇"的法律标准而言,上诉机构认为要看涉案措施是否修订了竞争条件,使得其他任何成员的服务及服务提供者的待遇受损。

与 GATS 处理国民待遇的方式不同,TRIPS 协定将国民待遇提高到优于 MFN 待遇的地位,因为整个 TRIPS 协定以《巴黎公约》等已有知识产权国际公约或条约为基础。这些基础性公约或条约均以知识产权保护的国民待遇为基本原则。

TRIPS 协定第一篇"总则与基本原则"第 1 条、第 2 条和第 3 条都涉及国民待遇。其中,第 1 条第 3 款规定:"各成员应将本协定规定的待遇给予其他成员的国民。"该协定所说"国民",如在 WTO 的单独关税区成员域内,系指在该关税区域内定居的,或有真实和有效的工商营业所的自然人或法人。该条款所说的"待遇"首先是指国民待遇。第 2 条第 1 款规定:"就本协定第二部分(有关知识产权的可获取性、范围和利用)、第三部分(知识产权的实施)和第四部分(知识产权的取得和维持以及有关当事人之间的程序)而言,成员们应遵守《巴黎公约》(1967 年)第 1 条至第 12 条及第 19 条。"其中,《巴黎公约》第 2 条和第 3 条是国民待遇规定。因此,TRIPS 协定第 2 条第 1 款属于国民待遇的援引条款。

TRIPS 协定第 3 条专门规定与贸易有关的知识产权保护的国民待遇原则:"在知识产权保护方面,各成员应给予其他成员国民不低于本国国民的待遇,除非是《巴黎公约》(1967 年)、《伯尔尼公约》(1971 年)、《罗马公约》和《集成电路的知识产权条约》已规定的例外。"这里所讲的"保护"包括知识产权的可获取性、取得、范围、维持和实施等事项。至于第 3 条第 2 款规定的"司法与行政程序方面的例外",例如诉讼只能请当地国的律师等,这些都是各国法律制度共有的惯例。2005 年"欧共体商标与地理标志案"对与贸易相关的知识产权保护的国民待遇

---

① Argentina-Financial Services,WT/DS453/AB/R,14 April 2016,para.6.34.

作了一定分析。该案专家组认为,确定某成员违反 TRIPS 协定下的国民待遇,须满足两个因素:一是涉案措施必须适用知识产权保护方面;二是其他成员的国民享有的待遇必须低于该成员本国国民所享有的待遇。涉案的欧共体地理标志条例适用于知识产权保护,这没有异议。但是,美国和欧共体对涉案措施是否违背国民待遇存在分歧。专家组对涉案措施要求非欧共体成员国民注册在欧共体得到保护的地理标志与欧共体自己国民是否享有"机会的有效平等",加以考察。根据欧共体地理标志条例规定的保护条件,有两种方法对获得知识产权方面的保护修改了实际的机会平等,给了较少优惠待遇。第一,地理区域位于欧委会根据该条例未认可的第三国地理标志,将得不到保护。第二,地理标志所在的第三国加入了国际协定或符合该条例规定的条件,则可获得该地理标志的保护。"这两种要求在地理标志获得保护方面扮演了重要的'额外障碍'作用,但是,这不适用地理标志位于欧共体内的地理标志。"[1]欧共体既未曾认可过第三国的地理标志,也没有与其他第三国缔结互相认可对方地理标志的国际协定,因此实际存在的对欧共体国民与非欧共体国民的地理标志保护的差异构成了歧视性的非国民待遇。

比较 WTO 的货物贸易、服务贸易和与贸易相关的知识产权保护方面的国民待遇,可以看到,在以关税减让为基础的货物贸易领域,国民待遇与 MFN 待遇相辅相成,在保障各成员享受关税减让的利益(当然,同时又履行其相关义务)方面起着补充作用。在服务贸易领域,国民待遇主要体现于履行已承诺义务的国民待遇。相比 GATT 第 3 条第 4 款无所不包的"法律、条例和规定"范围,GATS 第 17 条第 1 款的承诺义务范围就很有限。但是,在 TRIPS 协定中,国民待遇的地位与作用高于 MFN 待遇,因为与贸易有关的知识产权保护,本身依然是知识产权制度。从根本上说,TRIPS 协定仍然尊重知识产权保护的地域性原则。基于这一传统的法律原则,TRIPS 协定的成员首先必须根据国民待遇原则,在 TRIPS 协定范围内,给予其他任何成员的国民在其域内与本国国民同样的知识产权保护,并根据普遍 MFN 待遇原则将这种国民待遇平等地给予所有成员的国民。在这个意义上,TRIPS 协定中的 MFN 待遇是将国民待遇普遍化了,是对后者的补充。

---

[1] EC-Trademarks and Geographical Indications, WT/DS174/R, 15 March 2005, para.7.139.

第二节　经典案例与文献选读

一、经典案例：日本酒税案

1996年7月11日，WTO争端解决专家组就欧共体、加拿大和美国诉告日本经修改的1953年酒税法对于相同产品的国产清酒和进口伏特加，对于"直接竞争或可替代产品"的国产清酒和进口威士忌等，后者课税高于前者，裁定分别违反GATT第3条第2款第1项和第2项。日本不服该专家组基于对该第3条第2款的条约解释而作出的裁决，提起上诉。上诉机构对该第3条，尤其是第2款及其解释性说明，作了全面的澄清。

1. 第3条概述

上诉机构认为：GATT第3条的宽泛和基本目的就是避免在适用国内税和管理措施时的保护主义。更具体地说，第3条之目的在于确保国内的措施不适用于进口或国内产品以保护国内生产。为了这一目的，WTO成员根据第3条有义务为进口产品提供与国内产品有关的平等竞争条件。总协定的起草者意图很清楚，就是在进口产品一旦完税清关后，作为国内产品的相同产品，得到相同方式的对待，否则，就会给予国内产品间接保护。而且，进口与国内产品之间税收区别反映在进口数量的贸易效果是无关紧要的。第3条所保护的不是任何特定进口数量的期望，而是进口与国内产品的平等竞争关系。"WTO成员有权通过国内税收和管理来实现其目标，只要不以违反第3条或任何其他在WTO协定项下的承诺的方式实施。"①

在考虑第3条与WTO协定其他规定的关系时必须牢记第3条旨在避免保护主义这一宽泛目的。虽然保护谈判达成的关税减让无疑是第3条的目的之一，但是在专家组报告中所说的"第3条的主要宗旨之一在于保证WTO成员不会通过其国内措施削弱其承诺"，却不能过分强调。第3条的涵盖范围不限于第2条下关税减让所涉产品。第3条的国民待遇义务是一般地禁止利用国内税收

---

① Japan-Alcoholic Beverages，WT/DS8,10,11/AB/R, 4 October 1996, p.16.

及管理措施保护本国产品。这一义务显然也扩展到不受第2条约束的产品。第3条的谈判历史证实了这一点。

2. 第3条第1款

第3条的用语必须给予其在上下文及参照WTO协定总目标及宗旨的通常意义。该条款实际用语提供了必须给予所有用语的意义及效果的解释基础。条款的适当解释首先是约文解释。专家组正确地看到了第3条第1款"所含基本原则"与第3条第2款"规定有关国内税与费用的特定义务"这一区别。第3条第1款规定了国内措施不应用于提供给国内生产的保护这一基本原则。该基本原则贯穿于第3条其他款项。第3条第1款旨在确立该基本原则是理解和解释第3条第2款及其他款项所含具体义务的指南,同时尊重而不是以任何方式削弱其他款项实际用语的含义。概言之,第3条第1款构成第3条第2款的上下文,同样也是第3条其余款项的上下文。对第3条的任何其他解读将导致第3条第1款的用语没有意义,因而违反条约解释的有效性这一基本原则。与该有效原则一致,并虑及第3条第2款两句的约文不同,我们认为第3条第1款以不同方式提示了第3条第2款的第一句和第二句。

3. 第3条第2款

第3条第2款第一句实际上是第3条第1款基本原则的适用。从第3条第2款第一句用语的通常意义必然得出这一结论。在其上下文并兼顾WTO总体目的及宗旨,该第一句用语要求审查某国内税收措施是否符合第3条:首先,认定被征税的进口和国内产品是否"相同";其次,适用进口产品的税是否"超出"适用于国内相同产品的税。如认定是,那么该税收措施就抵触第3条第2款第一句,同时也违反第3条第1款的基本原则。

第3条第2款第二句没有"相同产品"的用语,因此第一句的"相同产品"应作狭义解释。这种解释应基于个案酌定,并采用1970年GATT《关于边境税调节报告》所提出的方法,即对个案构成"类似"产品的各个要素进行公平的评估。至于"超出"的意义,即便最少的一点点"超出",也是太多了。

与第3条第2款第一句有所不同,第二句明确援引了第3条第1款。第3条第2款的解释性说明——"符合第2款第一句的国内税只有在已税产品与未同样征税的直接竞争或替代产品之间存在竞争的情况下,方可视为与第二句不一致"——虽不代替或修改第3条第2款第二句的规定,但事实上澄清了其含义。

二、文献选读:《国民待遇义务与非关税壁垒》(杰克逊)

选自约翰·H.杰克逊《世界贸易体制——国际经济关系的法律与政策》(张乃根译,复旦大学出版社2001年版)第8章第1节、第2节。

第1节 国民待遇义务的政策及其历史

最惠国之后第二项主要的非歧视性待遇义务是国民待遇义务(主要表现在GATT第3条)。与最惠国要求平等地对待不同国家,有所区别。国民待遇义务要求当进口产品完成交纳关税与边境程序之后,应获得不低于国内产品的待遇。显然,该规则背后的重要政策是防止利用国内税与管制政策作为保护主义措施。这种措施将使关税约束失去应有作用。然而,应提到,该义务适用于所有的产品,而不只是受约束的产品。因此,该规则有助于实现减少对进口的限制这一基本目标。

许多条约包含国民待遇义务,有些可追溯至很久以前。不过,该义务在不同条约中的形式各异,并且,可适用于各种活动,而不仅仅指产品。比如,国民待遇通常也适用于涉及外国公民的刑事程序。另一例子是"建立权"的国民待遇义务,这将使外国商业机构可在另一国建立分支。

国民待遇义务经常引起国家间申诉或争端。因为这涉及国内管制与税收政策,所以与各种政府措施密切有关,这些措施以合法的,并非必然以限制进口的政策理由为基础。在有些情况下,国内措施被过分地或不恰当地夸大利用,因而不必要地限制了进口。在有些情况下,合法的政策目标,包括那些在GATT一般例外条款(第20条)中的政策目标可以防止措施与GATT义务相抵触。立法者与其他政府官员似乎非常希望利用国内管制或税收措施支持国内产品,并一再提出这类建议。

国民待遇条款在乌拉圭回合新的谈判议题中占有相当中心的地位(服务与知识产权)。确实,困难在于GATT的国民待遇(对货物而言)在多大程度上,可以被适当地运用于服务(或知识产权)。只要看一下服务协议的文本,就不难了解将国民待遇义务适用于服务领域的复杂性。

第2节 GATT义务概述及其适用

GATT第3条规定了与进口产品待遇有关的国民待遇义务。第1款是一般性政策规定,但是,包括了一个约束缔约方的重要用语,即避免利用税收与规则"以达到保护国内生产之目的"。

第3条第2款要求对进口产品的国内税不应超过适用于国内货物的税收,并明确地提及第1款之一般目的。该条第4款对规则和其他"影响进口产品的……国内销售要求"实质上设置了同样义务(虽然没有提到第1款)。第5款、第7款禁止利用混合的要求来支持国内产品。然而,其他段落规定了对一般国民待遇的例外,最重要的,莫过于政府采购的例外。

1958年有关意大利政府对于拖拉机销售措施争端的专家组报告,为国民待遇条款提供了一个基本解释。在该案中,英国申诉意大利为本国农民购买国产拖拉机提供比购买进口拖拉机更优惠的贷款这一银行措施。由全体缔约方采纳的专家组报告指出:"GATT起草者的初衷是规定货物完税之后的竞争平等条件……"并且,特别地强调:"该国家的支持不是给予生产商,而是给予农民机械的购买者……"①

因此,一旦进口货物进入国内商业渠道,就不应有任何政府措施旨在支持购买国产货物,而没有同样地对待进口货物。尽管国内厂商可以根据GATT规则获得补贴[GATT第3条第8款(b)项似乎明确将这种补贴作为例外]。但是,如果这种补贴会直接地影响到购买者的选择,将与GATT相抵触。

"国内内容"规则的问题一直是引起麻烦的。作为一定管制或许可的允许条件,在要求建立某新的工厂或在某国投资时,有些国家要求正式或非正式的承诺,即,在新的工厂以进口零部件生产或组装产品时,应包括一定最低限度比例的国内"增值"。美国申诉加拿大政府的外国投资评审法(FIRA),部分地以此为理由,认为这违反了GATT第3条第4款和第5款。美国认为,当存在"竞争"或诸多加拿大供应商时,作为在加拿大投资的要求,投资者须承诺购买加拿大产品,这违反了GATT第3条第4款。1984年的一份合议庭报告支持了这一观点,尽管该要求是"非正式的"。仅4页简短的乌拉圭回合"TRIMs"(与贸易有关的投资措施)协议提到了国内内容的问题,并规定要求使用或购买国内来源的产品作为该规则授予的特权或要求的条件,与第3条第4款相抵触。

加拿大也申诉美国所谓"337条款"的法律与实践。该法律规定了一项程

---

① Italian-Agricultural Machinery, BISD, 7 Supp., 23 October 1958, para.60.

序,使得美国的产业可以起诉外国一方海运进口至美国市场的"不公平贸易做法"。这些做法可能是侵犯版权或专利,或试图垄断,等等。加拿大指控,337条款程序与美国国内针对不公平贸易做法的程序(通过联邦贸易委员会,或通过专利、版权诉讼的国内程序)相比,具有歧视进口的效果。1983年一项合议庭报告得出结论:GATT第20条一般例外,允许在对待进口方面的必要差异,以保证专利法、版权或其他相关法律的实施。该报告接着决定337条款的措施是否属于"伪装的对国际贸易的限制",或者是"专横的或无法证明为正当的歧视",最后得出否定之结论。然而,该报告并未使337条款完全摆脱指控,提出,如果情况不同,不排除这种可能性,即"可能存在这种情况……美国法院的程序可以提供……同样满意的和有效的补救"。[1]

根据欧共体所谓新的商业政策指令,爱克索这一家荷兰的高科技纤维公司,就美国杜邦公司请求美国法院采取337条款禁令,向欧共体委员会申诉。[2] 根据337条款,爱克索公司被指控侵犯了杜邦公司在美国的专利。欧共体委员会提起GATT的合议庭程序,指控337条款对进口产品采取了以非美国产地为基础的单独程序,这种歧视不能根据GATT第20条(d)款,被证明为"必要"。1988年1月,合议庭作出报告,同意欧共体指控中的大多数观点。

三、扩展阅读

1. 董世忠主编:《国际经济法》(第二版),复旦大学出版社,2009年,第六章第三节《国民待遇》。

2. 曾令良:《世界贸易组织法》,武汉大学出版社,1996年,第七章《国民待遇制度》。

3. Japan-Alcoholic Beverages, WT/DS8,10,11/AB/R, 4 October 1996.

4. Canada Periodicals, WT/DS31/AB/R, 14 March 1997.

5. Thailand-Cigarettes, WT/DS371/AB/R, 15 July 2011.

6. Brazil-Retreated Tyres, WT/DS332/AB/R, 3 December 2007.

---

[1] Canada-FIRA, BISD, 30 Supp., 2 July 1984, para.140.
[2] US-Spring Assemblies, BISD, 30 Supp., 26 May 1984, para.107.

第五章 WTO的非关税壁垒制度

作为WTO《货物贸易多边协定》的基础，GATT第一部分第1条普遍MFN待遇和第2条关税减让表规约的是关税壁垒，旨在逐步削减乃至消除关税壁垒，促进自由贸易。第二部分第3条国民待遇原则规约的是进口产品与本国产品的关系，旨在防止关税减让的好处被保护主义措施所抵消。第4条有关电影片的特殊规定是第3条第10款项下国民待遇例外的具体化。第5条则是对过境贸易中的关税问题所作的特殊规约。因此，GATT第1条至第5条都是针对关税壁垒或与关税壁垒有关。非关税壁垒相对关税本身而言，泛指关税以外可用于阻止进口或减低进口货物的竞争能力的政府措施。GATT第6条至第19条，基本上与非关税壁垒的规制有关。本章首先概述WTO货物贸易中的非关税壁垒制度，然后重点评述反倾销制度，最后提供有关反倾销引起争端解决的经典案例和文献选读，以进一步学习理解。

第一节 WTO非关税壁垒制度概述

一、GATT非关税壁垒制度以及在总协定时期的发展

GATT第6条"反倾销税与反补贴税"原本属于特别关税，即某一缔约方针对来自另一缔约方的倾销产品或接受政府补贴的产品而征收的特别关税。美国

《1921年反倾销法》规定对进口货物正在以低于合理价值在美国销售,且美国的产业正在受到损害或损害威胁,或被妨碍建立,可由国内生产者申请贸易救济,由财政部审批征收反倾销税。美国反补贴立法更是可以追溯到1879年关税法相关规定。根据1948年《GATT临时生效议定书》,GATT第二部分应在最大限度不与缔约方已有立法相抵触的范围内适用,亦即缔约方已有相关国内法享有"祖父权"而优先于GATT适用,因此,美国等缔约方的国内此类立法在GATT临时生效后,即便与之冲突,仍可继续适用。

但是,在总协定初期,各缔约方之间因反倾销等非关税壁垒引起的争端屈指可数。随着各国,尤其是西欧的战后经济恢复和欧洲经济共同体的建立,以及关税的逐步减让,譬如1960年至1962年的GATT第五次关税减让谈判促成了4,400项商品的平均20%的关税减让,国际贸易中非关税壁垒的问题开始突出。各缔约方的国内反倾销与反补贴法有所不同,经常被利用作为关税减让表适用例外的壁垒,且优先于GATT相关规定而适用,严重制约贸易自由化的进程。1964年至1967年的GATT肯尼迪回合,第一次明确将反倾销作为非关税壁垒措施,列入谈判议程。该回合最终达成了总协定时期的第一个反倾销守则。该守则仅约束接受它的缔约方,由于美国仍然根据国内法优先的"祖父权"通过立法规定"在该守则与美国法律相冲突的任何情况下,美国的政府机构不得实施该守则"[1],最终该守则实际上没有实施过。1973年至1979年的GATT东京回合进一步就反倾销问题进行谈判,达成了第二个反倾销守则《实施GATT第6条协定》,并广泛涉及各种非关税壁垒问题,就补贴与反补贴、对贸易的技术壁垒、进口许可证程序、海关估价等达成诸多协定,但仅仅对"接受或加入的缔约方政府具有效力"。[2] 美国国会通过《1979年贸易法》批准了该反倾销守则,并在其新的反倾销法中采纳了该守则关于认定反倾销对国内产业的"重大损害"(material injury,又译为"实质损害")标准,实际上也放弃了其在这一问题上国内法优先的一贯立场。

1986年至1994年的GATT乌拉圭回合就非关税壁垒措施的规制进行了

---

[1] 《1968年重新谈判修正案法》,载《公法》90-634,第201节。转引自[美]布鲁斯·E.克拉伯:《美国对外贸易法和海关法》(上册),蒋兆康、王洪波、何晓睿等译,法律出版社,2000年,第490页。
[2] Article 16.4. Agreement on Implementation of Article VI of the GATT (Antidumping Law), 12 April 1979, GATT Publication 1979.

更加全面的谈判,其最后成果"一揽子"协定约束所有缔约方,包括《关于实施 1994 年 GATT 第 6 条协定》(又称《反倾销协定》)、《补贴与反补贴措施协定》、《实施 1994 年 GATT 第 7 条协定》(又称《海关估价协定》)、《实施卫生与植物卫生措施协定》、《与贸易有关投资措施协定》、《技术性贸易壁垒协定》、《装运前检验协定》、《原产地规则协定》、《进口许可证程序协定》和《保障措施协定》等基于 GATT 有关条款规约非关税壁垒的实施性协定。这是国际多边贸易法律制度的重大发展。除了这些协定,一般认为 GATT 第 11 条数量限制的一般取消,所针对的是属于非关税壁垒的数量限制。尽管"一揽子"协定没有包括一般取消数量限制的具体协定,但是《进口许可证程序协定》规约的范围包括配额,因而可作为部分地规约数量限制的协定。现行 WTO 规约非关税壁垒制度就是指 GATT 有关规定以及这些协定所构成的法律制度。

二、WTO 现行非关税壁垒制度

WTO 成立之后,上述非关税壁垒的各项协定在适用中碰到了许多新问题,2001 年启动的"多哈发展议程"多边贸易谈判包含了有关非关税壁垒规则修订的议题。但是,除 2013 年达成的《贸易便利化协定》部分涉及非关税壁垒(如海关、检验检疫、边检、海事的口岸执法单一窗口)外,其余相关谈判议题,至今均无结果。

WTO 现行非关税壁垒制度首先是反倾销制度,本章第二节将作较详尽评述,暂且不论。反补贴税与反倾销税本来都是 GATT 第 6 条规定的内容,但是反补贴税与反倾销税的原因完全不同,加上 GATT 第 16 条专门规定了补贴问题,补贴与反补贴税是相互联系的问题,因此,从 GATT 肯尼迪回合开始,补贴与反补贴措施和反倾销制度便被分开对待,并逐渐形成两项分立的协议。现行的 WTO《补贴与反补贴措施协定》(SCM 协定)对"补贴"下了一个定义,即在某成员领域内由政府或任何公共机构所提供的金融资助或其他任何形式的收入或价格支持,并提出了"专向性"补贴概念,即授予机关管辖范围内的某特定企业(包括某个企业或产业、某企业或产业集团)的专向性补贴。SCM 协定将补贴措施分三类:被禁止使用的补贴、允许使用但可以起诉的补贴、不可起诉的补贴,并对这三类补贴分别规定了相应的行为准则和处理程序。反补贴措施是指 GATT 第 6 条规定的反补贴税,它是由因某一成员实施补贴而遭受重大损害的另一成员所采取的补救措施。这种措施既可以纠正因违反 SCM 协定的补贴对正常国际贸易造成的扭曲,也可能被滥用而造成另一种非关税壁垒,因此,SCM 协定对于发起调查、搜集证据、磋商、接受补贴者所获利益的计算补贴量、损害的确定、国内产业的定义、临时措施、承诺、反补贴税的征收和追溯、反补贴税和价格承诺的执行期限及复查、反补贴裁定的公告和说明以及司法调查等,逐一作了详细的规定,从而大大地减少了调查与执行程序中的不确定性,有利各成员的具体适用。

海关估价作为关税征收的关键环节,是指根据从价计税制,对进出口货物的价值估价。被估价的货物价值不仅是计征关税的计价依据,而且是计征其他进口环节征收的税费(增值税、印花税、动植物检疫税等)的计价依据。与 WTO 体制中旨在降低或取消关税壁垒的关税减让制度不同,海关估价旨在客观、合理地确定被征关税的货物价值。这种估价虽与进出口货物的销售价格有直接联系,但又不等同于销售价格,而在很大程度上取决于一国海关的主观认定,因此,海关估价有可能被利用为制约国际贸易正常进行的手段,成为一种非关税壁垒。正是基于这样的考虑,GATT 第 6 条规定反倾销与反补贴之后,以第 7 条规定各缔约方必须遵循的海关估价规则。该第 7 条规定海关对进口商品的估价基础应是进口商品或相同商品的实际价值,而不是原产国的商品价值或武断的、臆断的价值。实际价值是指根据进口国的立法所确定的时间、地点,这种商品或相同商品在充分竞争条件下的正常贸易过程中出售或许诺出售的价格。实际价值的概念比较抽象,难以确定,仍容易被利用作为贸易保护的手段,尤其是美国的海关估价制度享受《GATT 临时适用协定书》规定的"祖父条款"而不适用 GATT 第 7 条,其复杂程度之大被公认为是非关税壁垒,因此,全面涉及非关税壁垒的东京回合第一次达成了海关估价协议,以全面、具体地协调有关缔约方的海关估价制度。但是,这一协议与其他东京回合达成的协议一样,都取决于缔约方的加入,限制了其适用范围。乌拉圭回合在东京回合的基础上,最终达成了新的《海关估价协定》,并作为"一揽子"协定之一。根据《海关估价协定》,各成员海关估价的基础主要是进口商品的交易价值;如果无法确定,可根据同时进口的"相同商品"或"类似商品"的交易价值估价;如果无法确定交易价值,可根据进口商的选择,以"推定的价值"或"计算的价值"为海关估价的基础;如果还不能确定,最后可允许根据进口国的已有资料为海关估价之基础。该协定第 8 条还规定,海关估价应加上对进口商品实付或应付的价格。根据该协定成立的海关估价委员会与海关估价技术委员会(由世界海关组织主持)负责实施该协定。

在普遍MFN待遇的例外适用时,某一成员海关在征收来自任何另一成员的进口货物关税时须认定其原产地,以便决定适用一定的税率。同时,认定原产地标志也是为了防止国际贸易中假冒货物的原产地,保护消费者的利益以及在原产地受当地立法保护的特殊区域或地理名称免受损害。但是,各国或地区认定原产地的规则各有不同,容易被利用为贸易保护的非关税壁垒。因此,GATT第9条对原产地标志的加贴及其如何防止滥用原产地规则,作了原则规定。乌拉圭回合达成的《原产地规则协定》对"原产地规则"定义为:"任何成员普遍地适用于确定货物原产地的法律、条例和行政命令,只要这类原产地规则与超出GATT第1条第1款规定范围授予优惠关税的契约性或自治性贸易制度无关。"考虑到各成员的原产地规则差异较大,该协定规定了实施原产地规则的过渡期,并规定成立原产地规则委员会和原产地规则技术委员会(在世界海关组织主持下工作),负责原产地规则的协调。这套机制与上述海关估价机制相同。

对特定产品进口的紧急措施,即保障措施,与反倾销税、反补贴税,统称为"两反一保"的贸易救济措施。美国最早在《1934年互惠贸易协定法》中就规定允许采取保障措施,并促成了GATT第19条(保障条款)。保障措施一般针对被认为是损害进口国经济或国内竞争产业的进口,政府所采取的行动往往采用进口限制形式,不论是增加关税、数量限制、出口国的自愿限制,还是其他措施。与反倾销税、反补贴措施相比,保障措施也是在进口国经济或相关产业因特定产品进口而受到损害时采取的政府行动。但是,保障措施针对的特定产品进口具有在一定时期大量增加的特点,形成所谓的"市场搅乱",而且,保障措施的形式不限于增加关税,具有更大的灵活性。保障条款的灵活性,逐渐导致了相应的"灰色区域"措施,如自愿出口限制、有秩序地市场销售协议。这些措施都是由出口国一方采取,或者与进口国一方协议采取,似乎无可挑剔。实际上,出口国的不得已而为,往往形成了进口国的非关税壁垒,限制了货物进口。为了消除这类"灰色区域"措施,规范保障条款的适用而不至于使它成为变相的非关税壁垒,乌拉圭回合达成的《保障措施协定》第2条规定了采取保障措施的条件:"一成员只能在根据本协定条款规定确定一产品进口至其域内的数量,相对其国内生产,绝对地或相对地增加,并且对相同产品或直接竞争产品的国内产业造成严重损害或严重损害的威胁,才能采用保障措施。"该协定还规定了有关的调查程序、严重损害或严重损害威胁的确定和保障措施的具体适用,以及建立一个隶属WTO货物贸易理事会的保障委员会,监督检查该协定的执行。

卫生与植物卫生检疫、与贸易有关的投资措施、技术性贸易壁垒、装运前检验、进口许可证的程序以及与国际贸易有关的货物包装、标记和标签要求的各项技术法规和标准都是容易成为非关税壁垒的问题,原先均未纳入GATT调整范围,但在国际贸易中经常引起纠纷。WTO有关"一揽子"协定分别作了详尽规定,在此不赘。

WTO成立以来有关非关税壁垒的贸易争端居多,其中"两反一保"的贸易救济纠纷案件占全部申诉的一半以上,尤其是反倾销争端数量位于第一。本章第三节将选择两起有关反倾销的"归零法案"供进一步分析。

第二节 WTO的反倾销法制度

不同于一般禁止区别对待的普遍MFN待遇与国民待遇,反倾销以区别对待为显著特征,旨在防止滥用自由贸易的制度,合法地限制个别国家或地区的产品进口,以保护国内生产。WTO的反倾销法制度为GATT第6条及其《反倾销协定》,相关争端解决判理有助于理解该协定。

一、反倾销的概念及其法律制度

倾销是指以低于正常市场价格的方式大量抛售某种商品。在国际贸易中,倾销被宽泛地定义为以低于本国市场(或者如不存在本国市场,以低于某第三国市场)的价格,或以不足以抵消出售商品成本的价格出口。倾销存在于货物贸易中,与服务贸易无关。国际贸易中的倾销具有如下特征:(1)倾销表现为一种低价销售的现象,但这种低价并非指低于进口国相同产品的市场价格,而是低于该商品的正常价值,一般情况下,就是低于该商品在出口国国内市场的价格;(2)倾销基本上是生产商为追求最大利润而在国际贸易中从事的价格竞争行为,其目的往往是为了迅速开拓国外的新市场,消灭竞争对手,获得在另一国市场上的竞争优势;(3)倾销的结果往往会对进口国相同产品生产商的利益造成损害,有时甚至会对进口国生产相同产品的国内产业带来毁灭性打击,但进口国的消费者也可能获得低价消费的好处。

倾销会给进口国国内产业带来不利影响,因此现代各国纷纷制定反倾销法,以抵制倾销对国际贸易秩序的扭曲作用,维护国际贸易的公平和自由。反倾销法就是指为了保护进口国经济和国内生产者利益而对外贸中的倾销行为采取规制措施的法律规范的总称。反倾销法的一般特征是:(1)反倾销法通常属于行政法范畴。从反倾销案的起诉、立案、调查、初裁到终裁的全部过程都是由国家的行政主管当局负责处理,征收反倾销税由一国海关实施,属于一种行政制裁方法。司法部门通过司法审查,起到法律监督作用,但不直接干预行政部门受理反倾销案的进程。国际贸易中的当事人也不能以缔约自由来排除反倾销法的适用。(2)反倾销法包括实体规范和程序规范两大部分。实体规范是指法律规定的倾销的具体构成条件。前述倾销含义只是倾销的经济学定义,要构成法律上的"可征税倾销"(dutiable dumping),还需符合法定的实体条件。反倾销法的程序规范则主要规定有权采取反倾销措施的行政主管当局及其权限、反倾销从起诉开始的具体程序、最终可采取何种措施以及有关的司法审查制度等等。(3)反倾销法的渊源不仅有各国国内法,还有国际法规范,如 WTO 的《反倾销协定》。各国国内反倾销法主要是为了防止和抵消外来倾销对国内产业造成的损害。这在合理限度内是正当的,但实践中难免存在滥用现象,使得反倾销法的实施转变为一种推行贸易保护主义的非关税壁垒。反倾销国际法规范的主要目的和作用就在于约束缔约方的国内法,防止其对自由贸易的阻碍,寻求平衡点。(4)反倾销法的直接目的是抵消或防止倾销。"抵消"是指先前进口的产品已构成倾销,反倾销税要抵消进口国遭受到实质损害的产业的损失;"防止"是指保护国内产业不受未来可能的损失。在当前 WTO 的普遍 MFN 待遇和国民待遇制度下,关税已普遍降低,反倾销税更是作为各国实行其国际贸易与国内产业相结合的有力的政策工具。

二、GATT 第 6 条的反倾销规定

GATT 第 6 条及其附件 1 的注释和补充规定确立了最基本的反倾销国际规则,构成了现行国际反倾销法体系的基础。即便如今有了 WTO 的《反倾销协定》,该第 6 条及其附件 1 的注释和补充规定依然是可适用法。

GATT 第 6 条第 1 款规定:"各缔约方认识到,用倾销的手段将一国产品以

低于正常价值的方法引入另一国商业,如因此对某一缔约方领土内已建产业造成重大损害或重大损害威胁,或对某一国内产业的新建构成重大阻碍,则这种倾销应予以谴责。"① 这是倾销的法律定义,也是确定倾销是否构成的核心规则。根据这一规则,适于征收反倾销税的倾销必须满足以下三个条件:一是产品出口价格低于该产品的正常价值;二是低价出口对进口国相关产业造成了重大损害或威胁,或对新建工业产生重大阻碍;三是以上两者之间具有因果关系。

"正常价值"(normal value)是上述倾销定义中的关键术语。GATT 第 6 条第 1 款将"正常价值"界定为:"从一国向另一国出口的产品的价格,(a) 低于相同产品在出口国用于国内消费时在正常情况下的可比价格,或(b) 如果没有这种国内价格,低于:(i) 相同产品在正常贸易情况下向第三国出口的最高可比价格;或(ii) 产品在原产国的生产成本加合理的销售成本和利润。"但对具体销售条件的差异、赋税差异以及影响价格可比性的其他差异,必须予以适当考虑。这说明倾销可能存在三种情况(即"正常价值"的三种判断方式):一是产品出口价格低于出口国内价格;二是产品出口价格低于向第三国出口的最高可比价格;三是产品出口价格低于原产国生产要素的构成价格。

这些价格构成涉及一些复杂的经济学和法学问题。第一,产品价值与市场销售价格的关系。根据政治经济学的基本原理,商品的价值是指物化的抽象劳动时间,而劳动时间的价值取决于劳动力的价格。不同的国家或地区有不同的劳动力价格,即工资水平。因此,在反倾销中,以商品的价值而不是价格作为出发点,意味着反倾销立法的意图是从根本上确定商品的价格。如果将产品的正常价值等同于在出口国的相同产品的市场可比销售价格,那么有一系列问题需要考虑:首先是"相同产品"的定义,进口国有关当事方和主管当局必须认定被指控倾销的进口产品在出口国市场上的"相同产品";其次是该相同产品的"市场"定义,因为"相同产品"在出口国的不同"地区"(即空间意义上的市场)和"季节"(即时间意义上的市场)会有不同销售价格;最后是客观的市场价格与主观的认定价格,是否可以用"平均价"? 如果可以,需要以多少采样的市场价作为基数来进行计算?

---

① 译自 *WTO Agreements: the Marrakesh Agreements Establishing the World Trade Organization and its Annexes*, Cambridge: Cambridge University Press, 2017, p.26. 中译文参考《乌拉圭回合多边贸易谈判结果》,法律出版社,2000 年,第 430 页。本章以下援引《反倾销协定》,出处均略。

第二,如果不存在上述可比价格,以向第三国的最高可比出口价为基准,问题进一步复杂化。首先,如何决定"不存在"? 其次,如何决定"第三国"? 最后,出口至任何第三国的相同产品,是否存在地区差价? 若在该第三国市场上的最高可比价格不是"平均价",而是最高价格,是否存在一次性的市场最高价格?

第三,如果连第三国的最高可比出口价格也无法确定,需要根据原产国生产要素的构成价格来认定被指控倾销的进口产品在原产地国的生产成本以及合理的销售费用和利润。这是最复杂的计算方法。首先,如何计算某产品的生产成本? 在微观经济学上,生产一般是指"将投入转移为产出的过程"。这一过程涉及:(a) 固定成本,如厂房设备的投入和通过折旧费率的计算,得出一定成品中的固定成本构成;(b) 可变成本,如原料支出和工资,而原料的价格本身又是非常复杂的问题,这是构成的成本中最复杂的部分;(c) 总成本,即生产某特定产量所需成本总量,因为不同的生产数量会有不同的成本总量;(d) 平均成本,即总成本除以产量之商,或者说,每一单位产品的分摊成本。除此以外,还有边际成本、短期成本和长期成本。在确认这些构成的成本时,还必须解决企业会计制度的标准以及不同语言的障碍。这些都会给反倾销调查取证带来极大困难。其次,如何计算合理的追加销售成本? 这又涉及具体的销售方法及商业手段。最后,企业的利润涉及各种税收问题。考虑到问题的复杂性,GATT 第 6 条第 1 款又作了一项原则性规定:"在个案中计算上述价格时,应适当地考虑各种销售条件和期限差异、税收差异以及影响价格可比性的各种差异。"

在认定倾销成立后,如何征收反倾销税? GATT 第 6 条第 2 款规定:"为了抵消或防止倾销,任何一缔约方可对任何已构成倾销的产品征收不超过该产品的倾销差额的反倾销税。本条所称的倾销差额,系指按本条第 1 款的规定所确定的价格差额。"这说明,一旦确定构成倾销,进口国即可按倾销的幅度大小征收除正常关税以外的反倾销税。

GATT 第 6 条对征收反倾销税作了一定的限制。第一,不应针对免征原产国(或输出国)消费税或享受出口退税的产品征收反倾销税;第二,不得因抵消倾销或出口补贴,而同时对进口商品既征收反倾销税又征收反补贴税;第三,除了断定倾销的后果会对进口国国内产业造成重大损害之外,不得征收反倾销税;第四,对与出口价格的变动无关,为稳定国内价格或为稳定某一初级产品生产者的收入而建立的制度,如果这一制度也曾使产品的出口价格高于国内市场价格而且不至于不适当地刺激出口或在其他方面严重损害其他缔约国的利益,即使产品出口价格低于国内市场的可比价格,也不应认为造成了重大损害。

其中,对进口国国内产业造成重大损害是征收反倾销税必可不少的重要条件。这就是说,倾销本身并不构成违反 GATT 反倾销规则的行为,只有在倾销造成或可能造成对进口国国内相关产业的重大损害时,这种倾销才是需要制裁的行为。究竟什么是(相关)"国内产业"?什么是"重大损害"?如何认定倾销与国内产业的重大损害之间的因果关系?在任何反倾销案中,这些都是必须回答的问题。

GATT 附件 1 的注释和补充规定:第一,关于"隐蔽倾销"的情形,即"由于商户联号而造成的隐蔽倾销(即某进口商的销售价格低于与它是联号的出口商所开发票价格的相当价格,也低于在出口国国内的价格),应构成价格倾销的一种形式。有关这种倾销的倾销差额,可以进口商转售货物的价格作为基础计算"。

第二,关于"国家垄断贸易"情形,即"应当承认,对全部或大体上全部由国家垄断贸易并由国家规定国内价格的国家进口的货物,在为 GATT 第 6 条第 1 款的目的决定可比价格时,可能存在特殊的困难,在这种情况下,进口缔约方发现有必要考虑与这种国家的国内价格严格的比较不一定适当的可能性"。这一规定后成为欧美国家不承认非市场经济国家的国内价格而选用第三国作为类比国或替代国的价格作为核定正常价值标准的法律依据。

第三,关于"临时措施",亦即如同海关对待其他案件一样,对任何可疑的倾销作出最后结论之前,缔约方可要求对应交纳的反倾销税提供适当保证(书面保证或押金)。

此外,GATT 第 6 条第 6 款(b)项及附件 1 还规定了一种特殊情形,即"为了抵消倾销或补贴对另一个向进口缔约方领土输出某一产品的缔约方的领土内某一产业所造成的重大损失或产生的重大威胁,全体缔约方可以……允许这一进口缔约方对有关产品的进口征收反倾销税或反补贴税"。但前提条件是拟征收反倾销税或反补贴税的缔约方必须提出申请。

GATT 第 6 条反倾销规定的重要意义在于第一次将反倾销纳入国际贸易多边规则的调整范围,明确宣布各国有权对倾销产品征收反倾销税以抵消所造成的损害,从而确立了以反倾销为核心的公平竞争原则,反对不公平的贸易做法,使传统的自由贸易得到了扬弃并真正使自由贸易成为推动全球经济发展的动力;同时,通过以国际协定的方式初步界定倾销、正常价值、重大损害等法律概念,确立了在国际贸易中采取反倾销措施的基本原则,使缔约方滥用反倾销法、推行贸易保护主义的现象受到了一定的限制。虽然 GATT 第 6 条在建立国际公认的反倾销准则方面具有深远意义,但是这毕竟是一个原则性条款,因而在实践中产生进一步规约反倾销行为的迫切需要,最终形成 WTO 现行《反倾销协定》。

三、《反倾销协定》的基本规定

《反倾销协定》分三大部分共 18 条,还有两个补充性附件。其中,第一部分是有关反倾销的实质性规定,共 15 条,包括反倾销的实体法规则和程序法规则,主要规定了倾销的定义、正常价值、出口价格及倾销幅度的确定方法、损害的确定、国内产业的定义、反倾销的发起与调查程序、证据、价格承诺、反倾销税的征收程序、行政复审和司法审查程序等,还包括发展中国家成员的特殊利益以及代表第三国发动的反倾销调查;第二部分是有关组织机构以及争端解决方面的规定,要求设立 WTO 反倾销实施委员会履行该协定或成员方赋予的职责,而在成员方之间发生的有关本协定的争端,则适用 WTO 争端解决规则与该协定的规定;第三部分相当于附则的最后条款,主要是关于该协定开始适用的时间和调整范围,规定各成员对该协定不得保留,应保证其国内相关立法、行政条例和程序与本协议保持一致,还应将它们的变化通知反倾销实施委员会;另外,附件一是关于现场调查程序的规定,附件二是关于"可获得的最佳信息"(BIA)的规定。

（一）关于倾销的确定

对于倾销的定义,《反倾销协定》第 2 条第 1 款规定:"就本协定而言,如一产品自一国出口到另一国的出口价格在正常贸易过程中,低于在出口国供消费的同类产品的可比价格,即低于其正常价值进入另一国的商业,则该产品被视为倾销。"该条款与东京回合《反倾销守则》第 2 条第 1 款完全相同,但是《反倾销协定》在如何确定正常价值、成本计算、汇率换算等方面增加了不少新的具体规定。

第一,计算正常价值时,对使用出口国国内销售价格来确定正常价值的适用条件作了进一步的限制。以往反倾销守则规定只有在出口国不存在同类产品的国内销售,或者由于具体市场原因(如"非市场经济国家"的情况),国内销售不允许用来作适当的价格比较基础时,出口国国内销售价格才被排除在考虑范围之外。《反倾销协定》又增列了一种新情形,即出口国国内销售数量太低不具有代表性,因而也应排除考虑。《反倾销协定》第2条第2款规定:"……在出口国国内市场的销售量太少,致使该项销售不允许进行适当比较。"这里的"销售量太少",在该款的注释中解释为"旨在为出口国国内市场消费的同类产品的销售,如果该项销售构成该产品向进口成员出口销售的5%或以上,通常应被认定为确定正常价值的足够数量。假如有证据表明较低比例的国内销售仍然具有足够的数量可提供适当比较的话,则该较低比例应被接受"。这一规定的目的在于防止出口商人为地制造较高的正常价值,以降低倾销幅度或使倾销不存在。

第二,低于成本销售。《反倾销协定》第2条第2款第1项规定:"在出口国国内市场上同类产品的销售,或者向一个第三国销售,其价格低于每单位(固定的和可变的)生产成本加上行政管理费、销售费和一般费用,因价格原因,其销售可视为不在正常贸易过程中,只有当局确定该项销售的绝大部分是在延长期间内作出的,以及该项销售的价格未能在一段合理的期间内收回其全部成本的,则在确定正常价值时不予考虑。如果在销售时,其价格低于每单位成本,但高于其在调查期间的加权平均每单位成本,则该价格应被认为是在一段合理的期间内收回了成本。"《反倾销协定》在这里规定了低于单位成本的销售不属于"正常贸易过程"。

低于单位成本的销售具体包括两个数量概念:一是低于单位成本的销售必须是长时间延续的,在该款的注释中规定"通常为1年,最少不能少于6个月";另一个是低于单位成本的销售量须占"绝大部分",在该款的注释中规定的认定方法是各笔交易的"加权平均销售价格低于加权平均单位成本,或者低于每单位成本的销售量不少于用来确定正常价值的交易量的20%"。

第三,第三国出口价格和构成价格。如果不存在国内销售价格或国内销售价格不适于使用国内销售价格确定正常价值时,《反倾销协议》第2条第2款规定采用第三国出口价格或构成价格作为正常价值。前者指同类产品向一个合适的第三国出口的、具有代表性的可比价格;后者指同类产品在原产国的生产成本加上合理数额的管理费、销售费、一般费用及利润。在实践中,前一种方法并不利于确定倾销的成立,而且牵涉对出口市场的调查问题,客观上也不易进行比较,因此各国一般都优先选择后一种方法。但美国是例外,原因是相对于"软性"的生产成本数据,美国更侧重于"硬化"的价格数据。不过美国选择第三国出口价格时的标准要比《反倾销协定》复杂得多,需综合考虑产品的相似性、销售数量及第三国市场结构与美国的相似性等等。

第四,价格比较。《反倾销协定》针对一些国家把出口价格高于正常价值的那部分销售排除而只用低于正常价值的出口价格与正常价值进行比较来计算倾销幅度(归零法)的不合理做法,增加了较为公正的新规定。根据《反倾销协定》第2条第4款第2项,调查期间倾销幅度的成立,通常应在加权平均的正常价值与所有可比的出口交易的加权平均价格之间进行比较(W-W)的基础上予以确立,或者在正常价值与每笔出口交易的价格进行比较(T-T)的基础上予以确立。这些是应予优先考虑的进行价格比较的方法。至于原先绝大多数国家一直使用的将加权平均正常价值与每笔出口交易的价格进行比较(W-T)的方法虽仍可实施,但应在前述两种方法不具备适用条件以后。这一规定有助于涉案出口商争取降低倾销幅度。

第五,计算成本费用,通常以被调查的出口商或者生产商所有的账簿为基准。《反倾销协定》第2条第2款第1项第1目规定,成本费用通常应以根据受调查的出口商或生产商存有的记录计算,如果该记录符合出口国普遍接受的会计原则,并合理地反映与生产有关的成本及有关产品的销售。当局应考虑全部现有的成本适当分配的证据,其前提是这种分配在历史上一贯延续被出口商或生产商所使用,特别应当对有关分期付款和折旧期限、投资费用以及其他开发成本的补助费用等项目加以适当考虑。除非根据本款项规定,已在成本分配中得到反映,否则成本应对那些有利于将来和/或当前生产的非经常性项目成本作出适当的调整,或者对在调查期间成本费用因刚开始生产而受到影响的情况作出适当的调整。《反倾销协定》在这里规定在计算成本费用时,对现在及将来的生产有影响的固定成本及生产刚开始后的成本要进行适当的调整,尤其有利于保护处于开始生产状态的受调查厂商免遭不合理的倾销确认。

第六,管理费、销售费及利润的计算。《反倾销协定》第2条第2款第2项规定:"管理费、销售费和一般费用以及利润数额,应以与生产有关的实际数据以及受调查的出口商或生产商在正常贸易过程中相关产品的销售为根据。"原则上,这须以生产和销售的实际数据为根据。如果不能以生产和销售的实际数据为根据来确定上述费用和利润,第2条第2款第2项又规定可依照下列基础确定:(i)该出口商或生产商在国内市场上有关生产和销售原产地的一般同类产品所生产和实现的实际费用数额;(ii)其他受调查的出口商或生产商在国内市场上有关生产和销售原产地同类产品所产生和实现的实际费用数额的加权平均数；(iii) 任何其他合理的方法，假如确定的利润数额，不超过其他出口商或生产商通常在国内市场上销售的原产地的一般同类产品所获得的利润数额。

此外，为了确保出口价格和正常价值比较的公正性，《反倾销协定》还规定了关联销售和间接转售的价格调整、外汇汇率的换算方法、价格变动的对策等等，以调整销售条件的差异。

（二）关于损害的确定

损害的存在是决定是否采取反倾销措施的另一个重要条件，原先一些GATT缔约方在确定国内产业损害这一问题时缺乏客观标准和透明度，往往根据本国立法在实践中扩大了对国内产业损害的解释范围。《反倾销协定》有关损害的规定更为详细具体，对一些未被包括在东京回合《反倾销守则》中的缔约方已有立法或实践作出了较明确的规定。

第一，《反倾销协定》第3条第1款规定，GATT第6条规定的损害"应根据确实的证据作出，并包括对下述两方面的客观审查：(a) 倾销的进口产品的数量和结果对国内市场相同产品价格造成的影响；以及(b) 这些进口产品对国内相同产品生产商造成的后续影响。"

第二，累积评估。《反倾销协定》首次正式把最早源于美国反倾销法律实践的这一概念纳入其中并具体规定了适用条件。《反倾销协定》第3条第3款规定，只有在下述情况下进口国的调查当局对来自不同国家或地区的产品同时进行反倾销调查时，才可累积评估这些进口产品对国内工业造成的影响：(a) 对每一个国家或地区的产品计算确定的倾销幅度超过了按其出口价格计算的2%，但如果来自一个国家的倾销产品的进口量低于进口国对该倾销产品进口总量的3%，则该进口量通常应视为"可忽略不计"，此种情形下即便倾销幅度超过2%，也不能实施累积评估；反之，如超过3%，则不属于"可忽略不计"，可以考虑实施累积评估原则。但是，如果来自几个单独而言都低于3%的出口国的倾销产品总计进口量已超过进口国进口该倾销产品总量的7%，则该进口国可认定来自这些国家或地区的进口量不属于"可忽略不计"的数量。(b) 进口产品影响的累积评估根据进口产品间的竞争条件以及进口产品与国内相同产品之间的竞争条件是适当的。

《反倾销协定》有关累积评估的规定对出口国有积极的一面。例如倾销幅度最低2%的标准较美国以前0.5%的标准和欧共体以前1.5%的标准有了提高,使得累积评估出的国内产业受损害程度有可能降低。但累积评估对于某些产品出口量不大的出口国又可能造成严重的潜在影响。一方面,"可忽略不计"的进口量(3%)是与相同产品的总进口量相比较而言的,以往各国实践则是与相同产品的国内市场份额相比较,换言之,对于出口量占进口国国内市场份额不大而占进口国相同产品总进口量较大的国家,它们的出口产品因此规定就很容易被卷入反倾销诉讼之中;另一方面,《反倾销协定》指出产品之间的竞争条件是决定采取累积评估是否适当的依据,这一点规定的弹性很大,因而进口国主管当局实际上拥有较大的自由裁量权,使得累积评估的不确定性增强。

第三,重大损害威胁。《反倾销协议》要求确定倾销进口产品造成的损害威胁必须根据事实,而不是仅仅依据宣称、猜测或者遥远的可能性;某种倾销将会导致出现损害情况的变化必须是明确被预见得到的,并且是迫近的。《反倾销协定》还在第3条第7款中增列了四项具体因素,要求进口国主管当局在裁决"重大损害威胁"时予以特别考虑。这四项因素为:(a)倾销产品以极大增长比例进入进口国国内市场,表明由此引起实质性增加进口的可能性;(b)出口商能充分自由处置迫近的大量增长的情况,表明存在着倾销产品向进口国市场的出口大量增长的可能性,考虑其他出口市场存在着吸收另外出口产品的能力;(c)进口产品是否对进口国相同产品的国内价格产生严重抑制的影响,以及可能会增加进一步进口的需求;(d)被调查产品的库存情况。以上四项因素,不能只依据其中一项因素来确定,而是全部被考虑的因素作为整体必须导致得出这一结论,即进一步倾销出口产品的情况迫在眉睫,重大损害将会发生,除非采取保护性措施。可见,上述所列因素考虑的结果有助于真正判明损害威胁是否是"明确预见的或是迫近的",限制进口国主管当局的裁决中拥有的行政自由裁量权。

此外,《反倾销协定》还规定了损害确定的其他相关问题,如数量和价格的变化情况、对国内产业的冲击程度以及因果关系的考虑因素等等,虽更为明确,但仍有较大的灵活性和不确定性,和以往比较没有大的实质性改动,在此不逐一赘述。

(三)关于反倾销税的征收

第一,临时措施。反倾销中的临时措施主要是为了防止在反倾销调查期间内可能发生新的损害。《反倾销协定》第 7 条规定临时措施的发起必须："(a) 根据第 5 条的规定已开始进行调查,已经予以公告,并且已经给予有利害关系的当事人以提供资料和提出意见的充分的机会;(b) 已经作出存在倾销的肯定性的最初裁决,以及因此对国内产业造成损害;(c) 有关当局断定,该措施对防止在调查期间发生损害是必需的。"

《反倾销协定》为了防止任意发起临时措施,还在第 7 条第 2 款、第 3 款、第 4 款规定临时措施可以采取征收临时税的形式,或者更可取的是采用担保方式,即支付现金或保证金,其数额相当于临时估计的倾销幅度,但不得高于临时估计的倾销幅度;临时措施应从开始调查起 60 日以后才可实施;临时措施的适用应限制在尽可能短的时间内,不得超过 4 个月,或者根据代表有关贸易很大百分比的出口商的要求,由有关当局决定,期限可限制在不超过 6 个月之内。在调查过程中,如果当局审查反倾销税额低于倾销幅度就会足够消除损害时,临时措施的适用期限可以从 4 个月和 6 个月,分别延长为 6 个月和 9 个月。

值得注意的是,《反倾销协定》规定临时措施必须在反倾销案件正式立案调查起 60 天后才能采取,其目的是防止进口国滥用这一手段,一旦立案就征收临时反倾销税。此外,《反倾销协定》确定的临时措施适用期限一般为 4 个月,最长不超过 6 个月。

第二,价格承诺。价格承诺是指在进口方当局作出关于倾销和损害的肯定性初裁之后,如果出口商主动承诺提高产品出口价格或停止以倾销价格出口并与进口方当局达成协议,则反倾销程序可中止或终止,不采取临时措施或征收最终反倾销税。《反倾销协定》关于价格承诺的规定较前也有所变动,主要包括以下三点:(a) 进口国当局寻求或接受出口商价格承诺的时间。东京回合《反倾销守则》只是笼统地规定价格承担在立案调查后就可谈判、缔结,《反倾销协定》第 8 条第 2 款则要求必须在进口国主管当局作出倾销和损害的肯定初步裁决之后才可谈判、缔结承诺协议。这一规定可以防止进口国不进行调查取证就迫使出口商草率地作出价格承诺,以限制贸易保护。(b) 接受条件。《反倾销协定》加强了东京回合《反倾销守则》所作的必要情形下进口国无须接受价格承诺的规定,着重指出由于"一般政策上的原因",也可以不接受出口商价格承诺的建议。这一点很可能促使进口国越来越倾向于征税而拒绝接受价格承诺,从而加强了反倾销措施的惩罚性。(c) 价格承担的期限。《反倾销协定》第 11 条首次明确规定价格承诺协议通常应在 5 年后终止。

第三,关于最终反倾销税的征收,《反倾销协定》作了以下新的规定。

(1) 未被调查的出口厂商的反倾销税率。当涉案出口厂商数量较多时,进口国主管当局不可能一一进行调查,一般都采用抽样或按出口量百分比的办法进行调查。《反倾销协定》第 9 条第 4 款首次规定了对没有作为抽样调查对象的出口厂商征收的反倾销税,不能超过被选择为受审查的出口商或生产商所确立的倾销幅度的加权平均数额,或者在反倾销税的支付责任系按照预期正常价值基础估算时,被选择为受审查出口商或生产商的加权平均正常价值与没有被单独受审查的出口商或生产商的出口价格之间的差额。而那些没有作为抽样调查对象的出口商或生产商却提供必要的信息资料的,可以适用单独税或正常价值。这样的新规定有助于出口商避免遭受某些进口国滥用 BIA 原则而采纳起诉方建议的较高的反倾销税率,并且出口商有望通过积极抗辩获得单独裁决税率的机会,从而有可能降低反倾销税率,对出口商都是较为有利的。

(2) 调查期间未出口产品的厂商的税率。《反倾销协定》第 9 条第 5 款首次明确规定,进口国应采取迅速审查的办法来确定对反倾销调查期间未出口产品而在征税后才开始出口的厂商所应征收的单独反倾销税率,即当某一成员方的出口产品在进口国被征收了反倾销税,而在调查期间出口商或生产商并没有出口该产品,他们又能证明自己与被征收反倾销税的出口国的出口商或生产商没有任何联系时,当局应迅速进行审查并确定这些出口商或生产商的单独的倾销幅度。这种审查应以比进口成员的正常价值估算及审查程序更快的速度发起和进行。在审查期间,不应对该出口商或生产商的产品征收反倾销税。但是当局可以拒绝估算和/或要求对此提供担保,以保证在一旦审查结果确定该出口商或生产商的产品确实构成倾销时,能够自审查开始之日起追溯征收其反倾销税。以往反倾销守则均未对此作出规定,有关国家的实践做法不一,因此这一规定显然具有积极意义。

(3) 反倾销税的实施期限。《反倾销协定》第 11 条第 1 款规定反倾销税应仅在抵消造成损害的倾销所必需的时间和限度内实施。有利害关系的当事人有权要求审查继续征收反倾销税是否对抵消倾销是必要的,或者取消反倾销税损害是否将重新发生。如果根据审查结果,当局确定征收反倾销税不再是合理的,应立即终止反倾销税的征收。但是反倾销税自征税之日或最后一次复审之日起不得超过5年时间,除非能够证明终止征税还可能对进口国国内产业造成损害,即反倾销税原则上5年内结束。这就是《反倾销协定》在沿袭东京回合《反倾销守则》有关基本原则的基础上,新引进的所谓"日落条款"(Sunset Provision)。这一规定有助于出口商避免被无限地随意征收反倾销税,抑制某些国家(如美国)长时间滥用反倾销税措施的倾向。

第四,反倾销税的溯及征收。根据法律一般不溯及既往的原则,反倾销税一般不能溯及征收。但《反倾销协定》第10条规定了允许溯及征税的例外情况。该条第2款规定在损害的最终裁定作出时,或者在损害威胁最终裁定的情况下,由于缺乏临时措施,倾销产品进口的效果将会导致损害的最终裁定作出的时候,反倾销税可以从临时措施应适用之日起追溯征收。这一规定的目的是防止出口商抢在进口方当局采取反倾销措施之前,大量出口倾销产品,从而给进口成员方国内工业造成损害。但该条第3款、第4款、第5款也对上述追溯征收作了一定的限制:(a)如果最终反倾销税高于已支付或应支付的临时反倾销税或预计的担保数额,则对差额不再征收;但如果最终反倾销税低于已支付或应支付的临时反倾销税或预计的担保数额,则视具体情况,退还差额或重新计算税额。(b)如果在作出损害威胁或严重阻碍国内产业建立的肯定裁决之时,损害尚未发生,则最终反倾销税只能从上述裁决作出之日起开始征收,并且在临时措施适用期间交出的现金押金应予以归还,任何担保也应迅速解除。(c)如果最终裁定是否定的,在临时措施适用期间交出的现金押金应予以归还,任何担保也应迅速解除。

根据《反倾销协定》第10条第6款,另一种允许溯及征税的例外情况是进口国当局可以对那些在临时措施适用之前90天内进入消费领域的产品征收最终反倾销税,条件是在当局作出此决定时:(a)存在造成损害的倾销历史,或者进口商知道或应当知道出口商在实施倾销并且该倾销会造成损害,以及(b)损害是由于在相当短的时期内倾销产品的大量进入造成的,根据倾销产品的时间和数量以及其他情况(例如进口产品库存的急剧增加),如果已经给予有关进口商发表意见的机会,很可能就要严重破坏适用最终反倾销税的补救效果。另一个限制条件是在上述情况下不得对调查开始之日前进入消费的产品追溯征税。

此外,根据《反倾销协定》第8条第6款关于价格承诺的规定,如果出口商违反价格承诺协议,进口方当局可以立即采取措施,包括在BIA的基础上直接采用临时措施。在这种情况下,当局可以对在采取临时措施之前进入消费领域不超过 90 天的产品追溯征收最终反倾销税,但不适用于在违反价格承诺之前就已经进口的产品。

(四) 有关反倾销的程序规定

与先前的《反倾销守则》相比,《反倾销协定》对反倾销案件审理的程序作了许多重要的补充规定。

第一,反倾销申请和立案。(1) 明确申请方的资格。《反倾销协定》要求进口国主管当局在对反倾销案立案调查前,必须审查申请方是否真正具有代表国内产业的资格。《反倾销协定》第 5 条第 4 款明确表示支持或反对一项申诉的国内厂商的集体产量占其国内相同产品总生产量的 50%,则这部分生产厂商可视为代表国内产业。但是当明示支持反倾销申诉立案的进口国厂商集体产量占其国内相同产品总量的比例不足 25% 时,反倾销调查不应发起。

(2)《反倾销协定》第 5 条第 2 款明确由申请方向调查当局提出的书面申请中应有的记载事项包括 4 类:(a) 申请人的身份,以及申请人对国内相同产品生产价值和数量的陈述。如果书面申请由其代表国内产业的当事人提出,申请应证明是按代表了该产业的国内相同产品的全部已知生产商(或者国内相同产品生产商协会)的要求提出的,并且尽可能地提供代表这些国内相同产品生产价值和数量的陈述;(b) 被视为倾销产品所属国家的名称,或出口国或原产地国的名称,每一个已知的出口商或外国生产商的身份以及已知的进口该产品人员的名单;(c) 该产品在原产地国或出口国国内市场出售时的价格资料(或者在适当的时候,指该产品从原产地国或出口向一个或多个第三国出售时的价格资料,或者是该产品价格的资料),以及有关出口价格的资料,或者在适当时有关该产品在进口成员方领域内首次向一个独立的买主转售时的价格资料;(d) 所宣称倾销进口产品数量发展变化的资料,进口产品对国内市场相同产品价格的影响,以及对国内有关产业造成后继冲击的程度的资料,表明影响国内产业状况的有关因素和指数。

(3) 申请必须强调事实与证据。《反倾销协定》第 5 条第 2 款和第 3 款规定,仅仅凭简单的断言而没有确凿的有关证据,不能构成有效的立案申请;当局应审查申请书中所提供的证据的准确性和充分性,确定是否有足够的证据证明发起一项调查是正当的。

(4)《反倾销协定》第 5 条第 6 款规定,当局可以在没有收到反倾销调查申请的情况下自主决定发起调查,但明确这是一种特殊情况,条件是倾销、损害以及因果关系的存在可以充分证明发起调查是正当的。

不难看出,《反倾销协定》对反倾销申请立案规定的上述要求意在限制进口成员方任意指控进口产品以倾销方式逃避合理竞争。

第二,调查期限及调查终止的情况。为了提高反倾销调查的效率,《反倾销协定》第 5 条第 10 款规定了调查的期限:除特殊情况外,调查应在 1 年之内结束,无论如何不得超过从调查开始之后的 18 个月。此外,如果证据不足,倾销幅度极小,或者倾销进口量不足,倾销调查可以终止。《反倾销协定》第 5 条第 8 款规定了具体标准:有关当局一旦对没有充分的倾销或损害证据以证明案件程序开始感到不满意时,则应对根据本条第 1 款规定提出的申请予以驳回,并尽快终止调查。若当局确定倾销幅度是"最小的"(de minimis),或倾销产品的数量或者损害可以忽略不计时,不论是事实上的或潜在的,案件也应立即终止。如果倾销幅度按正常价值的百分比表示小于 2%,以出口价格的百分比表示则该幅度应被视为是最小的。如果从一个特定国家进口的倾销产品的数量被确定为占进口成员方国内市场上相同产品的比例不足 3%,则该倾销产品的数量通常可忽略不计,除非占进口成员方国内市场相同产品的比例不足 3%的那些单个国家,其产品集体总量超过了该进口成员方相同产品进口量的 7%。

第三,证据。在有关反倾销的程序规定中,证据问题最为复杂。《反倾销协定》在第 6 条证据中一共列出了 14 款加以详细规定,其中较为重要的有以下 6 项。

(1)证据提供者。《反倾销协定》第 6 条规定当局可以要求所有有利害关系的当事人提供与调查有关的证据,并在该条第 11 款指出:有利害关系的当事人包括三类,即(a)受调查的出口商或外国生产商或产品的进口商,或其大多数成员是该产品的生产商、出口商或进口商的商会或同业公会;(b)出口成员方政府;(c)进口成员方的相同产品的生产商,或者其成员的大多数是进口成员方领域内生产相同产品的商会和同业公会。

(2)证据的形式。《反倾销协定》要求证据必须是书面形式的,即便是听证会上的口头辩论,事后也必须补交相应的书面材料总结,并提供给其他进口成员方当局和有利害关系的当事人,否则当局不予考虑。

(3)资料保密问题。《反倾销协定》第 6 条第 1 款第 2 项要求一方当事人提交的非机密性材料必须迅速提供给包括对方当事人在内的其他利害关系方。根据第6条第5款第1项,提供机密性材料的"非机密性概要"是硬性规定,并要求该概要"足以使人对所提供的机密材料的实质内容有一个合理的了解"。如果在特殊情况下当事人认为无法提供这种概要,则该当事人必须说明理由。

(4) 现场调查。为了证实提供的资料或为了获得进一步的详情,《反倾销协定》第6条第7款规定,当局可以在接到要求时到其他成员方领域内进行现场调查,但事先应与有关企业达成协议、通知有关成员方政府并征得同意。《反倾销协定》附件1还对现场调查的具体程序作了十分详细的规定,以规范现场调查的实际操作,保障受调查方的利益。

(5) 可获得的最佳信息(BIA)。《反倾销协定》第6条第8款及其附件2首次对以BIA方式进行裁决作了具体规范。它规定如果有关利害当事方拒绝提供必要资料或极大地阻碍调查的进行,则当局可以在现实的基础上,依据BIA作出初裁或终裁。这种规定意在督促有关利害当事方尽量配合当局进行调查,提供必要资料,争取对自己有利的裁决。

(6) 抽样或按出口量百分比的办法进行调查。如果倾销调查牵涉的出口商很多,则无法对所有的出口商都进行调查。《反倾销协定》第6条第10款规定,可以选出部分出口商进行抽样调查或采取占出口量百分比的方法进行调查,调查结果原则上对所有的出口商都能适用,确定属于倾销,对所有的出口商都可以征收反倾销税。倾销幅度的计算,原则上是对每个调查对象(出口商或者生产商)的产品单独计算倾销幅度并作出裁定,这应作为一条准则。但是,如果涉及的调查对象很多,以至不能一一对调查对象的倾销幅度进行确定时,具体的做法是:当局可以对其审查作出限制,一是使用有效的抽样调查方法,即以当局在抽样选择时的现有信息资料为基础,对一个合理数目的有利害关系的当事人或者生产者进行审查;二是对能合理进行调查的、该国出口产品数量占最大百分比的对象进行审查。可见,抽样调查并非随机抽样,而是把主要的出口商作为调查对象。《反倾销协定》的这一规定是针对某些国家(如美国)在实施反倾销措施时采用不合理抽样统计标准而订立的,旨在消除由于不合理抽样统计造成歪曲事实的情形。

在选择调查对象时,《反倾销协定》还规定,如果对出口商、生产商、进口商或者产品类别作出选择,最好应与被选择到的有关的出口商、生产商或进口商进行协商,并取得他们的同意。对没有被选为调查对象的出口商或者生产商,《反倾销协定》规定,要尽可能根据他们提供的资料,对倾销幅度进行单独确定,除非这些出口商或生产商的数目特别大,以致单独审查会对当局造成过分的负担,并妨碍调查的及时完成。

第四,司法审查。《反倾销协定》第13条为司法审查条款,规定必须设立完全独立于负责反倾销裁决或复查决定的行政当局的机构(可以是司法、仲裁、行政法庭或诉讼程序),负责对反倾销的行政行为迅速进行审查。

除上述几个重要方面之外,《反倾销协定》就反倾销的程序还有一些其他的规定,如第12条公告和裁决的解释(旨在使反倾销调查与裁决过程中透明度增加)、第14条代表第三国的反倾销诉讼(规定了要求诉讼的第三国当局在进口成员方如何进行反倾销诉讼)等等。

(五) 有关组织机构及争端解决

第一,《反倾销协定》第16条要求设立WTO反倾销实施委员会,其成员由每一成员的代表组成并应选出自己的主席。该委员会每年至少召开两次会议,履行《反倾销协定》或成员授予的职权,向成员提供机会就《反倾销协定》的实施及促进其目标实现的有关事项进行磋商。该委员会可设立适当的附属机构,并且由WTO秘书处作为其秘书处。

根据《反倾销协定》的规定,WTO反倾销实施委员会在行使其职权时,可以与其认为适当的有关方面进行协商并索求信息资料,但事先需得到成员方及拟进行协商的企业的同意。同时,成员有义务尽快向委员会报告其所有采取的最初或最终的反倾销行动,并通知委员会其国内反倾销调查的机构设置和程序规定。

第二,协商和争端解决。(1) 除非《反倾销协定》另有规定,WTO争端解决机制适用于该协定有关争端的协商和解决。

(2) 如果某一成员认为其他成员正在使它丧失或损害了从《反倾销协定》中直接或间接获得的利益,或者正在妨碍该协定目标的实现,为使该事项达成相互满意的解决办法,该成员可书面提出与其他成员方进行协商的要求。有关成员对其他成员提出协商的要求应给予同情的考虑。如果协商没有达成相互满意的解决办法,而进口成员行政当局已经采取最终措施,征收最终反倾销税或接受价格承担,则该成员可将此事提交WTO争端解决机构处理。如果某一项临时措施具有重大影响,要求协商的成员认为临时措施违背《反倾销协定》第7条第

1款的规定,也可将此事提交WTO争端解决机构处理。

（3）争端解决机构在有争议的当事人要求下,应设立专家组对该争议进行审查。要求审查的成员向专家组提交书面声明,指出直接或间接地从《反倾销协定》中获得的利益是如何丧失或受到损害的,或者《反倾销协定》目标的实现是如何受到妨碍的,并应依照国内程序向进口国当局提供业已存在的事实。

（4）关于专家组对争端进行审查的标准,一度存在很大争议。美国在1992年12月提出了反倾销争端处理专家组的审查标准的新方案。在乌拉圭回合的谈判中,美国要把本国审查反倾销税的标准作为专家组确定事实和解释《反倾销协定》等必须遵守的内容,受到发展中国家的激烈反对。在谈判的最终阶段,通过GATT秘书长的调解,最终确定专家组的审查标准。《反倾销协定》第17条第6款规定审查的主要根据是：(i)专家组应决定当局确立的事实是否适当,以及他们对事实的估价是否公正客观,如果确立的事实是适当的,估价是公正和客观的,即使专家组可能作出不同的结论,该项评估不应被推翻；(ii)专家组应根据国际公法的解释惯例解释《反倾销协定》有关条款的规定,如果专家组认为《反倾销协定》的有关条文规定允许作出一种以上的解释,当局的措施只要依据其中的一个解释,就可以认为当局的措施符合《反倾销协定》的规定。

第三节 经典案例与文献选读

一、经典案例1：欧共体床单案

1996年9月至1997年12月,欧共体对来自印度的棉布类床单发起反倾销调查并作出征收反倾销税的终裁。印度向WTO提起争端解决,指控欧共体违反《反倾销协定》多项规定,包括采取"归零法"确定倾销幅度,与第2条第4款第2项下的公平比较要求不符。经专家组审理裁定欧共体"归零法"抵触该要求。欧共体不服,提起上诉。这是WTO争端解决上诉机构审理的第一起"归零法案"。

本案的"归零法"是指欧共体就调查涉案产品而言,首先认定该产品的若干品种,然后计算每一类产品的平均正常价值与平均出口价格,接着对两者作比较。有些种类的正常价值高于出口价格,通过将这些产品的正常价值减去出口价格,欧共体确定每一类产品的"正倾销幅度"。对于正常价值低于出口价格的产品,计算两者之差为"负倾销幅度"。于是,凡存在"正倾销幅度",则倾销成立;反之,则不成立。但是,一律归零的"负倾销幅度"产品却被纳入"整体"(as a whole)涉案产品,与"正倾销幅度"相除,得出"总的"(overall)平均倾销幅度。显然,在综合计算时,倾销幅度仅为"正倾销幅度",而"整体"涉案产品却又包括"归零"产品,得出"总的"平均(最终)倾销幅度肯定比较高。

针对欧共体质疑专家组裁定这样的"归零法"抵触《反倾销协定》第2条第4款第2项,上诉机构指出该款项说明了国内调查机构必须按此认定"倾销幅度的存在"。也就是说,"这说明它们必须按此认定倾销的存在"。[①] 根据《反倾销协定》第2条第1款,反倾销是针对某一产品,因此,第2条第4款第2项所指的倾销幅度就是某一产品的倾销幅度。上诉机构认为欧共体将涉案产品分成各种类别,这与该协定不符;由此进一步指出该协定也没有区分两步骤,即其一划分正、负倾销幅度,其二将负倾销幅度"归零"。该款项规定的是两种确定倾销幅度的方法,即一是"加权平均正常价值与全部可比出口交易的加权平均价格进行比较"(W-W);二是"在逐笔交易的基础上对正常价值与出口价格进行比较"(T-T)。"归零"与W-W有关"全部"(all)的要求不符。

上诉机构还针对欧共体质疑专家组未依据《反倾销协定》第17条第6款(ii)项论证欧共体关于该协定第2条第4款第2项的解释为不允许者,指出该第17条第6款(ii)项要求专家组依据国际公法的解释惯例解释该协定时认为可做出多种允许的解释,才面临选择的问题,而本案专家组"面临的是欧共体的解释是不允许的"[②],因此不存在选择问题。

上诉机构的解释关键之一是《反倾销协定》第2条第1款规定应以被调查的"某一产品"(a product)而非涉案产品的各种"类别"(types or models)作为计算倾销幅度的对象;关键之二是《反倾销协定》第2条第4款第2项规定应比较的是"全部"(all)而不是一部分未被"归零"的"类别"产品。反倾销调查的主管机关依据该第2条第4款第2项,应采用W-W或T-T,而不应采用"归零"的两步骤,将被调查的产品分类:第一步计算正或负的倾销幅度,第二步将负的一律"归零",由此基于正的倾销幅度计算被调查产品"总的"平均倾销幅度。

---

① EC-Bed Linen, WT/DS141/AB/R, 1 March 2001, para.51.
② EC-Bed Linen, WT/DS141/AB/R, 1 March 2001, para.65.

二、经典案例2：美国归零案（日本）

这是日本就美国反倾销法及其实施中的"归零法"提出全面质疑的一起案件。WTO争端解决上诉机构于2007年1月作出复审报告，裁定美国采取的"归零法"违反了《反倾销协定》。

第一，对初始调查的T-T和W-T比较采用"归零法"本身的可质疑性。上诉机构同意本案专家组对其先前有关"归零法案"判理的理解，并有充分证据表明美国在反倾销各种程序中的"归零法""只是单一规则或规范的不同反映"①，因而其本身构成可质疑的措施。

第二，对初始调查、定期复审和新出口商复审采用"归零法"本身的可质疑性。上诉机构着重解释"倾销"与"倾销幅度"，指出根据《反倾销协定》的构建，这两个概念均与"产品"以及出口商或外国生产者有关；两者都必须依据每个已知的出口商或外国生产者加以认定；反倾销税仅施加于造成或威胁国内同类产品的产业之实质损害的进口；反倾销税不得超过所认定的每个出口商或外国生产者的倾销幅度。因此，"只有在与调查机关认定的产品有关时，'倾销'与'倾销幅度'方可存在，而不可仅在该产品的某一型号、款式或类别中加以认定"。② 凡是偏离上述概念的归零法本身都是可质疑的。

第三，对《反倾销协定》第2条第4款第2项的解释。上诉机构指出：反倾销调查的"交易可以分为W-W比较方法中的若干类别，'全部可比出口交易'的短语要求每一类别仅包括可比交易，并且在该方法下决定倾销幅度时不可排除任何出口交易。进而言之，W-W比较方法涉及加权平均出口价格的计算。相反，按照T-T比较方法，所有出口交易应基于单笔交易加以考虑，并与国内市场的最合适交易相吻合。因此，'全部可比出口交易'与T-T比较方法无关。于是，与该方法有关的用语没有提及[全部可比出口交易]"。③ 尽管W-W与T-T的方法不同，但是两者作用相同，因而都不允许采用"归零法"。上诉机构强调《反倾销协定》所规定的是综合所有交易特定水平上的比较，以确定每一出口商或外国生产者的单个倾销幅度。也就是说，倾销及其幅度的认定只有发生在综

---

① US-Zeroing (Japan), WTDS322/AB/R, 9 January 2007, para.88.
② US-Zeroing (Japan), WTDS322/AB/R, 9 January 2007, para.115.
③ US-Zeroing (Japan), WTDS322/AB/R, 9 January 2007, para.124.

合阶段,而不是之前采取何种方法的认定。

上诉机构进一步解释:"根据第2条第4款第2项第一句,'正常地'是要求调查机关采用对称的两种比较方法之一。该款项第二句规定了针对在某些购买者、地区或时间内的'目标'倾销方式而采取的非对称比较方法。……第二句的非对称方法显然是正常采用的方法之例外。"①针对本案专家组关于该第二句的W-T比较方法并不禁止"归零法",否则,第二句就变得毫无意义的看法,上诉机构表示:"我们不同意专家组推理的假定,第2条第4款第2项第二句的重点在于不同购买者、地区或时间之间差异很大的[出口价格]'方式'。……为了揭开目标倾销的外装,调查机关可以将 W-T 比较方法限于适用相关方式的出口交易价格。"②总之,这一例外的比较方法旨在解决目标倾销的特殊情况,但是,最终认定倾销及其幅度仍在综合阶段,因此,上诉机构虽未明确认定,但实际上对特定水平比较的交易所涉产品,最终也不可采取"归零法"。

三、文献选读:《倾销幅度与低于公平价值》(杰克逊)

选自约翰·H.杰克逊著《世界贸易体制——国际经济关系的法律与政策》(张乃根译,复旦大学出版社2001年版)第10章第4节。

引论

为了认定是否存在倾销,我们已经注意到将出口价与一些公平界限进行比较的规则。有时,这实质上是价格歧视标准,即,将出口价与本国(出口)市场价格进行比较。然而,由于各种原因缺乏本国市场或第三国销售,而致使无法比较本国价时,多半都允许打折扣。对于这种情况,传统的方法是转向比较第三国市场的销售,或"构成成本",以确定"公平的"本国价格。可是,近几十年,由于上述理由,人们的注意力都集中到国外生产的货物"成本"上。因而出现了从审查潜在的"价格歧视"转到了认定出口货物是否以"低于成本"的价格出售。

在本节,我将扼要地探讨一下其中的一些概念,首先是"出口价格"的认定,然后是用以比较的价格。在美国法中,这被称为"低于公平价值"(LTFV)的价格或者"低于正常价值"之认定,由商务部负责认定。如前所述,这种认定程序极其复杂,部分地是因为需要大量潜在的"调整",这可能是对出口价格指数,或

---

① US-Zeroing (Japan), WTDS322/AB/R, 9 January 2007, para.131.
② US-Zeroing (Japan), WTDS322/AB/R, 9 January 2007, para.135.

是可比较的"正常"或本国价而言,从而达到所谓公平比较。

根据美国法,如果认定LTFV存在,那么有关当局就要通过本章稍后讨论的比较,来认定"倾销幅度"。如果损害成立,该幅度就可用来裁定适用于边境的反倾销税额。为此,经过假定LTFV的认定,实质上是认定倾销幅度的关键。

过去,在倾销幅度小于最低值(0.5%或更低)时,美国当局一般是拒绝审理。在乌拉圭回合中,谈判者感到该最低值应该再高一点,因而将最低值提高到2%。谈判者们还确立了相同产品的进口最低比例,作为成功申诉的底线,同时有若干例外。根据规定,在进口方的相同产品的进口为3%。美国法通过乌拉圭回合实施法作了修改,以反映新的调查规则,而不是复审。

价格比较:出口销售价("美国价格")与正常价值

出口产品的价格是分析的起点。美国法律规定:这应该是"出口价"或"购买价",两者取其一。其他的调整也是必要的。实质上,这些规则都是以出口国的批发性"离岸价"(FOB)或出厂价为基础。根据美国法,这种价格必须排除运费。假定运费与进口产品缺乏自然比较优势有关,允许将运费列入比较价格的过程,是不公平的。同样地,在美国交纳的关税也不在计算之内。

比较的数据是本国市场价,或者如美国法律所规定的"正常价值"。这是通常在批发销售时,正常要约的销售价。在乌拉圭回合之前,美国关于比较的方法引起争议,招致许多抨击。对出口价而言,如存在倾销或LTFV,某单一价格也可能作为认定对象,同时,外国的市场价值或正常价格是平均价。在许多情况下,几乎可以确认倾销幅度。如果国内的市场价格随时间段的不同而不同,比如,10次销售的价格从90美元至100美元,平均价是95美元,那么外国市场价值就是95美元。但是,10次出口销售可能同样如此,从90美元到100美元,平均价是95美元。于是,50%的出口销售在外国市场价值之下,并且,倾销或LTFV就会被确定。这种美国法中的不同对待受到了批评,并且,乌拉圭回合协议也规定比较应该在这一基础上"正常地"确立,即"以正常价值的加权平均价与所有可比较的出口交易价的加权平均,或者是正常价值与交易对交易的出口价值,这两者之间的比较为基础"。美国法律已经被修改,以便可能采用这种平均对平均的比较方法。但是,这种取代的比较方法引起了一点震动。

许多律师的时间花在了对每一项比较价格的无数潜在的调整上面。比如,某出口产品从比较优越的保质期中获益,或者从较之本国市场销售商品更好的售后服务中受益,这就需要进行调整。多年来,引起麻烦和令人困惑的问题是:出口商出售给独立出口商的货物所支付的销售费用与佣金,相比较出口商销售给隶属公司时的费用,待遇有所不同。

如果没有可比较的本国市场价,比如该产品仅供出口(从波兰进口的高尔夫车就是典型的例子),那么规则就规定了替代的基准。基准之一是比较在第三市场的销售,作为本国市场价格的一种提示。在此,必须小心地确定这种比较。货物可能有质量不同,或是品种差异,或是其他特点区别,因此,比较变得非常困难。

如果第三方市场销售也不能用于认定倾销的比较,那么,传统的规则允许"构成的成本"方法。在这种情况下,出口销售价将与作为"正常的"或"本国市场"价格的"构成的"价格进行比较。该构成价格通过审查产品的成本,然后,再加上利润,从而建立被视为正常价格的价格。不言而喻,这样做往往多么的困难。

此外,自1974年贸易法之后,美国法还增加了一项妙计。如今,该法要求即便发现了本国市场销售,在建立可作为比较基准的平均本国市场价的时候,都必须排除在平均价之外。这会提高平均水平,因而使得销售幅度更容易发现。比如,在我们所举的95美元平均价格这一例子中,产品成本加利润为92美元,那么本国市场"平均"价格将排除低于92美元的销售平均价。于是,平均价可能会超出96美元,并且,根据该水平,更多的出口就会被发现是倾销,如此而已。

逻辑当然会支持平均价格的这一转变,如果有理由认为低于成本的销售总有一些不公平,并且,如果(一个大的"如果")计算构成的成本的方法也是"公平"的。

四、扩展阅读

1. 高永富、张玉卿主编:《国际反倾销法》,复旦大学出版社,2001年。

2. 张乃根:《条约解释的国际法》(下),上海人民出版社,2019年,第九章第二节二《非关税壁垒相关协定的条约解释》。

3. Petros C. Mavroidis and Mark Wu, *The Law of the World Trade Organization* (2nd ed.), St. Paul: West Academic Publishing, 2013, Chapter 14 Antidumping.

4. EC-Bed Linen, WT/DS141/AB/R, 1 March 2001.

5. US-Zeroing (Japan), WTDS322/AB/R, 9 January 2007.

第六章 WTO 非货物贸易法律制度

WTO 的货物贸易制度包括关税和非关税壁垒的法律制度,均在 GATT 框架之内。这从 WTO《货物贸易多边协定》涵盖内容来看,就很清楚。该协定项下,首先是 1947 年 GATT(不包括临时适用议定书)及其在总协定时期的相关文件,然后是 13 项具体协定(包括 2013 年达成的《贸易便利化协定》)。服务贸易、与贸易有关的知识产权是以往传统货物贸易体制所未曾或无法包容的内容。经乌拉圭回合谈判缔结的《服务贸易总协定》(GATS)、《与贸易有关的知识产权协定》(TRIPS 协定)是 WTO 非货物贸易法律制度。本章将分别加以论述,并提供有关经典案例和文献选读,以进一步学习和理解。

第一节 WTO 服务贸易法律制度

一、GATS 的由来及发展

服务贸易与货物贸易构成了世界贸易两大部分。第二次世界大战后,尤其是 20 世纪 60 年代,随着发达国家和地区的经济恢复和振兴,国际服务业呈现突飞猛进的发展态势。全球的服务贸易额从 60 年代中期的 700 亿—900 亿美元,到 80 年代初期猛增至 6,500 亿美元。1976 年至 1983 年间国际服务贸易年均增长率为 13%,到 80 年代后期,年增长率达 17%,而同期的货物贸易年增长率在 8%—13% 之间。乌拉圭回合将服务贸易纳入世界贸易法律体制，乃大势所趋。这表明"建立一个全球性的关于服务领域的开放的国际协定成为可能并且必要了"。[①]

1986 年《乌拉圭回合部长宣言》决定发起服务贸易谈判，以建立关于服务贸易的原则、规则的多边框架，包括阐明各个服务部门的可能纪律，期望在透明的、逐步推进自由化的条件下扩大服务贸易，促进所有贸易伙伴的经济增长和发展中国家的发展。这种多边框架应尊重各国在服务贸易方面的法律和条例，并充分顾及有关国际组织的工作。应该说，乌拉圭回合达成的 GATS，基本实现了当初谈判设定的目标，形成了与 GATT 并行且发展空间很大的又一个"总协定"。GATS 包括序言和六个部分。第一部分是范围和定义（第 1 条），第二部分是一般义务和纪律（第 2 条至第 15 条），第三部分是具体承诺（第 16 条至第 18 条），第四部分是逐步自由化（第 19 条至第 21 条），第五部分是机构条款（第 22 条至第 26 条），第六部分是最后条款（第 27 条至第 29 条），以及八个附件。

GATS 自 WTO 于 1995 年 1 月 1 日成立后生效实施。根据 GATS 附件要求继续进行的谈判包括提供服务的自然人跨境流动、金融服务、基础电信服务和海运服务。1995 年 7 月 21 日就金融服务和自然人跨境流动达成的两项协议被称为第二、第三议定书（分别于 1996 年 9 月 1 日、1 月 30 日生效），1997 年 4 月 30 日和 11 月 14 日又达成的基础电信和金融服务两项协议被称为第四、第五议定书（分别于 1998 年 2 月 5 日、1999 年 3 月 1 日生效）。这些议定书均由接受 GATS 的部分 WTO 成员决定生效，因而具有诸边性质。

二、GATS 的基本法律制度

（一）GATS 下服务贸易的界定

根据 GATS 第 1 条的宽泛限定，服务贸易是指符合 4 种条件之一的提供服务：(1) 从一成员域内向任何其他成员域内提供服务，即所谓"跨域提供"的服务 (the supply of a service across the territories，或译为"跨境服务"），如银行或电

[①] 汪尧田、李力主编：《国际服务贸易总论》，上海交通大学出版社，1997 年，第 50 页。

信的服务,某银行或电信公司在其所在域内向另一成员域内的客户提供金融或电信服务;(2)在一成员域内向任何其他成员的服务消费者提供服务,即所谓"域外消费"的服务(a service for consumer from other territories),如旅游、旅馆和餐饮服务,某宾馆和旅行社在域内向来自域外的游客提供住宿餐饮、娱乐和游览观光的服务;(3)一成员的服务提供者在任何其他成员域内的商业现场所提供的服务,即所谓"商业现场"的服务(a service supplier through commercial presence in other territories,或译为"商业存在"),如到域外设立银行分支机构或建立电信公司或开设律师事务所等,在当地提供金融、电信或法律服务等;(4)一成员的服务提供者通过该成员的自然人在任何其他成员域内的现场所提供的服务,即所谓"自然人流动"的服务(a service supplier through presence of natural persons in other territories),如一成员的医生到另一成员域内取得自然人的行医执照,提供医疗服务。

在这4类国际服务贸易中,"商业现场"的服务最重要。这也是WTO成员在GATS的框架内结束谈判,并达成金融服务协议和基础电信服务协议的原因。根据这两项协议,协议加入方允诺逐步开放金融与电信服务市场,准许其他加入方的银行、保险机构和电信公司进入其域内开办合资、独资公司,提供有关服务。此类服务贸易与服务提供者在当地租赁办公用房、添置办公用品或设置通信设备等密不可分,又具有国际私人投资的性质。

(二)服务贸易的主要规则

服务贸易的性质虽不同于货物贸易,但两者毕竟都是国际贸易,因此,规约货物贸易的GATT具有的基本原则和一般义务,多半也可类推至服务贸易。GATS第二部分第2条至第15条分别规定了MFN待遇、透明度及其保密信息的披露、增加发展中国家的参与、经济一体化、劳动力市场一体化协议、国内规章、(学历、资历或职业证书等)认证、垄断与独占的服务提供商、商业惯例、紧急保障措施、支付与转账、对支付平衡保障的限制、政府采购、一般例外及安全例外、补贴等方面的规则。

GATS第2条MFN待遇要求"一视同仁"对待所有WTO成员之间的服务贸易,"就本协定涵盖的任何措施,每一成员应将给予任何成员的服务或服务提供者的待遇,立即无条件地以不低于前述待遇给予任何其他成员的服务或服务提供者"。① 这是 GATS 的最基本原则,同时也是所有成员必须履行的一般义务。与 GATT 一样,WTO 成员也必须根据 GATS 第 3 条及时公布任何有普遍适用性的服务贸易措施,但是,可以为了公共利益或私人企业商业利益不披露必要的保密信息。GATS 第 4 条鼓励服务贸易滞后的发展中国家更多地参与全球服务贸易,并给予优惠待遇。GATS 第 5 条对成员加入其他服务贸易双边或多边协议及其与 GATS 本身义务的关系,作了原则规定,这与欧盟等区域经济一体化有关。GATS 第 6 条、第 7 条均与规约国内规章,尤其是涉及自然人流动的提供服务资格认证制度有关,其原则是减少、消除类似非关税壁垒那样构成服务贸易的制度性壁垒。

GATS 第 8 条和第 9 条针对服务贸易中的垄断行为或限制竞争的行为,规定了最低限度的调整原则,反映了服务领域内公平竞争的规约还非常有限。GATS 生效之后,金融、电信等服务贸易领域的大规模兼并、并购,如洪水般地冲击了各国市场,跨国垄断有增无减,国际公平竞争规约的薄弱或缺乏,更是促成了这一难以扭转的趋势。WTO 原定于 2000 年启动的多边贸易谈判重点之一就是寻求规约服务贸易与公平竞争的途径,可是未能如愿。2001 年 12 月 WTO 部长会议有关新一轮多边贸易谈判的宣言重申继续服务贸易谈判,但是服务贸易相关公平竞争的规则谈判,如同货物贸易与竞争政策的议题一样,至今仍毫无结果。

GATS 第 10 条紧急保障措施试图将 GATT 第 19 条及其《保障协定》的原则适用于服务贸易,但是,由于难以认定某一成员域内服务贸易的部门因另一成员的服务贸易输入而遭受的重大损害,GATS 只是一般地规定成员之间应以非歧视原则为基础,就紧急保障措施进行为期 3 年的多边谈判,以达成有关协议,并在 1997 年 1 月 1 日之后生效。但是,有关谈判未在规定时间内结束,因此,各成员仍然根据 GATS 第 10 条规定,在必要时采取临时性紧急保障措施,并通知 GATS 理事会。第 11 条和第 12 条都是关于服务贸易的支付,其中包括了收支平衡的保障措施,与紧急保障措施有相似之处,即某成员可以在其收支平衡严重失调时对特定义务采取限制措施,但必须通知 GATS 理事会。

---

① 译自 *WTO Agreements: the Marrakesh Agreements Establishing the World Trade Organization and its Annexes*,Cambridge:Cambridge University Press,2017,p.360。中译文参考《乌拉圭回合多边贸易谈判结果》,法律出版社,2000 年,第 287 页。本章以下援引 GATS,出处均略。

GATS第13条规定服务贸易方面的MFN待遇、市场准入和国民待遇都不适用于调整政府性服务机构为政府目的而进行非商业性采购的法律、条例和要求。这意味着如同货物贸易中政府采购不属于"一揽子"协定规约范围,服务贸易中的政府采购也将受特殊规约。

GATS第14条及之二均为例外条款,包括一般例外和安全例外。尤其是第14条与GATT第20条一般例外条款相似,规定为了保护公共道德或维护公共秩序、保护人类、动植物的生命或健康,各成员可以采取或实施必要措施而不受上述一般义务的约束。第14条之二与GATT第21条安全例外规定类似。GATS第15条规定应进行服务贸易相关补贴规则的谈判,但同样至今也没有任何结果。

GATS第三部分规定了各成员必须履行具体承诺市场准入及其国民待遇的特定义务,并根据第四部分规定的具体承诺谈判,如金融服务、基础电信服务谈判,逐步推进服务贸易自由化。相比货物贸易,服务贸易的国民待遇显得比较容易执行,即在具体承诺减让表规定的服务部门中,依据相应表内所规定的任何条件和资格,每一成员给予其他成员的服务和服务提供者的待遇,就影响服务提供的所有措施而言,不应低于给予其自己的相同服务和服务提供者。就服务贸易市场的公平竞争而言,MFN待遇与国民待遇相结合,使得每一成员的服务和服务提供者在任何其他成员的域内,均可受到不低于来自域内外所有相关服务和服务提供者获得的待遇。

GATS的八个附件依次为:关于第2条(MFN待遇)免除义务,关于本协定项下提供服务的自然人流动,关于空运服务,关于金融服务1、2,关于海运服务谈判,关于电信服务,关于基础电信服务。其中金融服务和基础电信服务的附件已构成WTO成立后达成并生效的金融服务协议和基础电信服务协议的一部分。从某种意义上说,这两项嗣后协议使得框架性的GATS具有了实质内容,有必要加以进一步评述。

《金融服务协定》囊括全世界95%的银行、保险、证券和金融信息业务。根据该协定,各加入的WTO成员须列出金融市场的减让表,其总的趋势是在许多国家或地区,允许更多的外国银行、证券商和保险公司进入其境内市场,尽管会有各种条件和数量限制。这样,在某一国家或地区的金融机构可以为境外客户提供服务,许多减让表还包括扩大境外金融机构进入本国或地区的许可数量;外国资本在该类银行、保险公司和其他金融机构的保障水准;外资金融机构对资产运作和清算等金融服务项目的参与度等等。该协议强调所有减让表集中于市场开放和具有约束力的进入条件,并承认有必要对所有银行、证券商和保险公司规定进一步的管制措施。《基础电信服务协定》覆盖全世界93%的电信(包括国际国内长途电话服务)市场。加入该协定的WTO成员同意向外国公司开放各自国内电信服务市场。该协定的基础电信服务指电话、数据传输、电报、传真、私人租赁线路服务(即传输能力的出售或出租)、固定或移动的卫星系统与服务,以及便携式活动电话、移动数据服务、传呼式个人电信系统。如某一成员政府对于某一服务领域的减让表有待拟定,则可根据减让表确定的日期实施。绝大多数加入成员都规定了诸如竞争保障、互联保证人、许可和管制者相互独立性的此类措施。

WTO成立以来,GATS项下争端解决案件相对较少,约占全部申诉的5%。除了在第四章中结合GATS的国民待遇原则,扼要分析的"阿根廷金融服务案",本章在经典案例部分还将选择其一,供进一步学习研究。

第二节　WTO的知识产权保护制度

TRIPS协定与GATT、GATS构成了WTO多边贸易体制的三大支柱。本节首先阐述贸易与知识产权的关系,分析世界贸易体制如何从传统的货物贸易领域发展为包括知识产权在内的全方位体制,然后评析TRIPS协定的主要内容。

一、国际贸易与知识产权的内在关联性

知识产权是个人对其一定的智力活动而创造的智慧结晶这一无形财产所享有的权利,因而又可称为"智慧财产权"。TRIPS协定的序言明确知识产权是"私权"(private rights)。这一定性强调个人作为人类智力活动的主体,对其智慧成果的始初所有权。知识产权的价值不仅首先在于它是个人创造性智力活动的结晶。而且充分体现在它可以被有价转让,或与有形物体相结合,再进入商业领域,从而身价百倍。自《保护工业产权巴黎公约》(简称《巴黎公约》)联盟和《保护文学艺术作品伯尔尼公约》(简称《伯尔尼公约》)联盟先后建立的国际局于1893年合并为保护知识产权的"联合国际局",尤其是1967年《建立世界知识产

权组织公约》将知识产权定义为在工业、科学、文学或艺术领域里的智力活动产生的所有权利,知识产权这一名词已被普遍用以指发明专利、商标、外观设计等工业产权以及文学与艺术作品中包含的财产权。

国际贸易与知识产权有什么内在联系?本书第一章论述了以国际商业交易为基础的国际经济关系,其中最主要的是国际贸易往来。TRIPS 协定所说"与贸易有关"(trade-related aspects)指的是"与国际贸易有关"。国际贸易是国内贸易的延伸与发展。两者作为贸易,或商业交易的内外有机相联系的两方面具有相同的本质特点,即都与一定的市场相联系而存在,而从法律角度看,都形成了市场交易主体(平等的民商事主体)之间的经济与法律关系。市场上销售的产品所涉生产技术或加工工艺与专利有关,产品通常有其外观设计特色和显著区别于某一厂商与任何其他厂商的商标或其他商业标识,无不与知识产权相关。进入市场流通的书籍等文学艺术作品与其创作者的著作权及其授权复制者的版权有关,而商业性广播电视等基于著作权或版权的相邻权也早已成为知识产权的组成部分。可以说,商业交易的对象都与交易主体自身拥有或他人许可使用的知识产权休戚相关。如果说,TRIPS 协定规约与国际贸易有关的知识产权保护,那么各国或各地区的知识产权法首先是调整与国内贸易有关的知识产权保护。TRIPS 协定作为国际法是在协调各国或各地区的知识产权法基础上产生的。

自 1883 年《巴黎公约》问世以来,随着包括国际贸易在内的国际经济关系的发展,国际社会不断地推进知识产权保护国际协调,相继达成了一系列有关国际公约或条约,形成了一个相当完整的知识产权国际保护体系,并根据《建立世界知识产权组织公约》,由属于联合国专门机构之一的世界知识产权组织(WIPO)负责实施。尽管知识产权保护的国际协调始终与国际贸易有着直接或间接的联系,但是部分地由于这些国际公约或条约自成体系,并由专门的国际组织管辖,在人们的观念中,知识产权与贸易的关系似乎淡薄了,以致需要特别突出"与贸易有关的知识产权"。同时,TRIPS 协定排除了 1886 年《伯尔尼公约》保护的作者精神权利,因而其涵盖的保护对象均具有可交易性质,完全是与贸易相关的知识产权。

二、从 GATT 到 TRIPS 协定

GATT 的初衷是围绕普遍 MFN 待遇基础上的关税减让,建立调整缔约方

之间国际货物贸易的多边机制。但是，GATT 也包含了一些涉及知识产权的条款。其中，第 9 条原产地标志与地理标志的保护有关。第 9 条第 6 款规定："各缔约方应通力合作，防止以假冒产品的真实原产地和损害在缔约方域内根据其立法保护的特色产品原产地或地理名称的方式，利用各种商号。一缔约方对任何其他缔约方提出的适用上述关于产品名称的承诺义务的请求或陈述，凡业已得到其他缔约方通知者，应予以充分的、同情的考虑。"在总协定时期，"日本对进口葡萄酒和含酒精饮料的关税、国内税与标签做法"一案对该条款作了限制解释。专家组指出："GATT 没有界定'商号'（trade name），各国法律对什么可能构成商号也大相径庭。"①就该案而言，也没有必要加以界定。专家组认定日本厂商所使用的标志并没有损害进口产品的特色原产地或地理名称。日本加入《减少虚假或欺骗性商品来源标志马德里协定》被认为已经履行了第 9 条第 6 款的合作义务。

GATT 第 20(d) 款允许各缔约方采纳或实施"保证与本协定规定不相抵触的法律、条例执行之必要措施，包括……保护专利权、商标和版权以及防止欺骗做法"。根据第 20 条小序言，这种措施不得构成武断的或不合理的歧视，或对国际贸易的变相限制。1983 年"美国有关某些汽车弹簧组件进口案"是与上述一般例外条款有关的第一起专利侵权案。专家组认为，专利保护是各缔约方可以采取措施的领域，只要不与 GATT 义务相抵触。1989 年"美国 1930 年关税法第 337 条案"表明一旦利用 GATT 第 20 条(d)款，采取了构成歧视性待遇的措施，将是不允许的。至于"欺骗做法"，根据最初准备建立国际贸易组织时达成的共识，这是指"伪造地理上的原产地"。

GATT 第 12 条第 3 款(c)(iii)项也涉及知识产权问题："各缔约方在依据本条款实施［进口］限制时，承诺不将各种限制适用于阻止商业货样的进口或阻止遵循专利、商标、版权或类似程序。"

从总体上看，GATT 涉及知识产权的条款主要是与原产地和地理标志有关，对专利、商标和版权等知识产权的保护则作为缔约方履行 GATT 各项义务的例外来处理。这与 TRIPS 协定全面规约与贸易有关的知识产权有着根本区别，但是，GATT 的有关条款是引起 TRIPS 协定产生的源头。

---

① Japan-Alcoholic Beverages I, 34S/83, 10 November 1987, para.5.15.

在 GATT 东京回合的谈判过程中,如何制止假冒[商标]商品的问题第一次成为各缔约方关注的热点。这与 GATT 第 9 条针对假冒原产地或地理标志以及相关商号(或厂商名称)利用的规约有一定的联系,但是,假冒商标的商品比假冒原产地或地理标志的商品,涉及面更广,影响也更大。这意味着,该议题已超出了 GATT 的范围。可能这是东京回合未就这一问题达成任何协议的原因之一。然而,这一问题并没有消失。因此,东京回合之后,GATT 缔约方继续探讨解决该问题的途径,并与 WIPO 磋商如何构设制止国际贸易中假冒商品的泛滥。1984 年,在乌拉圭回合的前夕,GATT 设立了"关于假冒商品贸易的专家组"。

假冒商品贸易问题超出了 GATT 的始初条款,因此,各缔约方对于是否应该在 GATT 抑或在 WIPO 讨论解决这一问题,存有分歧。在准备乌拉圭回合时,美国与日本提出了包括假冒商品问题在内,涉及专利、商标、版权等各方面知识产权保护和实施的议案。尽管许多发展中缔约方表示坚决反对,但是最终经过妥协达成的议案,以《与贸易有关的知识产权(包括假冒商品贸易)》为名被列入了乌拉圭回合。这既照应了原先的议题,又迎合了美、日等知识产权大国的要求。《乌拉圭回合部长级宣言》对这一新的议题规定了三项原则。

第一,加强与贸易相关的知识产权保护是为了减少国际贸易中的扭曲与障碍,但又要防止实施知识产权的措施或程序本身妨碍合法贸易。这是 GATT 第 20 条(d)款的基本精神。可见,与贸易有关的知识产权保护,既是维护正常国际贸易秩序的必要条件,又具有引发新的非关税壁垒的可能性。第 20 条(d)款过于简单,难以起到平衡这两方面需求的作用,因此,需要通过新的协定,阐明与贸易有关的知识产权范围,不仅使第 20 条(d)款的例外适用得到更加精确的界定,而且有利于从根本上将原本就与贸易密切相关的知识产权保护,明确地纳入国际贸易法律体系。

第二,力求在多边协定的框架内,解决国际贸易中假冒商品的泛滥问题。这是 GATT 第 9 条第 6 款关于制止假冒原产地或地理名称的规约的延伸与扩展。GATT 适用普遍 MFN 待遇原则,本身没有原产地规则而只有原产地标贴的规约,制止假冒原产地或地理名称是实施原产地标贴规则的必要条件,否则,原产地标志本身被假冒,原产地的标贴就失去了原来的意义。推而广之,如同原产地标志,商标也是特定商品的标识。一旦商标被假冒,正常的贸易势必遭到扭曲。所谓假冒商品,是指该商品的商标是假冒的。脱离了假冒商标,商品本身就是商品,不存在假冒问题,而可能与质量问题有关。由此可见,制止国际贸易中假冒商标的货物贸易,与制止假冒原产地标志基于同样道理。正是如此,乌拉圭回合旨在考虑已有的 GATT 条款,尤其是第 9 条第 6 款,达成解决假冒商品国际贸易问题的全面协议。

第三,任何与贸易相关的知识产权保护不应损害 WIPO 已有的基础性公约或条约。GATT 缔约方多数是《巴黎公约》或《伯尔尼公约》成员国,包括美国在内的许多发达国家在 20 世纪 70、80 年代也曾热衷于制定专利法条约等,期望通过 WIPO 提高全球范围的知识产权保护水平,但是,WIPO 的机制不可能满足其需求,尤其是加强实施知识产权的要求,因此,发达国家或地区希望另辟捷径,在 GATT 的框架内促进知识产权保护。这种保护与 WIPO 原有的公约或条约基本上是一致的,只是加大了实施的力度,特别是通过"一揽子"协定的作用,扩大了 WIPO 公约或条约的适用范围。这可以弥补 WIPO 机制的缺陷,即只能由各成员国单独地考虑是否加入特定公约或条约,逐步扩大知识产权的国际保护。WTO "一揽子"协定是在不允许任何保留的前提下,将所有成员纳入既定的 TRIPS 协定,只是实施的过渡期有所不同。无疑,这对于原先知识产权保护水平较低的发展中国家或最不发达国家来说,成了不得已而接受的加重义务。

乌拉圭回合达成的 TRIPS 协定完全秉承了上述三项基本原则。该协定的序言开宗明义:"各成员期望减少国际贸易的扭曲与障碍,考虑到有必要促进对知识产权的有效、充分的保护,并确保实施知识产权的措施及程序本身不成为合法贸易的壁垒。……承认需要一个旨在解决国际贸易中冒牌商品,包含原则、规则和纪律的多边协定。……期望在世界贸易组织与世界知识产权组织以及其他相关国际组织之间建立相互支持的关系。"[①]

TRIPS 协定超出了 GATT 范围,成为新的世界贸易体制中不可缺少的组成部分。尽管如上所述,知识产权保护与贸易有着内在联系,但是 TRIPS 协定毕竟是第一个明确与国际贸易相联系的知识产权保护协定。并且,该协定在《巴黎公约》和《伯尔尼公约》等 WIPO 知识产权条约的基础上,第一次将版权、专利、商标等各种知识产权保护融为一体。作为新的知识产权国际保护制度,

---

① 译自 *WTO Agreements: the Marrakesh Agreements Establishing the World Trade Organization and its Annexes*, Cambridge: Cambridge University Press, 2017, p.397. 中译文参考《乌拉圭回合多边贸易谈判结果》,法律出版社,2000 年,第 321 页。本章以下援引 TRIPS 协定,出处均略。

TRIPS 协定具有若干显著特点。

第一,它采纳了国际贸易中通行的 MFN 待遇原则。可以说,这是知识产权国际保护制度中的一个质的变化。MFN 待遇原则是 GATT/WTO 的基石,因此,TRIPS 协定中的 MFN 待遇原则应放在整个 WTO 的法律体系内加以理解。同时,TRIPS 协定规定了知识产权保护的国民待遇原则,这也是《巴黎公约》和《伯尔尼公约》的基本原则。

第二,它规定了相对于发展中国家而言较高的知识产权保护标准。发达国家认为这些标准是最基本的。其实,诸如版权保护中的出租权、驰名商标的特别保护、禁止混淆原产地标志(尤其是酒类商品)的义务、发明专利的 20 年保护期、植物新品种可予以专利保护,以及集成电路图的知识产权保护等此类标准,即使在发达国家也是较高的标准。

第三,它特别规定了保护知识产权的实施。这包括成员有义务根据其国内法提供必要的程序与补救,以保障 TRIPS 协定中各项知识产权得到有效的保护;这种程序必须能够确保对侵权行为采取有效的行动,并且是公正的,避免不必要的复杂性、成本以及拖延。该协定还规定了边境实施制度。

第四,它规定了不同发展水平的国家实施 TRIPS 协定的过渡期,即发达国家、发展中国家(包括经济转变型国家)和最不发达国家,分别从 1996 年 1 月 1 日、2000 年 1 月 1 日和 2006 年 1 月 1 日起实施,但是,所有成员从 1996 年 1 月 1 日起都必须履行适用 TRIPS 协定的国民待遇与 MFN 待遇原则的义务。

第五,它规定了与贸易有关的知识产权争端解决的统一机制。这包括根据透明度原则,所有成员应及时公布,或以其他成员的政府或权利人可获知的方式公开涉及 TRIPS 协定的国内法律、条例、司法终审判决和具有普遍适用性的行政命令,以尽量防止因不了解有关法律制度而引起的争端;当争端产生后,有关成员将依据统一的程序予以解决。

三、TRIPS 协定的主要规约

(一)总则和基本原则

TRIPS 协定第 1 至第 4 条规定 WTO 成员必须履行的义务包括如下 3 项。

第一,实施本协定的规定,但是并非必须在其本国法律中实施超过 TRIPS

协定的更广泛保护,只要这种保护不违反本协定的规定。这意味着 TRIPS 协定的规定是经国际协调后的"最低标准",所有成员都必须在规定的过渡期之后予以实施。

第二,在 TRIPS 协定规定的知识产权可获得性、范围及使用标准、知识产权的实施、知识产权的取得与维持等方面,各成员必须遵守《巴黎公约》第 1 条至第 12 条和第 19 条的规定(根据前述义务,这也属于"最低标准")。这些规定包括:工业产权的范围(第 1 条)、国民待遇(第 2 条、第 3 条)、专利等工业产权的申请优先权(第 4 条)、专利独立性(第 4 条之二)、在专利证书上载明发明人(第 4 条之三)、在依法限制销售情况下的可授予专利性(第 4 条之四)、专利产品的进口和强制许可等(第 5 条)、工业产权维持费交纳的宽限期(第 5 条之二)、专利侵权的例外(第 5 条之三)、根据在进口国获得的方法专利所造产品的进口(第 5 条之四)、外观设计(第 5 条之五)、商标注册的独立性(第 6 条)、驰名商标的保护(第 6 条之二)、商标注册的禁例(第 6 条之三)、商标的转让(第 6 条之四)、已注册商标在其他成员国的注册(第 6 条之五)、服务商标(第 6 条之六)、未经商标所有人授权的商标注册(第 6 条之七)、使用商标(第 7 条)、集体商标(第 7 条之二)、商号(第 8 条)、禁止非法带有商标或商号的商品进口(第 9 条)、禁止带有虚假原产地或生产者标志的商品进口(第 10 条)、反不公平竞争(第 10 条之二、之三)、工业产权的临时保护(第 11 条)、国家工业产权专门机构(第 12 条)和专门协议(第 19 条)。

这一规定具有两方面意义。其一,明确了 TRIPS 协定以《巴黎公约》为基础,许多由《巴黎公约》规定的义务不必在 TRIPS 协定中重复,但纳入 TRIPS 协定的义务范围。由此可见,TRIPS 协定采取"递加"(plus)方法,即 TRIPS 协定"加"WIPO 基础性公约。于是,"与贸易有关的知识产权"理所当然地包括了最初由《巴黎公约》规定的几乎所有工业产权。这也印证了贸易与知识产权是无法分开的。在 WTO 之前,仅仅由于管辖的缘故,唯有 WIPO 负责知识产权国际保护事务。如今,WTO 与 WIPO 分工合作,共同负责实施知识产权的国际保护。其二,扩大了《巴黎公约》的适用范围,即通过 TRIPS 协定的实施,《巴黎公约》(上述条款)的适用范围包括尚未加入该公约的 WTO 成员。

TRIPS 协定第 2 条第 2 款规定,本协定的第一部分至第四部分,即各成员在本国或本地区实施的实体性或程序性知识产权制度均不免除其根据 4 项

WIPO 基础性公约或条约,即《巴黎公约》《伯尔尼公约》《罗马公约》和《关于集成电路的知识产权条约》应履行的义务。这进一步说明 TRIPS 协定是"递加"协定,并意味着它与已有的这些基础性公约或条约均无抵触。

第三,适用国民待遇与 MFN。从根本上说,TRIPS 协定优先规定国民待遇,这说明在 WTO 法律框架内,知识产权保护的地域性原则仍受到尊重。这种地域性实质上体现于 TRIPS 协定第 1 条第 1 款。该条款规定了 WTO 成员履行的首项 TRIPS 协定义务,就是确保该协定的规定生效,同时又赋予各成员一项自主权,即可以在其法律制度和实践范围内自主决定实施本协定规定的适当方法。这就意味着各成员可以在 TRIPS 协定规定的义务范围内,决定其具体的知识产权法律制度。这些域内知识产权法可以,也必然会有所不同。当各成员将这些知识产权法"一视同仁"地适用于本国或地区的国民与其他成员国民,就满足了国民待遇的要求。TRIPS 协定的 MFN 待遇起到了补充国民待遇的作用,即将这些国民待遇(如果存在超国民待遇的优惠、特权或豁免,则首先指这些优惠、特权及豁免)"一视同仁"地给予所有其他成员国民。

(二)知识产权保护的实体标准

第一,专利领域。在 GATT 乌拉圭回合谈判之前,由 WIPO 主持,国际社会就已经致力于进一步协调各国专利制度。从 1983 年开始,由各国专家起草的《专利法条约》,包括了对"发明在先"与"申请在先"制度的协调。最后,由于美国不愿意参与,该条约的起草于 1993 年搁浅。当时,以美国为首的工业发达国家,迫切希望通过多边国际贸易谈判、提高专利保护水平、扩大保护范围等,以更好地保护其贸易利益。TRIPS 协定的专利条款(第 27 条至第 34 条)规定了如下标准。

(1)可获得专利的主题(patentable subject matter)。TRIPS 协定第 27 条标题的这一表述源自美国国会对 1952 年美国专利法(也是现行美国专利法,此后包括 2011 年《美国创新法》在内对专利法的历次修改,都是对 1952 年美国专利法的修改)第 101 节的说明:"第 101 节与可获得专利的主题(subject matter)有关[隶属本标题之条件与要求]。"[1]国内将之翻译为"可授予专利的客体"。在

---

① 张乃根等编著:《美国专利法:判例与分析》,上海交通大学出版社,2010 年,第 5 页。

理解这一用语的由来及其含义的前提下，国内专利法学说中区分主体（有权获得专利的人）与客体（可获得专利保护的智力成果）的说法，也未尝不可。但是，严格地说，"可获得专利的主题"是指需符合 TRIPS 协定第 27 条第 1 款的条件与要求，即所有技术领域的发明，无论是产品还是工序[①]，只要具有新颖性、包含发明步骤（或非显而易见性）、具有工业适用性（或可用性），就可以获得专利。这不仅指可获得专利的发明这一客体，而且指发明必须符合"三性"的条件与要求。

根据 TRIPS 协定第 27 条第 2 款，即便是可获得专利的主题，也存在不可获得专利的例外：① 为了保护公共秩序或道德，包括保护人类的生存与健康，动植物的生长，或避免对环境的严重破坏；② 对人类或动物的治疗方法。这是各国专利法普遍采纳的例外规定。应留意，TRIPS 协定第 27 条第 3 款(b)项规定，成员可排除采用生物工序（不包括非生物与微生物工序）再生动植物（不包括微生物）的专利主题，但是，也可以用专利或其他方法，保护植物新品种。这说明各成员可决定是否保护与基因工程技术有关的专利主题。

(2) 专利权的范围。根据 TRIPS 协定第 28 条，专利权的范围除了各国或地区专利法普遍规定的排他权（未经专利人权同意，不得制造、利用、许诺销售、销售该专利产品或由该专利工序产生的产品），还必须包括未经专利权人同意，不得进口该专利产品或由该专利工序产生的产品。这就排除了非专利权人的"平行进口权"，即非专利权人可以进口在外国授予的同一专利产品或由同一工序专利产生的产品。这是与国际贸易特别有关的问题。在某国申请专利，是在该国市场上排他性地销售该专利产品的前提。根据 TRIPS 协定，在某成员的市场内销售或进口的专利产品或由工序专利产生的产品，必须是该成员授予的专利。这突出反映了专利保护的地域性。TRIPS 协定第 28 条第 2 款还规定专利所有人有权转让其专利，或许可他人利用专利。

(3) 专利申请的条件。各成员应要求专利申请人以充分清晰和完整的方式披露该发明，使得该领域的技术人员可以实施该发明。这是国际早已公认的专利申请条件。但是，根据 TRIPS 协定第 29 条，各成员可决定采纳申请专利的"最佳方案"(best mode)条件是源于美国专利申请制度的较高标准。同时，TRIPS 协定秉承了《巴黎公约》的"优先权"原则。

---

① TRIPS 协定第 27 条第 1 款下"工序"(process)用语来自美国专利法第 101 节。这不同于"方法"(method)。国内专利法将发明划分为产品与方法（与 process 混用）。

(4) 强制许可。在承认强制许可使用与政府使用专利权的同时，TRIPS 协定规定了一系列限制适用强制许可的条件，包括个案处理、合理要求许可使用未成、非独占使用、非转让，等等。根据 2001 年 WTO 部长级会议上发表的《关于 TRIPS 协定与公共健康的宣言》，以及 2005 年通过并于 2017 年生效的 TRIPS 协定第 31 条之二规定，对于发生公共健康危机且缺少制药能力的成员，可由授予药品专利的成员通过强制许可，并将其生产的专利药品直运需要该药品的成员境内（不可再出口）。

(5) 专利保护期为从申请之日起算至少 20 年。这是国际专利制度协调的重大成就。美国、加拿大等国的专利保护期曾为从授予专利之日起算 17 年，于是造成同一发明在不同国家的专利保护期不同。TRIPS 协定第 33 条对专利保护期的起算之日及其基本的保护期作了统一的强制规定。

综上，TRIPS 协定专利条款旨在尽可能扩大专利保护的主题范围，加强对专利权人权利的保护。迄今与这些专利条款有关的争端解决都由美国、欧盟与加拿大等发达国家或地区的成员提出，其中以美国居多，发展中国家成员都作为应诉方。这充分说明，TRIPS 协定专利条款的实施，符合美国等发达国家或地区通过提高专利保护水平，拓展海外市场，尤其是发展中国家的市场之需求。

第二，商标领域。TRIPS 协定商标条款（第 15 条至 21 条）在已有的商标保护国际协调的基础上，进一步规定了如下 3 条标准。

(1) 商标保护的主题。根据 TRIPS 协定第 15 条，商标保护的主题包括任何能够区分特定商品或服务、构成某种商标的符号或符号组合。凡是属于这一主题范围的符号，都可以作为商标进行注册。如果某符号难以起区别作用，那么成员可以根据使用情况，决定是否给予商标注册。成员可以将商标使用作为商标注册的根据，但是，商标的实际使用不能成为申请商标注册的条件。这样可兼顾美国传统的、以使用为基础的、普通法的商标保护制度与世界上多数国家或地区通行的注册商标专用权的保护制度。

(2) 驰名（well-known）商标的保护。《巴黎公约》第 6 条之二已规定了对驰名商标的特别保护，并确定了由商标注册国或使用国主管机关认定驰名商标的原则。国际社会长期未能对驰名商标的认定标准达成协议，因此，TRIPS 协定第 16 条第 2 款着重规定了驰名商标的认定原则，即在决定某商标的驰名度时，应该考虑有关公众对其知晓程度，包括在该成员域内宣传该商品而使公众知晓的程度。这就是说,知晓程度不仅靠商标的使用,而且可以借助广告的大肆宣传所致。TRIPS 协定对《巴黎公约》的发展,还表现在将对驰名商标的保护范围扩大至服务商标。随着服务贸易的迅速增长,对驰名服务商标的保护,显得非常迫切。美国等发达国家在服务贸易上占领先地位,这一新规定会给他们带来巨大的好处。

(3)注册商标专用权。TRIPS 协定第 16 条规定,未经商标所有人的同意,任何人均不得在商业中使用与该注册的货物或服务商标相同或相似的商标。但是,这种注册商标专用权不能妨碍先有商标的使用权,或影响成员规定以实际使用为基础的商标权。注册商标的保护期为从始初的注册日起 7 年。该保护期可以无限制地每 7 年续期。

第三,其他工业产权领域。关于外观设计,根据 TRIPS 协定第 25 条、第 26 条,各成员可以规定关于具有独创性和新颖性的外观设计的保护。对于那些不具有独创性和新颖性,但足以区别于其他已知设计特点的外观设计,由各成员决定是否予以保护。各成员可以通过外观设计法或版权法,保护纺织品的外观设计。外观设计的所有人享有权利,不让任何第三人未经其同意,为了商业目的而制造、销售或进口包含复制该工业设计的产品。外观设计保护期至少为 10 年。

关于地理标志,TRIPS 协定第 22 条规定,地理标志是指确认原产于成员领域内的商品,说明该商品由于地理上的原产地而特有的质量、声誉或其他特点。各成员应采取一定的法律手段,保护原产地标志所有人的利益,以防止任何假冒的原产地标志,或《巴黎公约》第 10 条之二规定的不正当竞争。对于酒类或酒精类产品,TRIPS 协定第 23 条规定了有关原产地标志的特别保护。

关于集成电路设计图,由于《集成电路知识产权条约》未曾生效,TRIPS 协定第 35 条至第 38 条实际上起到了该条约的作用。第 35 条规定,成员不仅同意根据该条约的第 2 条至第 7 条(除第 6 条第 3 款外),提供对集成电路设计图(拓扑图)的保护,而且还须履行 TRIPS 协定规定的有关义务,保护拓扑图的权利人利益,包括:(1)任何人未经权利人的授权,不得进口、销售或为了商业目的而供应受保护的拓扑图或包含拓扑图的产品;(2)虽然,在不知道某拓扑图受保护的情况下,进口、销售或为了商业目的而供应该拓扑图或包含拓扑图的产品,该"无意的侵权人"不负侵权责任,但是,在收到权利人的通知后,继续侵权,将负有关责任。第 38 条规定,拓扑图的受保护期为从注册之日起,或从首次商业性应用之日起的10年,或从拓扑图创造之日起的15年。

关于未被披露的信息,TRIPS协定第39条规定了包括两方面的保护:其一,根据《巴黎公约》第10条之二的有关反不正当竞争规定,各成员应该对商业秘密提供知识产权的保护;其二,对于旨在获准进入药品或农药产品市场而提供的有关测试数据,各成员应给予知识产权的保护,以免这类数据被非法披露,导致不正当竞争。

关于合同性许可中的反竞争作法,根据TRIPS协定第40条,各成员同意,某些与知识产权有关的、限制竞争的许可作法或条件,将对贸易起反作用,或可能妨碍技术转让,可对其采取适当措施,加以控制。但这是非强制性义务,由各成员酌定采取。

第四,版权与相邻权领域。TRIPS协定的版权条款(第9条至第13条),重申了《伯尔尼公约》确定的版权保护标准(除保护作者的道德权利外)和各国版权法普遍采纳的版权保护前提,即版权保护的是作品的表现形式,不是其观念;同时,着重规定了与信息技术产品、影视产品相关的版权保护标准。关于计算机软件和数据汇编,该协定明确将之作为版权保护的主题。随着电脑,尤其是个人电脑(PC)的普及使用,计算机软件已成为美国等工业发达国家的重要出口产品。通过版权保护计算机软件,是这些发达国家的迫切要求。数据汇编是信息时代的产品。TRIPS协定第10条第2款规定,数据汇编是指构成智力创造的数据选编,不论其是否可以通过机械阅读。如同传统的版权保护,数据汇编的保护不涉及该数据或材料本身,而只是汇编的形式。该协定新增规定,计算机软件与影视产品的作者及其继承者,可以授权或禁止他人向公众出租其原始的或复制的版权作品。在相邻权方面,TRIPS协定第14条规定了若干相邻权的保护标准,包括:在录制表演者表演的音像作品方面,未经表演者的授权不得录制或复制,或通过无线通讯向公众广播;音像作品的制作者可以授权或禁止他人直接或间接复制其作品;广播组织有权禁止他人擅自复制,或利用无线广播或电视播送其作品;音像作品制作者享有出租权;表演者和音像作品制作者的相邻权保护期至少为从首次表演或录制之日起的50年;广播组织的相邻权保护期为从首次广播之日起的20年。

第五,TRIPS协定的知识产权实施制度。美国等西方国家将知识产权保护直接纳入WTO管辖范围,目的之一是促使各成员加强知识产权实施。TRIPS

协定有关实施的规定是已有知识产权公约或条约所没有的。

(1) 知识产权实施的一般义务。根据 TRIPS 协定第 41 条，各成员应制定有关知识产权实施的国内法，以便有效制止任何侵犯本协定规定的各种知识产权的行为。同时，这些法律的实施程序应避免产生对合法贸易的各种壁垒，并为防止有关程序的滥用提供各种保障。实施知识产权的程序应体现公平、公正。有关案件的处理尽量采取书面形式，并说明理由。当事人应有机会根据一定的国内法规定的管辖权，对行政性终局决定提请司法审查。但是，这些规定并不要求各成员方提供与其一般法律实施不同的知识产权实施。换言之，各成员可以在其国内一般的法律实施机制基础上，从行政和司法两方面加强知识产权实施，而无须另起炉灶，设计一套专门的知识产权实施机制。

(2) 民事与行政程序及补救。TRIPS 协定第 42 条规定，公平、公正的程序是指，知识产权人可以通过各成员国(域)内法规定的民事司法程序，实施协议范围内的知识产权；被告有权及时获得详细的、说明原告请求的书面通知；当事人有权聘请独立的法律顾问；当事人均有权提出要求或证据；在必要时，这种程序应保障当事人所要求的保密。这就是美国等西方国家通常所说的"正当程序"(due process)。证据规则是正当程序的核心，因此 TRIPS 协定第 43 条就举证问题作了专门规定。

TRIPS 协定第 44 条至第 46 条规定的补救包括：禁令，即司法当局有权命令某当事人停止侵权，禁止侵权产品进口；损害赔偿，即司法当局有权命令侵权人向知识产权人支付足以补偿其损失的损害赔偿金；销毁侵权产品，即司法当局有权销毁有关侵权产品，以免其进入商业渠道，对知识产权人造成进一步的损害。上述司法程序的基本原则均应适用于行政程序。

(3) 边境措施的特别要求。上述民事和行政程序是对国内法实施机制而言的，并且旨在通过各成员的合作，在各成员域内制止各种侵犯知识产权的行为。但是，不论这种国内法的实施多么有效，侵权行为依然难以根除，侵权产品亦难免进入国际贸易领域。由于国际贸易的知识产权保护对海关提出了特别的要求，TRIPS 协定第 51 条至第 60 条着重规定了有关边境措施。其中包括：① 海关中止放行。各成员应采纳必要的程序，使得知识产权人在有充分理由要求中止放行假冒商标或盗版物的进口时，可以向有关行政或司法当局提出书面请求，各成员亦可以将这种程序扩大到中止放行侵犯其他知识产权的产品进口，或者中止放行侵权产品的出口。② 申请的要求。凡是要求海关中止放行侵权产品进口的权利人,都应根据有关成员国(域)内法提供足够的证据、具体说明侵权产品,以便海关能够辨识。有关当局应在合理期限内通知权利人,告知是否同意其申请。③ 担保制度。各成员有关当局应有权要求申请人提供一定的担保,以充分保护被告的利益;当申请释放已被海关中止放行的产品涉及工业设计、专利、拓扑图或未披露信息时,申请释放人应提供一定的担保,以保护权利人的利益。④ 中止放行的期限。在申请中止放行之日起10日内,海关当局没有采取申请人所要求的行动,或有关当局已采取了暂行措施,被中止放行的产品应予释放。

第三节 经典案例与文献选读

一、经典案例1:美国博彩案

2005年由WTO争端解决的美国博彩案是第一起有关GATS项下服务贸易的市场准入减让表的典型案例。[①] 安提瓜就美国联邦和州政府对位于境外为境内消费者提供博彩服务的非法性为由采取某些措施加以禁止一事,向WTO提起争端解决。其诉求包括要求认定美国的GATS减让表包括了对博彩服务的具体承诺,完全开放该服务市场和给予国民待遇,因而美国相关措施违反其承诺的义务和相应的GATS规定。专家组经审理,部分支持了该诉求。美国不服而提起上诉。

上诉复审的关键在于澄清美国的GATS减让表中"体育"(sporting)是否涵盖"跨境提供的博彩服务"。美国抗辩其减让表中"其他消遣性服务"(体育除外)不包括此类博彩服务,因为"体育"涵盖"博彩"。如同货物贸易的减让表,WTO成员对其服务贸易市场准入所作出承诺的减让表解释属于条约解释的范畴。上

[①] 截至2021年6月,WTO审理GATS项下争端解决案件30起,其中已决案件包括欧共体香蕉案(DS27)、加拿大期刊案(DS31)、加拿大汽车案(DS39,142)、墨西哥电讯案(DS204)、美国博彩案(DS285)、中国出版物及音像制品案(DS363)、中国电子支付案(DS413)和阿根廷金融服务案(DS453)。美国博彩案是GATS及其减让表引起的第一起服务贸易争端案件。

诉机构明确:"在 GATS 的上下文中,其第 20 条第 3 款明确规定成员的减让表是该协定的'组成部分'。因此,确定 GATS 减让表的任务也如同解释其他任何条约的约文,涉及对成员的共同意图之确定。像本案专家组以及当事双方一样,我们认为美国 GATS 减让表的含义必须依据《维也纳条约法公约》第 31 条,以及在适当范围内依据第 32 条所编纂的规制,加以解释。"[1]上诉机构对该案专家组有关涉案用语"体育"的解释表示异议,认为该专家组将该第 31 条解释惯例中的"通常意义"等同于词典界定的词语意义。这是一种过于机械的做法。该专家组忽视了所使用的词典本身也表明在一定的上下文中,"体育"词义之一可以是"博彩"。再说美国的 GAST 减让表明文规定"英文本是唯一作准本"。这不同于货物贸易减让表由 WTO 成员各方谈判而成,通常以英文、法文和西班牙文同时为作准本,而服务贸易减让表均由各成员单方面承诺构成,再翻译为三种正式文字之一的作准本。上诉机构认为在英文本作为唯一作准本的情况下,专家组没有说明为何还要求助于法文和西班牙文的用词含义。因此,该专家组在适用条约解释惯例,确定涉案用语的通常含义时,存在一定的问题。

尽管上诉机构指出了该专家组解释涉案用语"体育"的含义所存在的问题,但是上诉机构逐一审查了该专家组寻求解释"体育"用语的各种上下文,包括 GATT 秘书处 1991 年《服务部门分类清单》和 1993 年《减让表指南》、美国关于具体承诺的其他事项、GATS 的实体规定和 GATS 之外其他 WTO 协定下条款、其他成员的 GATS 减让表。上诉机构认为该秘书处的文件不构成《维也纳条约法公约》第 31 条第 2 款项下"全体当事国因缔结条约所订与条约有关之任何协定"或"一个以上当事国因缔结条约所订并经其他当事国接受为条约有关文书之任何文书";美国减让表作为整体也没有清晰地指明"体育"是否涵盖"博彩";其他成员的 GATS 减让表也没有明确将"博彩"纳入"体育服务"项下。因此,上诉机构认为无法从美国 GATS 减让表的"体育"用语本身的上下文中得出其通常含义,其他上下文要么尚不构成,要么也无法明确解答"体育"的含义。于是,上诉机构根据条约解释惯例,求助于 GATS 的目的及宗旨。然而,这也无助于确定"体育"是否涵盖"博彩"。上诉机构只得进一步求助于《维也纳条约法公约》第 31 条第 3 款所说的"嗣后惯例"(subsequent practice)可否作为解释的上

---

[1] US-Gambling,WT/DS285/AB/R,7 April 2005,para.160.

下文。不过，根据已有条约解释的判例，此类上下文必须具备：其一"共同的、一致的、清晰的行为方式或宣称"；其二"这些行为或宣传必须意味着有关规定之解释协定"。① 这么高的构成门槛自然将涉案所有可能构成此类"嗣后惯例"的上下文统统排除在外。

根据《维也纳条约法公约》第32条，如适用第31条"意义仍属不明或难解"，"得使用解释之补充资料，包括条约之准备工作及缔约之情况在内"。上诉机构认为可以将WTO之前确定GATS减让表的一些文件作为解释涉案用语"体育"的补充资料。其中，1993年《减让表指南》与美国GATS减让表相似，包含"体育及其他消遣性服务"（对应国际服务分类964），该分类再分为9641（体育服务）和9649（其他消遣性服务，其中96492为"博彩服务"）。假如参照该分类，"体育"不包括"博彩服务"。"这些文件无疑也为[乌拉圭回合]谈判各方在审议和评估其他当事方作出的承诺时提供了帮助。这些文件虽没有拘束力，但所提供的共同语言及结构得到普遍的运用和依靠。"② 不同于专家组将这些文件认定为《维也纳条约法公约》第31条第2款项下有关解释的协定（因缺乏拘束力而不成立），上诉机构转而将之作为第32条项下补充资料（无须具有拘束力）。据此，上诉机构认定：美国GATS减让表10.D不包括9641"体育服务"，而该分类"体育服务"不包括"博彩服务"，因此"其他消遣性服务"包括96492分类"博彩服务"。③ 上诉机构的结论是："依据《维也纳条约法公约》第31条和第32条编纂的诸原则，使得我们得出与专家组同样的结论，即美国GATS减让表10.D包括博彩服务的承诺。"④

二、经典案例2：印度专利案

1996年7月，美国就印度既无药品与农业化学产品专利的保护，又缺乏允许药品与农业化学产品专利申请，以提供独占销售权的正式制度这一问题，提起争端解决。该案涉及的主要问题是：作为WTO成员的印度，根据TRIPS协定的有关过渡性规定，负有义务通过适当的国内立法或行政措施，对药品与农业化

---

① US-Gambling, WT/DS285/AB/R, 7 April 2005, para.192.
② US-Gambling, WT/DS285/AB/R, 7 April 2005, para.204.
③ US-Gambling, WT/DS285/AB/R, 7 April 2005, para.208.
④ US-Gambling, WT/DS285/AB/R, 7 April 2005, para.212.

学产品专利实施保护。

1994年12月31日,印度总统颁布了专利(修正)法令,修改了印度1970年专利法。该法令规定了申请与受理药品与农业化学产品专利的方式(这是TRIPS协定第70条第8款(a)项的要求),并规定凡属这类申请主题的产品,均被授予独占销售权(这是TRIPS协定第70条第9款的要求)。该法令的颁布是印度宪法第123条(1)款授予总统行使权利的结果。该宪法规定印度总统在议会休会期间,有必要采取紧急措施。该法令于1995年1月1日生效,直至3月26日印度议会复会。在这期间,共有125项这类专利申请。

印度议会在复会后,讨论了1995年专利(修正)法案,但是在1996年5月10日下议院解散之前,却未能通过该法案。在总统的专利(修正)法令失效之后,印度议会仍在讨论新的专利(修正)法案时,印度行政当局决定,由印度专利局继续接受药品与农业化学产品专利的申请,并单独存放,以便在印度专利法修改后,使这类可授予专利的主题生效。然而,印度方面既没有在当时公布这一行政决定,或通知WTO的TRIPS理事会,也没有在争端发生后,将该行政决定的具体日期提供给专家组。

1996年8月2日,印度工业部部长在回答议会下院的一位议员有关药品与农业化学产品专利的问题时指出,截至1996年7月15日,印度专利局所收到的国内外这类专利申请已达893件;对这类专利申请的审批,根据WTO有关规定,将推迟到2005年1月1日之后。

根据印度方面的统计,1995年1月1日至1997年2月15日,所接受与注册的药品与农业化学产品专利共有1,339件,其中美国公司的申请为363件。

美国的指控包括:(1)印度没有履行TRIPS协定第70条第8款规定的义务,在TRIPS协定规定的过渡期内建立某种机制,保留有关药品与农业化学产品专利申请的新颖性,而不论这种申请是否在该时期提出。(2)TRIPS协定第70条第8款要求印度确保那些已经提出或将提出"信箱"(mailbox)的申请者,可以及时投放,并取得申请日。即使印度已建立了有效的"信箱"制度,它也没有履行TRIPS协定第63条规定的透明度义务。(3)自1995年1月1日起,印度没有通过立法,授予有关药品与农业化学专利持有人的独占销售权。

印度的反驳包括:(1)印度已提供与TRIPS协定第70条第8款一致的、关于药品与农业化学产品专利申请的方法。(2)在印度并没有任何这类独占销售权的要求,因此,印度未履行 TRIPS 协定第 70 条第 9 款的义务无从谈起。

可见,此案的关键是对 TRIPS 协定第 70 条第 8 款与第 9 款的解释。

专家组在解释 TRIPS 协定有关条款之前,引用了解释的可适用标准。根据 DSU 第 3 条第 2 款,专家组在解释包括 TRIPS 协定在内的所有 WTO 协定时,应"遵循国际公法解释惯例"。正如 WTO 专家组与上诉机构的已有报告所指出的,所谓"国际公法解释惯例"就是《维也纳条约法公约》第 31 条第 1 款。该条规定:"条约应依其用语按其上下文并参照条约之目的宗旨所具有通常意义,善意解释之。"这种"善意解释"应符合 TRIPS 协定规定的保护知识产权之合理期望。①

该案是首起由 WTO 专家组审理的 TRIPS 协定争端案,因此,专家组特别指出:"尽管 TRIPS 协定完全是乌拉圭回合谈判的新结果,并且使 WTO 协定具有相对独立的地位,但是它是与 WTO 体系不可分离的一部分,同样以 GATT 的长期实践为基础。"②换言之,对 TRIPS 协定的解释,还须遵循 GATT 的基本原则。

专家组指出:在竞争条件下,保护各成员方的合法期望,是公认的 GATT 原则。该原则主要来源于 GATT 第 23 条,这是 GATT/WTO 争端解决机制的基础。因此,在解释 TRIPS 协定时,必须考虑与 TRIPS 协定有关的 WTO 成员的合法期望,以及在 GATT 框架内历年的专家组报告所发展的解释标准,尤其是那些确定与多边贸易协议相关的竞争条件下的保护原则之标准。

然而,上诉机构不同意专家组对"合法期望"的解释,指出:"这并没有准确地反映 GATT/WTO 的实践,因为就本案而言,专家组在解释 TRIPS 协定有关条款的可适用标准时,将先前 GATT 实践中的两个不同概念混为一谈。"③第一个概念涉及当缔约方之间产生竞争关系时,对缔约方合法期望的保护。这个概念是根据 1947 年 GATT 第 23 条第 1 款(a)项的规定,在第 3 条和第 11 条关于"违反"GATT 的指控这一上下文的基础上逐渐形成的。第二个概念是与市场准入的让步有关的、缔约方的合理期望的保护。这个概念是根据 GATT 第 23 条第 1 款(b)项规定,基于"非违反"指控的上下文而产生的。TRIPS 协定第 64 条第 2 款明确规定:"在 WTO 协定生效之日后的 5 年内,1994 年 GATT 第 23 条第 1 款(b)项和(c)项将不适用于根据 TRIPS 协定的争端解决。"这就表明,在 2000

---

① India-Patents, WT/DS50/R, 5 September 1997, para.7.18.
② India-Patents, WT/DS50/R, 5 September 1997, para.7.19.
③ India-Patents, WT/DS50/AB/R, 19 December 1997, para.36.

年之前,根据TRIPS协定可提起的争端案,只能是第一个概念范畴内,即根据1994年GATT第23条第1款(a)项的"违反"GATT的争端案。虽然,本案涉及违反TRIPS协定所规定的义务,因而可以提起,但是,专家组没有区分两种不同的"合法期望"的概念。

上诉机构还认为,专家组误解了《维也纳条约法公约》第31条,指出:"条约解释的责任是审读条约的用词,以决定缔约方的用意。这应该依照该公约第31条确立的条约解释原则,但是这些原则既没有要求,也不允许添加条约中没有的用语或概念。"①言外之意,专家组不应该将这种解释与TRIPS协定的宗旨相联系,因为本案的问题仅限于对TRIPS协定第70条第8款和第9款的解释,这是关键所在。

第一,关于TRIPS协定第70条第8款的解释。该条款如下:

"当某成员在WTO协定生效之时,尚未根据第27条规定的义务,对药品与农业化学产品专利提供保护,应:(a)于WTO协定生效之时,提供这种发明专利可提出申请的方法,尽管有第六部分(即TRIPS协定的过渡期)的规定;(b)这些申请的提出,享有本协定规定的申请日,适用本协定的可授予专利的标准,如果在该成员申请之日,这些标准被适用,或者当存在并要求优先日时,享有优先日;(c)对于那些符合上述(b)项规定的保护标准之申请,根据本协定从专利授予之日起,提供专利保护,并存续于专利期内,根据本协定第33条规定,该专利期的计算自申请之日起。"

本案的焦点之一是美国与印度对上述(a)款所谓"信箱"申请制度存在分歧,因此,专家组报告着重对(a)项作了解释。首先,是对(a)项中"尽管有第六部分的规定"这一短语的解释。专家组认为,(a)项是TRIPS协定的第六部分有关过渡期规定的例外。因此,如果某成员在1995年1月1日还没有根据TRIPS协定第27条,对药品与农业化学产品专利实施保护,不能引证第65条的过渡期规定。本案双方对此并无争议。其次,是对(a)项中"提供这种发明专利可提出申请的方法"之解释。专家组认为,这意味着,从1995年1月1日起,这种成员必须提供可提出药品与农业化学产品专利申请的某种"方法",即所谓"信箱",因为在发展中国家享有的过渡期结束之后,这些存放在"信箱"里的申请,必须由该成

---

① India-Patents, WT/DS50/AB/R, 19 December 1997, para.45.

员进行专利审查。此外,在过渡期内,该成员有义务对那些符合 TRIPS 协定第 70 条第 9 款标准之产品,授予独占销售权。

根据如上解释,专家组认为,在判断印度是否采取了必要行动履行 TRIPS 协定第 70 条第 8 款规定的义务时,应该检查现行的印度接受"信箱"申请的制度,在涉及其国民与其他 WTO 成员国民的竞争关系方面,能否足够地保护其他 WTO 成员方的合法期望,以保障这种"信箱"申请的产品之新颖性与优先权日。在印度总统的专利(修正)法令失效后,印度议会未能通过1995年专利(修正)法案,因此,实际上只有未公布的行政决定在起着"信箱"申请制度的作用。这种制度缺乏法律上的保障。

上诉机构基本同意这些认定,并进一步指出:"根据 TRIPS 协定第 65 条第 1 款、第 2 款和第 4 款,印度有权将 TRIPS 协定第 27 条有关药品与农业化学产品专利的保护规定推迟到 2005 年 1 月 1 日起适用。印度有义务根据 TRIPS 第 70 条第 8 款(a)项,建立这类专利的信箱式申请的法律机制,旨在为保留这类申请的发明新颖性和优先权提供足够的法律基础。"[①]问题在于,印度的行政措施是否符合 TRIPS 协定第 70 条第 8 款(a)项的要求。上诉机构认为,印度既没有公开这种行政措施,也没有向专家组和上诉机构提供这种措施的文本。这种接受信箱申请的行政措施不符合 TRIPS 协定第 70 条第 8 款(a)项的要求。

第二,关于 TRIPS 协定第 70 条第 9 款的解释。该条款如下:

"尽管有第六部分的规定,根据第 70 条第 8 款(a)项,如某产品属于某成员的专利申请之主题,在被允许进入某成员市场之后,授予其 5 年的独占销售权,或者直至在该成员被授予产品专利或被拒绝授予为止,视何种期限较短而定,条件是作为 WTO 协定生效的结果,某项专利申请已经提出,并且该产品已经被另一成员授予专利和获准市场进入。"

美国指控印度在 1995 年 1 月 1 日后没有建立起这种授予独占销售权的制度,而印度则辩解在印度没有任何这种请求。因此,专家组认为,争端的焦点在于何时应该有授予独占销售权的制度。具体地说,其一,如果印度在适当的时候,其行政当局尚无法律的权力授予独占销售权,是否违反 TRIPS 协定? 其二,假如是,什么是适当的时候?

---

① India-Patents, WT/DS50/AB/R, 19 December 1997, para.97.

专家组认为，WTO协定的绝大多数规定，都是旨在防止各国政府采取可能有害于贸易的措施，因而涉及各国有关立法是否以与WTO协定一致的方式履行其义务。TRIPS协定与其他WTO协定的区别在于：该协定的绝大多数规定都要求成员采取积极的行动，在本案中，这意味着要求根据第70条第9款，采取授予独占销售权的措施。印度没有赋予其行政当局必要的权力，因而违反了TRIPS协定。唯一的问题便是：什么是适当的时候？

对该问题的回答取决于对上述条款的解释。专家组认为，该条款同样含有"尽管有第六部分的规定"，这意味着该条款生效日就是WTO协定生效日，换言之，各成员应该在1995年1月1日起准备授予独占销售权。虽然该条款没有像第70条第8款那样，明确规定自1995年1月1日起生效，但是该条款规定"根据第70条第8款(a)项，如某产品属于在某成员方的申请专利之主题"，而第70条第8款(a)项必须在WTO协定生效时实施，因此，第70条第9款也应被理解为从WTO协定生效时实施。

专家组进一步指出：与TRIPS协定的所有条款一样，第70条第9款的解释必须考虑到WTO成员的合法期望，在诚信的基础上进行。该款所规定的"授予其5年的独占销售权"，并不是印度方面所说的是2000年后的5年，而是自1995年1月1日之后的任何时间里所授予的5年，或者直至在该成员方被授予或拒绝授予产品专利为止。

总之，专家组认为，根据条约解释惯例，第70条第9款必须理解为各成员应具备在WTO协定生效后的任何时候授予独占销售权的机制。具体来说，当某产品满足了以下条件，印度就必须授予其独占销售权：(1)在印度已经提出了药品或农业化学产品专利的"信箱"申请；(2)该专利申请已经于1995年1月1日之后由另一个WTO成员提出；(3)另一成员已经授予了该专利；(4)另一成员已经同意该产品的市场准入；(5)印度已经同意该产品的市场准入。

专家组强调：缺乏有保障的"信箱"申请制度，会抑制人们提出这种专利申请，而缺少这种专利申请又会推迟这种申请制度的建立。

上诉机构完全同意专家组的看法，指出："第70条第9款仅适用于某产品专利申请根据第70条第8款(a)项提出后的情况。与第70条第8款(a)项相同，第70条第9款也适用于'尽管有第六部分的规定'。第70条第9款特别提及第70条第8款(a)项，并且两条款相结合，提供了一种包括权利与义务的规定，以便适用于 TRIPS 协定第 65 条规定的过渡期。显然,第 70 条第 8 款(a)项和第 70 条第 9 款都自 WTO 协定生效之日起适用。"[①]

三、文献选读 1:《乌拉圭回合的服务贸易》(杰克逊)

选自约翰·H.杰克逊著《世界贸易体制——国际经济关系的法律与政策》(张乃根译,复旦大学出版社 2001 年版)第 12 章第 2 节。

虽然,乌拉圭回合关于服务贸易的文本不完全符合谈判的初衷,但是,对于谈判者来说,该文本仍不失为相对积极的成就。10 多年来,许多政策研究机构和有利益关系的企业一直提出需要某种关于国际服务贸易的规约。服务"领域"非常庞杂,也许包括 1,150 多种特殊的服务领域,但是,总体上,在西方工业化国家,服务业已超过货物生产,占国民生产总值的较大部分。有些服务提供商千方百计地寻求业务出口的可能性,并着手对付外国政府旨在限制其业务,在进口国保护国内相关服务提供商的行为。因此,许多团体要求建立国际合作机制,在这种行为泛滥之前,形成反对这种保护主义的规则。

然而,服务贸易的谈判,存在不少概念上的困难。首先,同时也是最根本的是,"比较经济利益"这一通常的经济原理是否像适用于货物贸易那样,适用于服务贸易。有些经济学家与其他领域的专家回答是肯定的,虽然理由似乎还不太清楚,但是,需要某些国际规则却好像并无争议。此外,除了一些较复杂的比较经济利益这类经济学的论证,也存在一些可观察的现象,即,服务提供商之间日益激烈的竞争趋向于提高效益,降低所提供服务的成本。这类似于货物贸易中可以看到的情况。

另一个关于服务贸易的概念性难题是,能否将货物贸易中已有的、为人们熟知的原则类推地适用于服务贸易。这些原则包括最惠国原则、国民待遇原则,以及互惠性谈判达成的"关税减让表"此类市场准入,等等。尤其是国民待遇,因为有些服务似乎需要特殊的原则来处理一些与国内服务提供商相比较由进口引起的特殊政策风险。金融服务就是一例,并且,这需要采取各种谨慎的政府管制措施来保护消费者。因此,人们就提出将国民待遇概念适用于服务领域,需要相当多的特殊领域专家,并且,这需要改变国民待遇的基本概念,以便有效地平衡贸

[①] India-Patents,WT/DS50/AB/R,19 December 1997,para.82.

易自由化与适当的各国政府管制以及与特定服务领域——如银行、保险、证券代理——有关的谨慎政策。

此外,还有一个问题,服务是否作为一个总体,或者,仅作为国际贸易中的一个特殊方面,在乌拉圭回合中提出。并且,如何调整谈判的结构,以最大限度增加服务贸易自由化规则的机会,也存在许多问题。

乌拉圭回合在形成服务贸易总协定(GATS)方面取得了成功。GATS 作为整个服务贸易的一个框架协议,该协议相对地已远远超出了传统的 GATT 概念(最惠国、国民待遇、关税减让)所包括的内容,但是,显然又不得不将这些概念适用于面临的新情况。进而言之,该服务协议留下了很大空间,在有些情况下,需要特定的后续谈判,而在另一些情况下,只是观望今后能够谈什么。况且,根据货物贸易谈判进程的推论,人们可以论证,未来关于服务贸易准入的谈判,至少也需要 50 年,有些谈判可能是永无休止的。不论怎么说,在货物贸易领域,GATT 经过 8 轮谈判存续了近 50 年,最后一轮谈判将 GATT 的管制概念推进到了这一步,即如同 1947 年当时就 GATT 发起谈判一样。

GATS 的主要实体性部分可分为三方面。第一,列出 15 项"一般义务与规约",包括最惠国,透明度要求与公布规则,许多传统的 GATT 模式的例外,如保障、不公平交易(即补贴),以及一般的例外(健康等)与国家安全。此外,这些条款还有点超越了始初的 GATT,初步提到了竞争与商业限制的问题,政府采购。最惠国条款的用词也不同于 GATT(其全部含义还不太清楚)。此外,还规定成员所列最惠国的某些例外或豁免,仅适用于该协议生效之时的 WTO 成员。

实体义务的第二部分是"特定的承诺",并且确定了对于每一个成员来说承诺表的框架。这些义务要求各成员给予来自其他任何成员的服务与服务商之待遇,"不低于根据开放表同意或确定的期限、限制与条件"。这是由下而上的过程,因此,GATS 仅适用于该开放表罗列或受约束的部门(这与北美自由贸易区自上而下,即除非例外,所有服务部门均包括在内,形成明显对比)。

根据 GATS 第 1 条大致列出的服务方式,并根据一位作者的归纳,在开放表中列出的特别承诺包括:跨境、商业存在、消费者移动和人员移动。

协议还规定已开放的服务部门的待遇包括 6 种"被禁止的"行为(除开放表列出的例外),其限定为:对服务提供商的数目限制、对进口的服务交易或资产的总值限制、对服务进口的数量或服务运作的数量限制、对在特定服务部门受雇的自然人数量的限制、对提供服务的法人或合资企业的特定种类的限制或要求之措施、对股份持有或投资中的外资的参与限制。

此外,还包括了较一般的国民待遇条款,要求成员们给予来自其他成员的服务进口之待遇"不低于本国的相同服务与服务提供商的待遇"。

第三,存在若干"逐步自由化"条款,以解决就开放表包括的各种特定承诺进行谈判的方法。这类承诺远比 GATT 的关税减让表复杂。GATS 第 20 条规定:对于所作出这类承诺的部门,每一开放表应规定:(甲)市场开放的期限、限制与条件;(乙)国民待遇的条件与资格;(丙)作出相关的额外承诺;(丁)实施这种承诺的适当时间框架;(戊)这种承诺的生效日期。

因此,显然 GATS 协议的重要效应包含在开放表中,并且,这些数以千计的开放表是总的乌拉圭回合协议组成部分。如要真正把握 GATS 协议对于特定商业意味着什么,有必要仔细解读这些承诺开放表。

最后,问题在于如何进一步开展未来服务谈判。在乌拉圭回合中,曾只有少数服务部门引起人们关注。包括金融服务、基础电信、海运、视听服务。各类谈判举步维艰,并在某些情况下导致了很困难的妥协,或僵局(如金融服务)。WTO 成员如何在未来达成新的服务领域内进一步的协议,还不清楚。他们怎样才能将这种未来的谈判与 WTO 的协议相结合,也不太清楚。

四、文献选读 2:《TRIPS 协定生效之后的发展》

摘自张乃根主编《与贸易有关的知识产权协定》(北京大学出版社 2018 年版)第二章第二节。

TRIPS 协定的解释性发展

TRIPS 协定第 64 条规定,由 WTO《关于争端解决规则与程序的谅解》(DSU)"阐明及适用的 1994 年 GATT 第 22 条和第 23 条的规定适用于本协定项下产生的磋商和争端解决,除非本协定另有规定"。该"另有规定"是指自 WTO 成立起 5 年内(嗣后继续延期至今),DSU 不适用于前述"非违约之诉"和"情势之诉"。根据 DSU 第 3 条第 2 款,"依照国际公法解释惯例澄清适用协定的现有规定"。涉及 TRIPS 协定有关案件的争端解决旨在澄清涉案该协定条款的解释,已形成了丰富的判理。相对于上述 TRIPS 协定的立法性发展而言,这些判理是 TRIPS 协定的解释性发展。下文将概述迄今涉及 TRIPS 协定的争端解决以及具有一般意义的重要判理。

（一）TRIPS 协定有关的争端解决概况

迄今为止,提交争端解决机构的 TRIPS 协定有关的案件共 37 起,其中 10 起完全是关于 TRIPS 协定并由专家组审理的案件(DS50、DS79、DS114、DS153、DS160、DS170、DS174、DS176、DS290、DS362),个别案件(DS59)虽经专家组审结,但主要争端不与 TRIPS 协定相关。上述案件中,DS50 和 DS79 的案由相同,应欧共体要求分案审理,通常将这两案统称为"印度专利案";DS174 和 DS290 并案审理,统称为"欧共体地理标志案";印度专利案(美国 DS50)、加拿大专利期限案(DS170)和美国商标案(DS176)后又经上诉机构复审解决。

近年来,TRIPS 协定项下提交争端解决机构的案件相对较少,印度就欧盟及其成员国对过境仿制药的没收提起磋商(DS408、DS409),因欧盟出台改进措施而停留在磋商阶段,只是一直未撤销该案而已;澳大利亚烟草案自 2012 年至今未审结(DS435、DS441、DS458、DS467 由专家组并案审理);卡塔尔于 2017 年提起涉及 TRIPS 协定案(DS526、DS527、DS528),实际上与被告三成员对其采取贸易制裁有关,已应要求成立专家组审理。见下表。

表 6-1　TRIPS 协定有关的争端解决概况

序号	案号	案　　名	结　果
1	DS28	美国诉日本音像制品措施案	和解
2	DS36	美国巴基斯坦药品与农化品专利保护案	和解
3	DS37	美国诉葡萄牙工业产权法的专利保护期案	和解
4	DS42	欧共体诉日本音像制品措施案	和解
5	DS50	美国诉印度药品与农化品专利保护案(印度专利案)	印度败诉
6	DS59	美国印尼影响汽车产业措施案(部分涉及 TRIPS 协定)	印尼败诉
7	DS79	欧共体诉印度药品与农化品专利保护案	印度败诉
8	DS82	美国诉爱尔兰影响授予版权与相邻权的措施案	和解

续 表

序号	案号	案 名	结 果
9	DS83	美国诉丹麦影响实施知识产权的措施案	和解
10	DS86	美国诉瑞典影响实施知识产权的措施案	和解
11	DS114	欧共体诉加拿大药品专利保护案(加拿大药品专利案)	加拿大部分败诉
12	DS115	美国诉欧共体影响授予版权与相邻权的措施案	和解
13	DS124	美国诉欧共体实施对电影与电视节目知识产权案	和解
14	DS125	美国诉希腊实施对电影与电视节目知识产权案	和解
15	DS153	加拿大诉欧共体对药品与农化品专利保护案	磋商中(未撤销)
16	DS160	欧共体诉美国版权法第110节第5款案(美国版权案)	美国部分败诉
17	DS170	美国诉加拿大专利期限案(加拿大专利期限案)	加拿大败诉
18	DS171	美国诉阿根廷对药品专利及农化产品试验数据保护案	和解
19	DS174	美国诉欧共体农产品与食料商标与地理标志案(欧共体地理标志案)	欧共体败诉
20	DS176	欧共体诉美国综合拨款法第221节案(美国商标案)	美国部分败诉
21	DS186	欧共体诉美国1930年关税法第337节案	磋商中(未撤销)
22	DS196	美国诉阿根廷某些专利与试验数据保护案	和解
23	DS199	美国诉巴西影响专利保护的措施案	和解
24	DS224	巴西诉美国专利法案	磋商中(未撤销)
25	DS290	澳大利亚诉欧共体农产品与食料的商标与地理标志案	欧共体败诉
26	DS362	美国诉中国影响知识产权保护和实施措施案(中国知识产权案)	中国部分败诉
27	DS372	美国诉中国影响金融信息服务及外国金融信息服务案	和解

续表

序号	案号	案　　名	结　　果
28	DS408	印度诉欧盟及其成员国过境仿制药没收案	磋商中(未撤销)
29	DS409	印度诉欧盟及其成员国过境仿制药没收案	磋商中(未撤销)
30	DS434	乌克兰诉澳大利亚对烟草产品及包装的商标及平装要求措施案	未要求专家组审理
31	DS435	洪都拉斯诉澳大利亚对烟草产品及包装的商标及平装要求措施案(澳大利亚烟草平装案)	专家组审理
32	DS441	多米尼加诉澳大利亚对烟草产品及包装的商标及平装要求措施案	专家组审理
33	DS458	古巴诉澳大利亚对烟草产品及包装的商标及平装要求措施案	专家组审理
34	DS467	印尼诉澳大利亚对烟草产品及包装的商标及平装要求措施案	专家组审理
35	DS526	卡塔尔诉阿联酋货物及服务贸易、TRIPS有关措施案	成立专家组
36	DS527	卡塔尔诉巴林货物及服务贸易、TRIPS有关措施案	成立专家组
37	DS528	卡塔尔诉沙特阿拉伯货物及服务贸易、TRIPS有关措施案	成立专家组

上述TRIPS协定有关的案件的争端解决具有若干显著特点：第一，近半数(18起)争端解决是由美国提起的，同期美国没有援引其"特殊301条款"对其他WTO成员采取单边措施，尽管还没有撤销该条款。这说明，WTO成立至今，美国主要利用多边机制解决国家或地区间关于知识产权保护的争端。第二，近半数(18起)争端解决发生在发达国家或地区之间。这说明，即便在知识产权保护水平相对较高的发达国家或地区，有效地实施TRIPS协定也并非轻而易举。第三，以知识产权保护"世界警察"自居的美国也频频被诉违反TRIPS协定，包括版权(美国版权案)、商标(美国商标案)、专利(巴西诉美国专利法案)和知识产权实施程序(欧共体诉美国1930年关税法第337节案)方面的争端。这说明，美国

在有效实施TRIPS协定方面问题也不少,亟待自我检点。同时,这也说明,在多边争端解决机制中,"法律面前人人平等",任何成员都必须有效实施TRIPS协定,否则就可能成为被告。第四,美国对发展中国家提起的有关知识产权争端的诉讼,重点在于药品与农业化学产品专利。美国起诉发展中国家(印度、巴基斯坦、阿根廷、巴西)的TRIPS协定争端均在于此。尤其是印度专利案,以印度败诉终结,美国专利药品由此大量进入世界人口第二大国的印度市场。第五,上述37起争端均仅适用"磋商解决"与"违约之诉"两类解决程序。其中,经过准司法程序,由WTO争端解决机构采纳报告的9起(其中2起案由相同),被告均败诉或部分败诉(美国、欧共体、加拿大、印度各2起,中国1起),并不得不修改其国内法或地区法律。这说明,凡经专家组及上诉程序解决者,起诉方有备而来,可谓胜券在握。

(二)TRIPS协定有关的争端解决判理

下文仅限于概述TRIPS协定有关的争端解决中若干具有一般意义的重要判理。

1. 澄清TRIPS协定保护的知识产权范围

TRIPS协定第二部分未包括"商号"(trade name,亦译作"厂商名称"),但是,该协定第2条1款将《巴黎公约》第1条至第12条及第19条纳入其中。《巴黎公约》第8条明文规定:"商号应在本联盟一切国家受到保护,没有申请或注册的义务,也不论其是否为商标的一部分。"可是,美国商标案专家组却以TRIPS协定无明确规定为由,否认商号在该协定涵盖范围之内。

上诉机构认为,为了解释清楚TRIPS协定有关条款及其与《巴黎公约》的关系,首先要明确对该协定第1条第2款的解释。该条款规定:"就本协定的宗旨而言,'知识产权'这一用语指第二部分第1节至第7节的主题所含全部知识产权类别。"上诉机构指出:"在我们看来,专家组的解释忽略了第1条第2款显明的用语,因为他们未考虑第二部分第1节至第7节的主题不仅涵盖每一节标题所指的知识产权类别,而且也涉及其他类别的知识产权。比如第二部分第5节标题'专利',专家组认为,根据第27条第3款(b)项的规定,成员们可任择以专门的权利(如种植者的权利)而非通过专利保护植物品种发明。按照专家组的理论,这一专门权利不属于TRIPS协定涵盖的知识产权。如此解读,第27条第3款(b)项规定的任择就不属于TRIPS协定的范围了。"这显然有悖于该协定的原意。

其次是对 TRIPS 协定第 2 条第 1 款的解释。该条款明确将《巴黎公约》第 8 条纳入 TRIPS 协定。上诉机构解释:"《巴黎公约》第 8 条只涉及商号的保护,除此以外没有其他主题。如果 TRIPS 协定谈判者的意图是排除商号保护,就不会再具体列明纳入 TRIPS 协定的《巴黎公约》条款包括第 8 条。如果肯定专家组的做法,就会将 TRIPS 协定第 2 条第 1 款纳入的《巴黎公约》第 8 条排除。"专家组的解释不符合国际公法解释惯例中的有效规则,即条约解释者必须给予条约用语应有的意义并使得其有效,而不应随意采纳将导致条约的整个条款或某些款项多余或无用的结果。

根据这一条约解释的判理,TRIPS 协定第二部分第 1 节至第 5 节应与第一部分第 1 条第 2 款、第 2 条第 1 款作整体解释,从而得出该协定保护的知识产权包括商号的结论。这种对 TRIPS 协定有关条款的澄清构成该协定之后的解释性发展之一。

2. 澄清"对既有权利的保护义务"

印度专利案和加拿大专利期限案均涉及 TRIPS 协定第七部分第 70 条"现有主题的保护"(protection of existing subject matter),即"对既有权利的保护"。

(印度专利案:已列入经典案例,略)

加拿大专利期限案涉及 TRIPS 协定第 70 条第 1 款和第 2 款。第 1 款规定:"就本协定对于有关成员生效之日前发生的行为而言,本协定不产生义务。"第 2 款规定:"除本协定另行规定,就本协定对有关成员适用之日现存且在该日期受成员保护,或符合及随后符合依据本协定保护要求之所有主题而言,适用本协定之义务。……"其中,该第 70 条第 1 款的解释尤为重要,即涉案加拿大专利法规定在 TRIPS 协定生效前授权的所谓"旧法专利"之授权行为是否属于该条款规定的"行为"?

上诉机构指出,根据《维也纳条约法公约》的解释规则,"我们的任务是澄清'生效之日前发生的行为'这一短语之含义,以及结合第 70 条其他规定对第 70 条第 1 款进行前后协调的解释。我们认为第 70 条采用的'行为'这一术语,就其通常的意义而言,是指'所做的事''作为''行动'或'运作'。在知识产权领域的'行为'上下文中,第 70 条第 1 款的'行为'一词可能包含公共机关(即政府及其管理与行政机关)的'行为'与私人或第三方的'行为'。其中,在专利领域,公共机关'行为'的范例可能包括专利申请的审查、强制许可的授予、海关没收被指控侵犯知识产权持有人权利的货物等；私人或第三方的范例可能包括诸如专利申请、侵权或其他未授权地利用专利、不公平竞争或滥用专利权等'行为'"。

问题在于：如果公共机关依据旧法的"行为"所创设的专利在 TRIPS 协定生效之日继续有效，可否以此为该日期之前"发生的行为"为由，将这些专利排除在 TRIPS 协定的范围之外？上诉机构进一步解释："某'行为'往往是'已做的'，并且'发生的行为'这一短语也表明所做的事已经完成或结束。这就排除了尚未结束的情况，包括既存的权利与义务。"因此，该第 70 条第 1 款不包括在 TRIPS 协定生效之日前旧法专利的授权"行为"，因为该"行为"仅限于在该日期不再有效的专利，而在该日期仍为有效专利的"既有权利"之授权"行为"还未完成或结束。

根据上述解释，加拿大在 TRIPS 协定对其生效之日没有将旧法专利的保护期限从原先的授权之日起 17 年全部转变为自申请之日起 20 年，违反了 TRIPS 协定第 33 条规定的至少 20 年专利期的义务。

综上有关澄清"对既有权利的保护义务"的判理为，凡是在 WTO 成立之日尚未保护药品专利的成员，一旦此类专利持有人提交该专利的"邮箱"申请，并持有在其他成员中的有效专利及药品销售许可，该成员均应提供授予其药品独占经销权之适当机制，而不论过渡期安排如何；凡在该日期继续有效的专利，均应得到 TRIPS 协定第 33 条项下至少 20 年的保护期，即便该专利的授予"行为"发生在该日期之前。上述两起案件均由美国提起，前案实质是美国要求保护其药品专利权利人在处于过渡期的发展中国家成员中的"既有权利"，后案则体现在加拿大的美国专利权人的"既有权利"诉求。

3. 澄清知识产权的限制和例外

TRIPS 协定的例外条款，狭义上指该协定明示知识产权保护的限制或例外条款，即第 13 条(版权和相关权的限制和例外)、第 17 条(商标权的例外)、第 26 条第 2 款(外观设计保护的例外)和第 30 条(授予专利权的例外)；广义上则包括该协定的所有适用例外，如第 3 条第 2 款(国民待遇例外)、第 4 条第 2 句以及(a)项至(b)项(最惠国待遇例外)、第 24 条(有关地理标志谈判的例外)、第 64 条第 2 款(非违约之诉和情势之诉的争端解决例外)、第 65 条(过渡性安排的例外)、第 66 条(最不发达国家成员的适用例外)，以及被纳入 TRIPS 协定的《巴黎公约》和《伯尔尼公约》本身的例外等。在迄今已审结的与 TRIPS 协定有关的案件中,加拿大药品专利案和美国版权案包含对狭义上该协定例外条款的澄清,下文将略加评析。澳大利亚烟草平装案涉及商标例外条款,因尚在审理中,故暂不评析。①

在加拿大药品专利案中,加拿大承认其违反了 TRIPS 协定第 28 条项下义务,但试图援引 TRIPS 协定第 30 条的例外作为其违约的法律根据。专家组对适用 TRIPS 协定第 30 条的例外之条件阐明如下:"第 30 条确定了符合例外所必须满足的三项标准:(1)该例外必须是'有限的';(2)该例外必须没有'不合理地与专利的正常利用相冲突';(3)该例外必须没有'不合理地损害专利所有人的合法利益,并顾及第三方的合法利益'。该三项条件是递进的,每项都是须分开的、独立满足的要求,不符合其中任何一项条件会导致第 30 条所不允许的例外。当然,这三项条件必须在互相联系中加以解释。三项条件的每一项都被假定必须意味着包含与其他两项有所不同的意义,否则就是多余的。该三项条件按其罗列顺序通常可解读为,符合第一项条件的例外可能违反第二项或第三项条件,并且符合第一项和第二项条件也可能违反第三项条件。TRIPS 协定第 30 条的语法结构证实了上述解读,即一例外也许是'有限的',但是仍无法满足其他两项或其中之一。该罗列顺序还进一步说明,一例外没有'不合理地与正常利用相冲突',却可能'不合理地损害专利所有人的合法利益'。"这一"累积或递进(cumulative)标准"解释的判理对 TRIPS 协定第 30 条的例外规定,乃至对该协定第 13 条、第 17 条和 26 条第 2 款的例外条款的澄清,均具重要的指导意义。

美国版权案涉及更加复杂的条约解释问题。该案专家组决定:"首先审查 TRIPS 协定下'较小例外原则'(源于 1948 年修订《伯尔尼公约》时的总报告)的法律地位和范围,然后审查 TRIPS 协定第 13 条对于被纳入该协定的《伯尔尼公约》的相关条款,尤其是第 11 条之二第 1 款和第 11 条第 1 款是否适用的问题。此后,再考察《伯尔尼公约》(1971 年)第 11 条之二第 2 款与本案的关联性。"其中,对于 TRIPS 协定第 13 条版权的限制与例外,专家组进一步解释:"该条明确规定只有满足了三项条件,才可设定限制或例外:(1)限制或例外仅限于某些特

---

① WTO 争端解决上诉机构于 2020 年 6 月对此案作出复审报告,认定澳大利亚以公共健康为由限制商标权的例外成立。Australia-Certain measures concerning trademarks, geographical indications and other plain packaging requirements applicable to tobacco products and packaging, WT/DS435,441/AB/R, 9 June 2020.

殊情况;(2)与作品的正常利用不相冲突;(3)对权利持有人的正当利益不会造成不合理的损害。正如争端双方一致认为的,这三项条件属于累积适用。也就是说,只有在同时满足上述三项条件之后,某一限制或例外才符合第13条规定。"这就是被称为"三步检验标准"(three-step test)的主要判理。

显然,TRIPS协定的例外条款本身没有清晰地规定"累积或递进标准"或"三步检验标准",它们都是在有关争端解决中通过澄清有关例外条款而得出的,属于TRIPS协定之后的解释性发展。

五、扩展阅读

1. 汪尧田、李力主编:《国际服务贸易总论》,上海交通大学出版社,1997年。
2. 张乃根主编:《与贸易有关的知识产权协定》,北京大学出版社,2018年。
3. Petros C. Mavroidis and Mark Wu, *The Law of the World Trade Organization* (2nd ed.), St. Paul: West Academic Publishing, 2013, Chapter 23-26, GATS.
4. Justin Malbon, Charles Lawson and Mark Davision, *The WTO Agreement on Trade-Related Aspects of Intellectual Property Rights*, Cheltenham: Edward Elgar, 2014.
5. Antony Taubman, *A Practical Guide to Working with TRIPS*, Oxford: Oxford University Press, 2011.

第七章 WTO争端解决机制

WTO争端解决机制是在整个WTO多边贸易体制具有核心地位的机制,因为如果没有这一机制,各成员之间的贸易争端就无法得到有效及时的解决,势必使所有实体法规范成为一纸空文,WTO也会失去存在意义。WTO自1995年正式运行以来,已受理成员间各类贸易争端案件逾600起。相比较同时期联合国国际法院受理约80起案件以及投资争端解决国际中心受理约900起案件而言,WTO争端解决的功效还是很显著的。各成员期望通过这一政府间争端解决机制消除贸易摩擦。然而,当前该机制与WTO本身一样正面临严峻的挑战。本章首先评述WTO争端解决机制的由来及其基本程序,然后分析该机制存在的问题并建言改进的路径,最后提供经典案例和文献选读,以加深对WTO争端解决机制的理解。

第一节 WTO争端解决机制的由来

一、GATT争端解决机制的形成及演变

WTO争端解决机制的前身是GATT争端解决机制。WTO《关于争端解决规则与程序的谅解》第3条第1款指出:"各成员确认遵守迄今为止根据GATT1947第22条和第23条实施的管理争端的原则,及在此进一步详述和修改的规则和

程序。"①因而,要了解 WTO 争端解决机制的由来,首先应研究 GATT 第 22 条、第 23 条这两条规范整个争端解决机制的"宪法性"(基础性)条款。

GATT 第 22 条、第 23 条(特别是第 23 条)曾经是 GATT 争端解决机制,现在仍是 WTO 争端解决机制的主要规则和最重要的法律基础。此外,GATT 其他一些条款也包含了争端解决机制的因素,如第 19 条(保障条款)、第 28 条(减让表的修改)、第 25 条第 5 款(免除义务条款)等。GATT 为什么包括了关于争端解决的第 22 条、第 23 条?根据杰克逊教授对有关历史文献的研究,在起草 GATT 时,人们对它的作用认识不一。有的认为,作为处理关税与贸易问题的协定,GATT 只是一个谈判场所,主要是为了维持关税减让与义务之间的平衡,因而协定本身无须争端解决的程序条款。但是,代表美国参加 1946 年在伦敦举行的联合国贸易与就业会议筹备委员会的霍金斯(Harry Hawkins),就当时拟议的国际贸易组织宪章草案发表意见时指出:GATT"应该要确切具体地处理这些主题,以便各成员政府承担的义务清晰无误。这些主题中的大多数本身都具有可处理性。有关这些主题的规约一旦达成,是可以自己执行的,并且能够由各政府适用,而无须进一步阐明或采取国际行动"。② 这表明,当时美国希望达成一项本身足以实施的关税贸易总协定,而不必经过谈判才可以实施,因此,GATT 需要就实施问题进行磋商,乃至由全体缔约方处理某些重大利益损害问题的规定。但是,美国代表也没有明确提出将争端解决程序条款列入 GATT,因为根据始初的设计,GATT 由 ITO 负责实施,ITO 宪章将包括争端解决的有关规定。

1947 年 11 月,在古巴哈瓦那召开的联合国贸易与就业会议通过了 ITO 宪章。该宪章规定了严格的争端解决程序,主要采用仲裁方式,并允许在一定条件下向联合国国际法院提起诉讼。美国参加哈瓦那会议的代表团副团长威尔科克斯(Clair Wilcox)指出:根据这种程序有可能暂时中止关税减让。"这是恢复利益与义务之间平衡的方法,因为这种平衡会由于各种原因而被搅乱。这可以看

---

① 《关于争端解决规则与程序的谅解》,译自 *WTO Agreements: the Marrakesh Agreements Establishing the World Trade Organization and its Annexes*,Cambridge: Cambridge University Press,2017,p.434。中译文参考《乌拉圭回合多边贸易谈判结果》,法律出版社,2000 年,第 354 页。本章以下援引 DSU,出处均略。
② 转引 John H. Jackson,*The World Trading System: Law and Policy of International Economic Relations* (2nd ed.),Cambridge: The MIT Press,1997,p.113。

作对违反其义务的成员施加的惩罚,或者是确保他们履行义务的制裁。但是,即便如此,事实上这还不是惩罚或制裁。"①可以说,这是对 GATT 第 23 条的"脚注"说明。

由于面临 ITO 宪章"夭折"的前景,GATT 的始初缔约方不得已在明知没有一个国际组织负责实施 GATT 的情况下,决定 GATT 临时生效。在很大程度上,这归功于 GATT 具有"本身足以实施"和"恢复平衡"的功能。这种功能主要来源于含有争端解决的条款,即第 22 条和第 23 条,尽管这两条实际上并没有规定争端解决的具体程序。自 1948 年 1 月 1 日 GATT 临时生效以后,第 22 条和第 23 条被修订过一次。1955 年在对 GATT 条款作较大调整时,为了满足发展中国家缔约方希望获得"GATT 缔约方全体"(CPs)协助的特殊要求,第 22 条增加了第 2 款:"在一缔约方请求下,CPs 可就根据第 1 款进行的磋商而未能满意解决的任何事项与任何缔约方进行磋商。"第 23 条的修订只是以"减让或其他义务"代替原先的"义务或减让"这一表述,以"CPs 执行秘书长"代替原先的"联合国秘书长"这一规定。根据 1965 年 3 月 23 日 GATT 的 CPs 会议决定,赋予总协定秘书长的职权"将由担任总干事职位的人行使,就这一目的,该人又担任执行秘书长"。自此,第 23 条第 2 款中的"执行秘书长"实际上就是总干事。

1994 年 4 月 15 日签署的乌拉圭回合最后文件包括了 GATT1994。GATT1994 第 1 条(a)款规定:GATT1994 包括"在 WTO 协议生效之前,根据已生效的法律文件改正、补充、修订,作为联合国贸易与就业会议筹备委员会第二次会议采纳的最后文件附件的 1947 年 10 月 30 日 GATT 规定(不包括临时适用协定书)"。这就是说,经修改的第 22 条、第 23 条作为 GATT1994 的组成部分,是现行 WTO 法律制度的最重要规定之一。从 WTO 生效以来的争端解决来看,有关专家组或上诉机构的报告往往要援引、解释这两项条款,作为最基本的依据之一。

GATT 第 22 条"磋商"规定:(1) 每一缔约方应对另一缔约方就影响本协定运用的任何事项可能提出的交涉给予积极考虑,并应提供足够的磋商机会。(2) 在一缔约方请求下,CPs 可就根据第 1 款进行的磋商而未能满意解决的任何事项与任何缔约方进行磋商。

---

① 转引 John H. Jackson, *The World Trading System: Law and Policy of International Economic Relations* (2nd ed.), Cambridge: The MIT Press, 1997, p.113.

根据第 22 条,GATT 内的任何贸易争端在交由 CPs 解决之前,必须经过磋商,且磋商未成。这种磋商与国际经贸关系中其他双边或多边磋商似乎没有什么区别,但是 CPs 可以参与磋商,使之逐步成为更加倾向于多边性争端解决的手段,为目前 WTO 争端解决程序中的必经阶段——多边框架内的磋商奠定了基础。

GATT 第 23 条"[利益的]丧失或损害"规定:(1) 如一缔约方认为,出于下列原因,它在本协定项下直接或间接获得的利益正在丧失或减损,或本协定的任何目的实现正在受到阻碍:(a) 另一缔约方未能履行其在本协定项下义务,或(b) 另一缔约方实施任何措施,无论该措施是否与本协定的规定产生抵触,或(c) 存在任何其他情况,则该缔约方为使该事项得到满意的调整,可向其认为有关的另一缔约方提交书面交涉或建议。任何被接洽的缔约方应积极考虑对其提出的交涉或建议。(2) 如在一合理时间内有关缔约方未能达成满意的调整,或如果困难属于本条第 1 款(c)项所述类型,则该事项可提交 CPs。CPs 应迅速调查向其提交的任何事项,并应向其认为的有关缔约方提出适当建议,或酌情就该事项作出裁定。CPs 在认为必要的情况下,可与缔约方、联合国经济与社会理事会及任何适当的政府间组织进行磋商。如 CPs 认为情况足够严重而有理由采取行动,则它们可授权一个或多个缔约方对任何其他一个或多个缔约方中止实施本协定项下承担在这种情况下它们认为适当的减让或其他义务。如对一缔约方的减让或其他义务事实上已中止,则该缔约方有权在采取该行动后不迟于 60 天向 CPs 的执行秘书长(即总干事)提出退出本协定的一份书面通知,退出应在秘书长收到该通知后的第 60 天生效。

第 23 条是整个 GATT 争端解决机制的核心条款。第 23 条的起草者可能抱有三个目标:其一,将第 22 条与第 23 条构筑为争端解决程序的一个框架,强调各缔约方承担对任何涉及 GATT 的问题进行磋商的一般义务;其二,第 23 条在促使各缔约方履行 GATT 义务方面应起重要作用;其三,设置一种手段以保障在情势变化时仍维持"相互和平衡的关税减让"。

任何一个缔约方(如今为 WTO 成员)在援引第 23 条解决争端时,首先必须证明两种损害的情况之一:(1) 根据本协定所享受的利益正在丧失或遭受损害;或者(2) 本协定目的之实现正受到阻碍。于是,GATT/WTO 在受理争端解决时,将了解所称"利益的丧失或损害"是否属实。通常,这种"利益的丧失或损害"

是比较具体的事实,可以举证说明。但是,究竟什么是 GATT 目的之实现"正在受到阻碍"? 这是比较模糊的概念,难以证实。

尽管第 22 条、第 23 条没有明确的程序规定,但是其包含的原则经过 GATT 历史上的争端解决实践,逐步发展为一套较完善的程序。GATT 起初是一个临时生效的多边关税与贸易协定,缺乏完整的争端解决程序。在没有相关国际贸易组织负责实施的情况下,GATT 的 CPs 不得不根据国际贸易关系发展的需要不断地修订和补充它的争端解决机制。在第 22 条、第 23 条基础上产生的一系列后续规则,先以惯例的方式,而后通过 CPs 的正式决定,形成和发展起来了。这一发展过程大致分为两个阶段。第一个阶段从 GATT 临时生效到东京回合之前,约 30 年时间。这个阶段主要围绕如何完善第 22 条和第 23 条的程序规则以及确立解决争端的具体方式,CPs 对此进行了长期的探索与实践。第二个阶段是东京回合之后至 DSU 达成。在这个阶段中,CPs 侧重于总结以往实践,力图建立一个比较完整的争端解决机制。具体而言,有关 GATT 争端解决规则与程序的后续法律文件主要包括如下两个方面。

第一,第 22 条和第 23 条的解释文件,包括:(1) 1958 年 11 月 10 日 CPs《关于第 22 条中影响若干缔约方利益的程序》;(2) 1966 年 5 月 4 日 CPs《第 23 条程序》;(3) 1979 年 11 月 18 日 CPs《关于通知、磋商、争端解决和监督的谅解》及附件《关于 GATT 争端解决方面(第 23 条第 2 款)习惯做法的公认叙述》;(4) 1982 年 11 月 29 日《部长会议宣言》中的关于"争端解决程序"部分;(5) 1984 年 11 月 30 日第 40 届 CPs《就争端解决程序采取行动的决议》;(6) 1989 年 4 月 12 日 CPs《GATT 争端解决规则及程序的改进措施决定》;(7) 1994 年 2 月 22 日 CPs 关于延长 1989 年 4 月 12 日 CPs《〈关贸总协定争端解决规则及程序的改进措施决定〉的决定》。

第二,1979 年东京回合规定了各自专门的争端解决程序的数边协定,包括:(1) 1979 年《贸易的技术壁垒协定》第 14 条、附件 2 和 3;(2) 1979 年《政府采购协定》第 7 条第 6 至 14 款;(3) 1979 年《关于解释和适用 GATT 第 6 条、第 16 条和第 23 条的协定》第 12、13、17 和 18 条;(4) 1979 年《国际乳制品安排》第 4 条第 5、6 款;(5) 1979 年《关于实施 GATT 第 7 条的协定》第 19、20 条和附件三;(6) 1979 年《进口许可证程序协定》第 4 条;(7) 1979 年《民用航空器贸易协定》第 8 条;(8) 1979 年《关于实施 GATT 第 6 条的协定》第 15 条。

在上述法律文件中,1966年5月4日CPs通过的《第23条程序》第一次确立了发展中缔约方解决争端的特别程序规则,1979年CPs在东京回合所达成的协议首次对GATT争端解决的核心程序进行了系统化的编纂,在法律上标志着GATT争端解决机制的形成,但也留下了争端解决程序分散化的问题。因为一方面,在此基础上GATT形成了争端解决的一般制度;另一方面,1979年东京回合产生的大多数协定又规定了各自专门的争端解决程序。

WTO的DSU正是在GATT第22条、第23条的基础上,总结了GATT历史上的争端解决实践,编纂了上述有关争端解决的文件,并融合了一些新的理念而形成的。

如上所述,GATT能够临时生效并付诸实施,在很大程度上归功于GATT具有"本身足以实施"和"恢复平衡"的功能,而这种功能主要来源于其含有的争端解决条款。进而言之,GATT能够从一项普通的多边国际贸易协议,演变为一个准国际贸易组织,很大程度上又归功于在实践中形成了以第22条、第23条为基础的争端解决机制。据不完全统计,在GATT作为准国际贸易组织存续的48年历史中,它共受理了400多起贸易争端案件。其中,101起经过工作组或专家组审理,作出裁决报告。

同时应看到GATT争端解决机制的缺陷也非常明显。首先,该机制缺乏统一的、有期限的争端解决程序。GATT临时生效后,CPs通过实践形成惯例并采纳成文的法律文件,尤其是东京回合达成的1979年《关于通知、磋商、争端解决和监督的谅解》,使争端解决有"章"可循,可根据相对确定的程序进行。但是,GATT的一般争端解决程序与东京回合达成的大多数协定适用的特殊程序并存。这固然与东京回合没有"一揽子"协定有关,因此,在WTO建立之前,日益扩大的GATT体系面临四分五裂的危险,而分散的争端解决程序是加速体系分裂的决定性因素。认识到这一点后,GATT的CPs决心通过乌拉圭回合达成能够管辖"一揽子"协定的统一争端解决程序。任何有效的争端解决程序必须具有明确的期限。对于"时间就是金钱"的国际商业交易,及时解决贸易争端尤为重要。原先GATT的争端解决程序初步具有了期限,比如,1979年《关于通知、磋商、争端解决和监督的谅解》规定,在一般情况下,专家组必须在9个月内完成工作,在紧急情况下必须在3个月内完成对事实的调查。但是,总的说来,个别缔约方拖延甚至阻挠争端解决进程是GATT争端解决机制中的"老大难"问题。

针对这些缺陷,WTO新的争端解决机制特别强调统一性、期限性。

其次,可能也是致命的缺陷,即专家组报告的采纳须经GATT理事会"一致同意"(也称为"积极一致")。GATT理事会由CPs(包括争端当事方)代表所组成,任何专家组报告都有可能被某一争端当事方(包括败诉方)"一票否决"。虽然GATT在历史上被采纳的专家组报告逾百,但是在"一票否决"的压力下,任何期望被采纳的报告必须考虑到败诉方的意见,这就是说,尽量达成妥协,以免在GATT理事会决定采纳时被败诉方否决。不仅专家组报告的采纳,而且专家组的成立和CPs及理事会的建议或裁决之执行,均须经GATT所有缔约方"一致同意",这使得GATT争端解决机制带有更多的外交斡旋或调解成分,缺乏准司法的强制性。事实上,GATT历史上没有一起真正实施的授权中止关税减让的先例。GATT作为准国际组织的权威受到严重影响。杰克逊教授认为:"这一'封锁'(blocking)肯定是GATT争端解决程序最重要的缺陷。"[①] 如今,WTO争端解决机制已彻底弥补了这一缺陷。

二、WTO争端解决机制的建立

乌拉圭回合的"一揽子"协定所含DSU自1995年1月1日起生效,标志着新的WTO争端解决机制建立和开始运转。1995年1月23日,委内瑞拉向新的WTO争端解决机构(DSB)诉告美国汽油规则违反GATT国民待遇原则,并正式请求与美国磋商。这是第一起根据DSU提起的争端解决案,最终以美国败诉,并不得不修改国内汽油规则而结束。此案的顺利解决,对于WTO争端解决机制的确立具有重大意义。

DSU是WTO争端解决机制的基本文件,共有27条。第1条是范围与适用;第2条是行政管理;第3条是总则;第4条是磋商;第5条是斡旋、调解与调停;第6条是专家组的设立;第7条是专家组权限条款;第8条是专家组的组成;第9条是多方请求的程序;第10条是第三方;第11条是专家组的作用;第12条是专家组的程序;第13条是获得信息的权利;第14条是保密;第15条是期间评审阶段;第16条是专家组报告的采纳;第17条是上诉审;第18条是专家组与上诉机构之间的联系;第19条是专家组与上诉报告的建议;第20条是DSB作出

---

① John H. Jackson, *The World Trading System: Law and Policy of International Economic Relations* (2nd ed.), Cambridge: The MIT Press, 1997, p.68.

决定的期限;第 21 条是建议与措施的实施;第 22 条是补偿与关税减让的中止;第 23 条是多边制度的加强;第 24 条是涉及最不发达国家成员的特别程序;第 25 条是仲裁;第 26 条是关于 GATT 第 23 条第 1 款(b)和(c)项的问题;第 27 条是 WTO 秘书处的责任。DSU 附录包括:(1) DSU 适用协定;(2) 适用协定中特别或追加的规则与程序;(3) 专家组工作程序;(4) 专家审议小组。

DSU 具有两个基本特点。第一,DSU 确立了 WTO 争端解决机制的统一性,即第 1 条第 1 款规定"本谅解的规则与程序应适用于根据本谅解书附录 1 所列各协定(本谅解称'适用协定')的磋商与争端解决条款所提起的争端"。根据附录 1,这些"适用协定"指的是除《贸易评审机制》以外的 WTO "一揽子"协定及 4 项诸边贸易协定。这样就从根本上克服了原先 GATT 争端解决的一般程序与特殊程序相分离的缺陷,不仅保证了 WTO 争端解决程序的统一性,而且有利于维护整个 WTO 体系的统一性。但是,这种统一性不是绝对的,WTO 争端解决程序允许"适用协定"中特殊或追加的争端解决程序优先适用。根据附录 2,这些包含特殊或追加争端解决程序的"适用协定"包括《卫生与植物检疫措施协定》《纺织品与服装协定》《贸易技术壁垒协定》《反倾销协定》《海关估价协定》《补贴与反补贴协定》《服务贸易总协定》以及 DSU 本身。应该说,这些优先适用的规则与程序比较有限,而且这不影响 WTO 争端解决基本程序的统一性。

WTO 争端解决机制的统一性不仅体现于它所适用的协定范围,而且体现于它要通过统一的争端解决机构(DSB)实现。DSU 第 2 条规定,设立 DSB 负责受理除优先适用的协定规定以外的所有争端解决案件,DSB 虽然实质上是 WTO 总理事会"一套班子"的另一"牌子",但是根据规定,它是相对独立的机构,有自己的主席和专门的工作程序。该机构有权设立专家组,采纳专家组报告与上诉机构复审报告,对裁决与建议的履行进行监督,授权中止关税减让和其他所适用协定中的义务。通过这些职权的行使,事实上 WTO 的 DSB 已统辖了全部争端解决。

也许,WTO 争端解决机制的统一性最突出地表现于新设立的上诉机构有权复审所有被提起上诉的专家组报告。该上诉机构是隶属于 DSB 的常设机构,本身还设有专门的秘书处(这是 WTO 总理事会下属秘书处以外的单独秘书处),根据 DSU 第 17 条第 6 款,负责复审专家组报告中涉及的法律问题以及相关的法律解释。这有利于统一解释与 WTO 各项协定有关的法律问题。

可见，WTO 争端解决机制通过适用协定、基本程序和法律解释三方面实现统一性。这种相对统一的争端解决程序对于建立、巩固 WTO 体系具有极其重要的作用。

第二，DSU 第 3 条第 1 款明确了 GATT 与 WTO 争端解决机制之间的联系，即"各成员确认遵守迄今为止根据 GATT1947 第 22 条和第 23 条实施的管理争端的原则，及在此进一步详述和修改的规则和程序"。这不仅指新的争端解决机制是以 GATT 第 22 条、第 23 条为核心，由一系列有关法律文件组成的规范体制，而且还意味着 GATT 争端解决实践，包括所有专家组报告，仍将具有不可忽视的指导作用。根据《建立 WTO 协定》第 16 条第 1 款，"除本协定或多边贸易协定另有规定外，WTO 应接受 GATT1947 缔约方全体和在 GATT1947 范围内设立的机构所遵循的决定、程序和惯例为指导"。杰克逊教授认为："这一规定旨在保留'GATT 的判理'，其中主要指 GATT 争端解决的所有报告。"[①]

事实上，无论是 WTO 争端解决专家组，还是上诉机构的报告，都经常引用 GATT 历史上的争端解决报告，试图以此揭示有关法律解释的判理。这种普通法的风格值得高度重视，尽管 WTO 的法律体系及其争端解决机制不是普通法模式。可以理解，基于 GATT 与 WTO 不可分割的联系，WTO 的争端解决机制特别强调法律适用的历史连贯性。

与历史连贯性有关，DSU 第 3 条第 2 款规定："WTO 争端解决制度在为多边贸易体制提供可靠性和可预测性方面是一个重要因素。各成员认识到该体制适于保护各成员在适用协定项下的权利和义务，根据国际公法的解释惯例澄清这些协定的现有规定。争端解决机构所作出的建议和裁决不能增加或减少适用协定所规定的权利与义务。"非常清楚的是，只有在尊重历史连贯性的基础上，才可能提供可靠的、可预见的法律制度。诚然，成文的 WTO 法律规范为人们设定了权利与义务，但是，"有法可依"的权利与义务必须通过实施才能变为现实。因此，争端解决中对有关权利与义务的解释将直接影响纸上的东西能否成为现实。DSU 为这种解释规定了两条最基本的原则：尊重国际公法的条约解释惯例；尊

---

① John H. Jackson, *The World Trading System: Law and Policy of International Economic Relations* (2nd ed.), Cambridge: The MIT Press, 1997, p.63.

重各成员依据已有协定享有的权利与承担的义务。可以说,这是专家组审理和上诉机构复审所有争端解决案件的标准。

第二节 WTO 争端解决的基本程序

DSU 第 4 条至第 26 条详细规定了 WTO 争端解决的基本程序,其中一部分是继承了 GATT 的传统,如磋商、调解、仲裁、专家组审理等,一部分是新设立的,如专家组报告的期中评审、上诉复审,至于专家组与上诉报告的"一致否决"(也称为"消极一致")的采纳程序,更是一种"革命性"变化。即便是原有的程序,在新的机制中也具有许多新的意义,如专家组的设立已成为任何当事方都不可能阻止的程序。因此,有必要根据 DSU,适当结合案例,逐一分析基本程序的所有环节。

一、争端解决必经的磋商阶段

WTO 延续了 GATT 的争端解决机制,即根据 GATT 第 22 条规定,当事方首先须通过磋商解决争端,而不是直接诉诸正式的争端解决程序。尽管磋商是双边的,但是根据 DSU 第 4 条第 4 款,提出一方负有义务向 WTO 的 DSB 和相关理事会或委员会通报磋商的请求,而且磋商请求应以书面形式提交,并说明理由,包括有争议的措施核实情况和提起磋商的法律依据。这类似"起诉书"。

在磋商阶段,如下三种情况可认定为磋商未成,允许进入成立专家组的程序:(1)当某一成员被请求进行磋商时,除商定之外,应在收到请求的 10 天内给予答复,如果不予答复,请求磋商的成员可直接要求成立专家组;(2)如果给予答复,应在收到请求的 30 天内开始进行诚意的磋商,否则,请求磋商的成员可直接要求 DSB 建立专家组;(3)如果进行磋商,但是在收到请求的 60 天内未能解决争端,请求方亦可要求成立专家组。

磋商过程是双边的,并且应保密,以免损害任何成员在进一步的争端解决程序中的权利。从 WTO 的争端解决实践来看,对磋商阶段规定较短的、严格的期限,是完全必要的,且是行之有效的。这既促使争端当事方从一开始就高度重视磋商机制,又可防止个别成员磋而不决,拖延或阻碍争端解决。自 WTO 争端解决机制运转以来,有相当部分的争端通过磋商解决。磋商不仅能够以速度最快、成本最低的方式解决争端,而且有助于在磋商未成的情况下及时成立专家组。

二、争端解决任何阶段均可进行的斡旋、调解和调停

斡旋、调解和调停(统称"调解")的最重要原则是必须经争端双方同意后自愿进行。一般而言,如果当事方之间未能通过上述磋商程序解决争端,在请求成立专家组之前,还可以通过DSB进行调解。当然,任何当事方可以在任何时候请求开始或中止调解。WTO总干事可以出面调解。调解一旦中止,提出解决争端的一方可以请求成立专家组。如果双方同意,在专家组程序开始后,仍可进行调解。

DSU第5条列举了斡旋、调解和调停的案例,但是没有对三者加以定义。根据一般国际法,斡旋与调停是指在争端当事国之间不能通过直接谈判或协商的方法解决争端时,第三国根据自己的善意主动采取有助于促成争端当事国直接谈判,协助争端当事国解决争端的方法;调解是指争端当事国通过条约或其他形式商定把它们之间的争端提交一个由若干人组成的委员会,由委员会通过对争端事实的调查和评价,向争端当事国澄清事实并在听取争端各当事国意见和作出使它们达成协议的努力后,提出包括解决争端建议在内的报告。这种调解近似于WTO通过专家组解决争端的方式。

在WTO的争端解决中,调解似乎与斡旋、调停没有多大区别,DSU第5条第6款强调WTO总干事出面斡旋、调解和调停,实际上就是期望利用总干事的特殊中立地位及其职权,尽可能地促成争端双方以非正式的程序解决争端。但是,WTO成立以来,几乎没有一起争端经总干事调解而成功解决。更多的争端是通过专家组审理解决,而WTO专家组的作用类似于传统国际法的调解。

三、专家组程序

在磋商不成或者调解失败之后,WTO争端解决将进入专家组审理程序。其中包括专家组的成立、审理和报告的采纳。

(一)专家组的成立

在WTO争端解决的专家组程序中,首先是成立专家组。如同GATT争端

解决机制一样,专家组的成立也是 WTO 争端解决机制的核心之一。DSU 对这一程序作了重大改进。根据 DSU 第 6 条第 1 款,如起诉方请求成立专家组,则最迟应在此请求列入 DSB 议程之后的下一次会议上成立,除非在该次会议上 DSB 以"协商一致方式决定不成立"(消极一致)专家组。因为只对不成立专家组的决定需要协商一致,所以实际上一经请求,专家组即可成立,其他任何成员的"封锁"几乎不可能,因为这种"封锁"不可能得到请求方的同意。相比之下,GATT 理事会以"协商一致方式决定成立"(积极一致)专家组,为某些被诉方"封锁"或采取拖延战术提供了机会。从先前的"积极一致"到"消极一致",一字之差,却完全改变了成立专家组的程序。被诉方不可能阻止专家组的成立,因此 WTO 的 DSB 通过专家组受理与 WTO 协定有关贸易争端的管辖权大为增强。

第 6 条第 1 款的注释特别指出:如果起诉方请求成立专家组,DSB 应在请求提出的 15 天内就此请求召集会议,但至少在 10 天前发出该会议的预先通知。成立专家组的请求应以书面形式,并说明磋商是否举行,指明争端中意见不一的各项具体措施,并提供一份足以明确说明该指控的法律理由的概述。如果起诉方要求成立一个具有非标准授权范围的专家组,则书面要求应包括特别授权条款的建议文本。该请求书可视为正式的"起诉书"。

为了防止争端双方今后对专家组所作决定的异议,DSU 第 7 条第 1 款规定,除非在专家组成立后 20 天内双方另有商定,专家组应有如下标准的授权条款:"按照(争端各方引用的适用协定名称)的有关规定,审理(争端方名称)以……文件提交 DSB 的事项,并作出审理结果,以协助 DSB 提出有关建议或作出该协定规定的裁决。"在成立专家组时,DSB 应授权其主席与争端双方磋商,具体起草该授权条款。该条款应发给每一个成员。如当事双方另有约定,任何成员可以向 DSB 提出约定条款中的任何问题。可见,DSB 的处理决定不仅对争端双方,而且会对其他成员的贸易关系产生重大影响。这一授权条款的设置,使 WTO 的专家组权限带有一般国际商事仲裁的某些特点。

在 DSB 决定成立专家组之后,由 DSB 选任专家组成员。DSU 第 8 条第 1 款规定,专家组成员应是称职的政府官员或非政府人士,包括曾担任过专家组成员,或代表当事人在专家组出庭,或曾任 WTO 成员或 GATT1947 缔约方代表,或在 WTO/GATT 的某委员会或理事会任职,或在秘书处工作过,或为教授,讲授或出版过国际贸易法或政策的课程或著作,或曾任成员的高级贸易政策官员。

与争端有利害关系的成员公民不能选为处理该争端的专家组成员。WTO秘书处存有候选人名单。除非当事人商定专家组由5人组成,专家组应由3人组成。在决定成立专家组后的10天内应组成专家组,并通知各成员。

专家组成员的选择,首先由WTO秘书处提名,除非有充分理由,争端双方不能反对该提名。这是WTO争端解决机制区别于一般国际商事仲裁的显著特点。然后由DSB选任。如果在决定成立专家组的20天内,未能选任专家组成员,经任何一方当事人的要求,WTO总干事与DSB主席及有关委员会或理事会主席磋商,并征求当事人意见后,可决定专家组成员。DSB主席应在当事人要求后的10天内通知其该决定。这表明WTO争端解决机制十分注重效率。

为了保障发展中国家成员的利益,DSU第8条第10款还特别规定,凡是争端双方分别系发展中国家和发达国家成员,应发展中国家一方要求,专家组至少应包括一位来自发展中国家的成员。

根据DSU第9条规定,如果一个以上成员要求就同一事项成立专家组,考虑到所有有关成员的权利,可成立一个专家组审查这些投诉。无论何时,只要可行就应成立单一专家组审查这些投诉。单一专家组应以决不损害争端各方在由各个专家组分别审查这些投诉中将享有的权利的方式组织其审查,并向DSB报告其调查结果。如果一争端当事方要求就有关争端提出单独报告,则该专家组应照此办理。如果成立一个以上专家组审查与同一事项有关的各种投诉,则各独立专家组应在最大可能范围内,由相同人士组成并应协调审理这些争端的专家组之进程时间表。WTO首起受理的"美国汽油案"就是由单一专家组审查委内瑞拉和巴西分别对美国提起的诉讼,并最终作出一个报告。中国首次参与的争端解决案件——"美国钢铁保障措施案",也是由单一专家组审理欧共体、日本、韩国、中国、瑞士、挪威、新西兰和巴西8个成员分别就同一事项提出的争端解决请求,但是应美国要求,在一个报告中分别对各成员的请求作出认定。

根据DSU第10条规定,专家组应在工作期间充分考虑争端当事各方的利益及其他相关成员的利益。在专家组处理的事项中有实质利害关系,且就此通知DSB的任何成员(即"第三方"),应有机会让专家组听取其意见并向专家组提供书面答复。这些书面答复也应该向争端当事各方提供,并应在专家组报告中予以反映。第三方应收到争端各方向专家组第一次会议提交的书面答复。如果第三方认为已列入专家组程序的某项措施,对它根据任何适用协定享有的利益造成了丧失或损害,则该第三方成员可以诉诸 DSU 规定的正常争端解决程序。此时,此争端应尽可能提交原专家组处理。

(二) 专家组的审理及其报告

一旦专家组正式成立,便进入审理阶段。根据 DSU 第 12 条,专家组的职能是协助 DSB 履行其依照 DSU 和其他适用协定赋予的职责。因此,专家组应对提交给它的事项作出客观评价,包括对案件的事实、各有关适用协定的适用和是否与各有关适用协定相一致的客观评价,并作出其他调查结果以协助 DSB 按照各适用协定的规定提出建议或作出裁决。要及时履行这些职能,迅速地解决争端,要求专家组必须有高效的工作效率和明确的运作程序,DSU 对此作了明确规定。这些规定涉及专家组的工作时间表、期间评审阶段、保密与透明度、索取资料和制作最终报告等内容。

为使专家组程序更有效,DSU 规定了专家组程序的时间表:第 12 条的一般程序和附录 3 的具体工作程序。专家组除非在与争端当事各方协商后作出另外决定,否则必须遵守附件 3 的具体工作程序。

专家组一旦设立,一般应在 1 周内确定工作进程时间表,在 6 个月内(在紧急情况下为 3 个月)完成工作。如果专家组认为它不能在 6 个月内提交报告或在紧急情况下不能在 3 个月内提交报告,则它应书面通知 DSB 其延误的原因以及将提交报告的预计时间。从专家组的成立到向各成员提交报告的时间不应超过 9 个月。

根据专家组工作程序,专家组主要通过召集秘密会议的形式进行调查。争端各当事方和有着利害关系的各当事方只有在会议召开之前由专家组邀请的情况下方可出席会议。在专家组与争端各当事方举行第一次实质性会议之前,争端各当事方应向专家组递交介绍该案事实及各自论点的书面陈述。在与各当事方举行的第一次实质性会议上,专家组将要求起诉方介绍案情,随后,仍在该次会议上要求应诉方陈述其主张。在专家组第二次实质性会议上应展开正式辩论。应诉方有权首先发言,随后起诉方发言。在该会议之前,当事双方应向专家组递交书面抗辩意见。专家组可在任何时候,在各当事方与会期间或以书面形式,要求各当事方就有关问题予以说明。从接受各当事方的介绍事实及论点的书面陈述到第二次实质性会议,一般应在 9 至 16 周内完成。

期间评审程序是乌拉圭回合的成果之一,因为 GATT 争端解决机制尚无明文规定的相同程序。在 GATT 解决争端实践中,专家组向争端当事方提供其报告草案的陈述部分,包括案情事实和双方争论的意见。当事方收到后,有权对此发表评论。专家组收到评论后,对报告草案的案情陈述部分进行评审,酌情修改或不予修改,并作出最终报告。WTO 争端解决机制中的期间评审程序远不止此。

根据 DSU 第 15 条,期间评审程序的具体内容如下:(1)专家组先就报告草案中的陈述部分向当事方征求意见,当事人应在专家组指定的期限内递交书面意见。这一步骤来自 GATT 的实践。(2)专家组向当事方提供一份期间报告,既包括陈述部分,又包括专家组对事实和法律的认定以及结论。(3)在专家组指定的期限内,任何一个当事方均可向专家组提出书面请求,请求专家组对期间报告准确性进行评审。(4)在当事方的请求下,专家组应就当事方书面意见中的各个问题,进一步召开会议进行核实,当事方也应出席。(5)如果在期限内,专家组未收到任何当事人的意见,期间报告将被视为最终报告并递交各成员。如当事方不上诉,该报告将由 DSB 采纳。

将上述期间评审与 GATT 的程序相比较,可以发现期间评审程序不仅包括对当事方陈述的评审,更重要的是还包括对专家组自己在期间报告中的认定(事实认定和法律认定)以及结论的评审。这是 WTO 期间评审程序的实质性突破。WTO 的期间评审既是对事实,又是对法律的评审;既有对内(专家组认定)的评审,又有对外(当事方陈述)的评审。

四、上诉复审程序

WTO 的 DSB 常设上诉机构对专家组报告的复审是 WTO 体制结构的重大创新之一,也是对 GATT 争端解决机制的重大发展,从一定意义上有助于防止和缓解几乎是自动通过专家组报告所可能产生的消极因素。

常设上诉机构由 DSB 设立,成员由 DSB 任命,受理对专家组报告的上诉。该机构由 7 人组成,任期 4 年,可连任,其中任何 3 人均可组成复审庭。上诉机构成员一般要求是具有法律、国际贸易专业知识,并熟知争端解决适用协定的公认权威人士。上诉机构成员不仅应该是独立的且不依附于任何成员政府,而且应体现 WTO 成员所具有的广泛代表性。上诉机构成员是兼职的,应能够一俟通知即可随时开始工作,且不应与WTO争端解决活动及其他有关活动有任何联系,并不得参与与其有直接或间接利益冲突的争端复审。

只有争端当事方才有权就专家组报告向上诉机构提起上诉。上诉范围仅限于该专家组报告所涉法律问题及法律解释。已向DSB通知其在某一争端中具有实质利益的第三方,可向上诉机构提出书面答复并应给予让上诉机构听取意见的机会。1996年2月15日上诉机构工作程序生效。该工作程序包括定义、上诉机构成员和程序等32条以及两个附件。附件1为上诉程序时间表,附件2是《争端解决规则与程序谅解行为守则》。1996年2月21日,上诉机构受理了第一个上诉案件,即美国对委内瑞拉和巴西指控美国汽油规则违反GATT第3条国民待遇原则的专家组报告的上诉。

上诉机构程序自争端一方通知其上诉决定之日起到上诉机关散发其报告之日止,不得超过60天。上诉机构如认为它不能在60天内提出报告,则应书面通知DSB其延误的原因及将提交报告的预计时间,但在任何情况下上诉程序不得超过90天。经过审查,上诉机构应当在限制时间内作出报告并提交DSB,该报告可维持、修订或推翻专家组在法律方面的调查结果以及结论。

在WTO的争端解决机制中,上诉制度最具独创性。WTO的争端解决机制由此具有了通常只在国内法体系中才有的两审终审制。这在国际争端解决法历史上也是很少见的。

如同专家组报告的采纳一样,上诉机构报告的采纳几乎也是自动的,即除非DSB在向各成员散发上诉机构报告后30天内协商一致决定不采纳该上诉机构报告,否则,该报告应由DSB采纳且应得到争端当事方无条件接受。与专家组报告的采纳程序一起,这从根本上改变了GATT争端解决程序。采纳上诉机构报告的程序不妨碍各成员就上诉机构报告发表意见的权利。

五、履行及授权中止关税减让程序

这包括对执行建议或裁决的监督程序和在未履行情况下的补偿或由WTO的DSB授权中止关税减让程序。鉴于迅速执行争端解决机构的建议或裁决是确保有效解决影响全体成员利益的争端的必要条件,DSU吸收和发展了GATT争端解决机制中关于理事会或CPs监督的有关规定,制定了促进和保证争端解决机构决定的实施的一套综合规则。

在专家组或上诉机构的报告被通过的 30 天内(如在此期间没有安排 DSB 会议,则应为此目的举行此种 DSB 会议)举行的 DSB 会议上,有关成员应通知 DSB 其履行 DSB 建议或裁决的意愿。如不能立即执行建议和裁决,该成员应当确定一个将于此期间内履行建议或裁决的合理时间,合理时间应根据 DSU 第 21 条第 3 款规定的有拘束力的仲裁确定。合理期限原则上不超过专家组/上诉机构报告通过之后的 15 个月,但根据具体情况可以少于或多于 15 个月。

在执行建议或裁决的过程中,根据 GATT 解决争端的经验,有条件或不完全执行专家组/上诉机构报告的问题不可避免。如果对采取的执行建议和裁决的各项措施是否存在,或者是否符合某项适用协议的问题发生分歧,那么此种争端应通过诉诸争端解决程序,包括可随时提交原专家组解决。原专家组应在该问题提交之日后 90 天内散发报告。如不能在期限内提出报告,则应书面通知 DSB 其延误的原因和它将提交报告的预计时间。

一旦专家组/上诉机构报告通过,争端解决程序并不因争端当事方发表执行或接受争端解决机构建议或裁决的声明而结束,DSB 应对所通过的建议或裁决的实施进行持续监督。任何成员在专家组报告通过后随时可以向 DSB 提出与实施建议或裁决有关的问题。在建议或裁决的实施问题解决之前,有关成员至少在议程含有该问题的 DSB 会议召开的 10 天前,向其提供关于执行建议或裁决的书面进展报告。

根据 DSU 第 21 条第 2 款、第 7 款和第 8 款,对于已接受争端解决的各项措施,应对影响发展中国家成员利益的各事项予以特别注意;如果该案件是发展中国家成员提出的问题,DSB 应根据情况考虑采取进一步行动,不仅应考虑被指控措施的贸易方面,而且应考虑对有关发展中国家成员经济的影响。这使发展中国家成员可以要求违法的成员加速执行 DSB 的决定或裁决。

WTO 争端解决机制的目的是确保对争端的积极解决,如有关措施被确认为违反任何适用协定,争端解决机制的首要目标通常是确保撤销这些措施并完全执行 DSB 的建议或裁决。但是,如果争端有关当事方未能在合理时间内实施建议或裁决,那么根据 GATT 第 23 条第 2 款,DSB 可以根据请求授权胜诉方中止部分关税减让以获得补偿。

根据 DSU 的具体程序,如果有关成员在合理期限内未能按照 DSB 建议或裁决,终止或修改一项已被确认违反某适用协定的措施,则一经请求,此成员应在合理时间截止前与援引争端解决机制的任何当事方开始谈判,以达成相互接受的补偿办法。如果在合理期限截止后的 20 天内未能达成一项满意的补偿协议,那么援引争端解决程序的任何当事方,方可请求 DSB 授权中止适用于成员依照各适用协定承担的减让或其他义务。

DSB 授权的减让或其他义务中止措施应与丧失或损害的水平相当,并且如果有关适用协定禁止中止减让或其他义务,则 DSB 就不得作此种授权。如果提起诉讼当事方的中止减让或其他义务的请求满足授权的各项条件,DSB 则应在合理期限截止后的 30 天内,授权中止减让或其他义务,除非 DSB 协商一致决定驳回该请求。应注意的是,减让或其他义务的中止是临时性的,在满足下列任何一个条件后即应中止:第一,违法措施已被撤销;第二,必须执行 DSB 建议的成员对利益的丧失或损害提供了解决办法;第三,争端当事各方达成了相互满意的解决办法。

根据 DSU 第 22 条规定,当有关成员反对提出的中止范围,或提出授权中止减让的请求未遵守有关原则和程序等事由时,该事项可以根据 DSU 第 25 条第 4 款提交仲裁。此种仲裁,如原专家组成员可供利用,则应由原专家组仲裁,或者由总干事任命的仲裁员进行仲裁。仲裁应在合理期限到期后的 60 天内结束,仲裁期间关税减让或其他义务不得中止。但是,这种仲裁并不是通常的国际商事仲裁,不适用 1958 年《承认及执行外国仲裁裁决公约》(简称《纽约公约》),它是上述争端解决程序的延续与补充。

第三节　WTO 争端解决机制的改革

WTO 争端解决机制运行已超过 26 年。在最初运行中就出现了一些问题,2001 年 WTO 部长会议启动新一轮多边贸易谈判(即多哈发展议程)时将 DSU 的规则修改列入谈判,并形成了一些初步建议。但是,该谈判总体上停滞不前,因而这些建议早已被束之高阁。如今美国出于其对外经贸战略的改变,对 WTO 的争端解决上诉机制横加指责,以致该机制最终瘫痪。本节首先回顾多哈发展议程对 WTO 争端解决规则的改革建议,然后着重评述当前因上诉机构无法运作而使得整个 WTO 争端解决机制面临空前的严峻挑战及其应对可能性。

一、对 WTO 争端解决规则的改革建议

根据多哈发展议程,修改 DSU 的谈判应于 2003 年 5 月底前结束。但是,由于 WTO 成员在有关问题上不能达成一致,DSB 未能在多哈回合授权期限内就有关修改的问题取得最终成果,WTO 总理事会不得不给予新的谈判授权,将谈判截止期限延长到 2004 年 5 月底,从而形成了初步的 DSU 规则修改建议。

各成员的建议提案分为两类,第一类属于技术性的、非实质性的修改,例如文字方面的调整,或者将目前争端解决已经实行的做法纳入 DSU。在这方面,各成员间分歧并不大,只需要提案成员方作较多的澄清和说明工作。此类提案数量也不多,较容易通过。第二类属于实质性的修改,分歧也比较多,一时难以达成协议。以下择要评述谈判中提出的第二类修改建议。

有关原则性部分。譬如,关于通报双方达成的协议。DSU 第 3 条第 6 款规定,对于根据适用协定的磋商和争端解决规定正式提出事项的双方同意的解决办法,应通知 DSB 及有关理事会和委员会。日本和印度建议,明确规定成员通报达成的"双方同意的解决办法"的具体内容和通报期限(60 天内)。这一建议的主要目的在于提高透明度和加强成员们的监督。对此,多数成员方都给予支持。

又譬如,关于增加可以延长 DSU 规定的时限规定。目前的 DSU 为争端解决的各阶段规定了比较明确的时限,但是欠缺相对的灵活性,当事方对于程序的控制力不足。欧盟建议第 3 条增加一款作为第 3 条第 13 款,规定经争端双方一致同意,可以延长 DSU 中规定的期限时限,并在这种情况下应当对发展中国家成员的利益给予特别注意。

关于磋商程序规则。针对磋商,一些成员提出了较详细的修改提案,譬如,关于磋商期限。第 4 条第 7 款规定,在收到磋商请求之日起 60 天内未能解决争端的,起诉方可请求设立专家组;如共同认为磋商不能解决争端,则可在 60 天期限内请求设立专家组。有成员认为 60 天的时间太长,对于不能通过磋商解决的争端来说,过长的期限不利于利益受到减损的成员,也不符合 DSU 快速解决争端的目的。对此,欧盟建议对磋商的期限进行修改,缩短磋商期限,将 60 天变为 30 天。为了不影响发展中国家成员的利益,欧盟同时建议给予发展中国家请求更长的磋商时间的例外。

关于专家组程序规则。譬如,专家组的成立时间。根据 DSU 第 6 条第 1 款

的规定,如起诉方提出请求,则专家组应最迟在此项请求首次作为一项议题列入 DSB 议程的会议之后的该机构会议上成立,除非在此次会上该机构经协商一致决定不成立专家组。因为实践中被诉方常常阻碍专家组成立,所以专家组一般在第二次该机构会议上得以成立,不必要地延误了时间。针对这种情况,欧盟提出,如起诉方提出请求,专家组应在此项请求作为一项议题列入 DSB 议程的会议上成立,除非在此次会议上该机构经协商一致决定不成立专家组。如争端涉及发展中国家成员,起诉方应对该成员提出的、在特定的情况下推迟专家组成立的请求给予基于同情的考虑。

又譬如,专家组的组成。目前对每一起争端都要从候选名单中挑出人选组成专家组。但专家组的成员是在其日常工作之外兼职承担争端解决的工作,难以有足够的精力投入争端解决当中,而且常常只是参加一个案件的争端解决。欧盟建议设立一个常任的不少于20人的常设专家组成员名册,每个案件由其中的3名专家组成一个专家组。这些专家组成员应有很强的国际贸易法的背景,且应有地域上的代表性,但独立审理争端。

关于上诉机构程序规则。譬如,上诉机构成员的数量。根据 DSU 第 17 条第 1 款,DSB 常设上诉机构审理对专家组报告的上诉。该机构由 7 人组成,任何一个案件应由其中 3 人审理。上诉机构人员任职应实行轮换。此轮换应在上诉机构的工作程序中予以确定。有些成员建议,鉴于案件数量的增加以及上诉机构审理案件的迟延,上诉机构应增加 2—4 人。也有成员建议上诉机构的组成人员任期为固定的 6 年。又譬如,上诉机构是否有权发回重审。欧盟建议对 DSU 第 17 条第 12 款进行修改,增加"在专家组报告未能含有足够的事实认定以使上诉机构解决争端的情况下,上诉机构应当在上诉报告中详细解释此种事实认定的不足,以保障争端方请求将这些问题发回原专家组重审的权利",并提出了发回重审的程序规定。很多成员对此表示反对,认为赋予上诉机构发回重审权,虽然可以解决报告中可能存在的事实问题,但从快速有效解决争端的角度看,也产生了不必要的时间拖延,因此没有必要给予上诉机构发回重审的权利。

简言之,WTO 争端解决机制在运行中暴露了许多始料未及的问题。作为一种新的国际贸易争端的和平解决手段,这也是完全可以理解的。WTO 各成员也愿意在多哈发展议程的谈判中协商一致,达成若干修改,完善该机制,促进世界贸易的健康发展。然而,实际上,DSU 规则的修改谈判与整个多哈发展议程都没有如期完成。

二、当前 WTO 争端解决机制面临的严峻挑战及应对可能

自 2017 年 1 月美国时任总统开始奉行"美国至上"的对外单边主义政策,美国就一再阻挠上诉机构成员的正常遴选,直至 2020 年 12 月,该机构因没有一位在任成员从而完全暂停其工作。在 WTO 成立 25 周年前夕,曾被誉为该多边贸易体制"皇冠上的宝石"(jewel in the crown)[①]的争端解决上诉机构仅因美国不满其裁决而瘫痪"坠落"。美国虽指责该机构所谓"越权"等等,但却明知已无法复审而接二连三提起上诉。譬如,截至 2021 年 3 月,待复审的上诉案件共 19 起,美国不满专家组裁决而上诉的有 6 起,占比接近三分之一。[②] 这充分暴露其实质上企图将 WTO 争端解决机制拉回 GATT 时期,即只要不满专家组裁决就可以一票否决之目的。如今,美国则采取上诉的手段而使之无法结案以达到实际否决的效果。这凸显了 WTO 争端解决机制乃至整个多边贸易体制所面临的严峻挑战。

目前在 WTO 争端解决上诉机构无限期暂停之际,同时仍有新的争端解决案件并由专家组审理,且少数专家组报告没有被上诉而通过生效的情况下,WTO 争端解决机制是否仍有实际功效,值得客观评估。自上诉机构完全暂停以来,DSB 决定成立专家组审理的新案数起,而近两年来在上诉机构因严重缺员而处于部分瘫痪期间,也有少数专家组报告因当事方未提起上诉而通过生效,如 2019 年 4 月、2020 年 1 月先后通过"俄罗斯过境案"和"澳大利亚 A4 纸案"。这说明 WTO 争端解决机制适用的 WTO 相关协定仍在规约各成员。对 WTO 现行规则的可适用性所作的评估表明:尽管 WTO 的实体性规则因数以百计的区域贸易安排而使得具有基石作用的多边协定下关税减让和服务市场准入的普遍 MFN 待遇变成实际上的例外,其适用的约束力被严重削弱,但是,其他非关税壁垒的各项规则和服务贸易的一般义务及规则,现在和未来仍对所有 WTO 成员具有普遍的适用性,TRIPS 协定下的现行规则也是如此。因此,WTO 现行

[①] John H. Jackson, *Sovereignty, the WTO and Changing Fundamentals of International Law*, Cambridge: Cambridge University Press, 2006, p.82.
[②] 参阅 WTO 已通知的上诉统计: https://www.wto.org/english/tratop_e/dispu_e/appellate_body_e.htm,最后浏览日期: 2021 年 6 月 28 日。

规则下引起的各成员间贸易争端仍将被诉诸WTO争端解决。

问题在于在上诉机构无法运作期间,WTO争端解决机制如何运行?第一,毫无疑问,面对继续提起的新案(包括因执行建议或裁决与否而引起争议的案件),DSB决定成立的专家组仍将一如既往地工作;第二,专家组作出的裁决报告如无当事方上诉则通过生效,尽管此类情况可能很少;第三,专家组作出的裁决报告如当事方上诉则无限期搁置复审,这将是比较普遍的情况;第四,根据2020年3月由欧盟、中国等16个始初参加的WTO成员所达成的《多方临时上诉仲裁安排》,目前已有20多个加入该安排的成员间上诉案件可采取DSU第25条项下的仲裁方式复审。这是包括中国在内部分WTO成员应对上诉机构瘫痪的抉择。然而,迄今尚无任何此类临时上诉仲裁的案件。可以预见在上诉机构暂停运作期间,该安排的替代作用将非常有限。简言之,整个WTO争端解决机制的运行是低效率的,或者说,在很大程度上是无效运行的。因此,尽早恢复上诉机构的正常运作是保障WTO现行规则继续适用并得到切实履行的最基本条件。

第四节　经典案例与文献选读

一、经典案例:欧盟香蕉案

欧盟香蕉案起因于拉美地区部分香蕉生产国,以及在这些国家垄断香蕉产业的美国大公司,不满欧洲地区国家对其以前部分殖民国家的香蕉进口至欧洲给予特殊优惠待遇。这是一起自GATT时期就发生争议,延续到WTO时期再次诉诸争端解决,且前后经历专家组审理、上诉复审、原专家组对执行裁决争议的审理和上诉机构复审以及胜诉方请求授权报复等,几乎所有DSU项下争端解决程序的典型案例。1993年、1994年由GATT专家组审理的哥伦比亚、危地马拉、哥斯达黎加等缔约方诉欧共体的香蕉进口制度案(又称"香蕉案之一"和"香蕉案之二"),均裁定欧共体败诉,但都因一票否决而没有通过。WTO成立后,1996年厄瓜多尔和美国等成员诉告欧共体香蕉制度违反WTO规则(又称"香蕉案之三")。1997年5月22日,经专家组审理裁定欧共体败诉,上诉机构复审于同年9月9日维持专家组的大部分裁决。

首先该案有两项前提性的程序争议。其一,美国是否有权作为该案原告。上诉机构指出,GATT第23条第1款的小序言规定:"如一缔约方认为,出于下列原因,它在本协定项下直接或间接获得的利益正在丧失或减损,或本协定的任何目的实现正在受到阻碍。"DSU第3条第7款与之一致:"在提出一案件前,一成员应根据这些程序采取的措施是否有效作出判断。"据此,一成员享有广泛的自由裁量权酌定是否依DSU而提出针对另一成员的案件。GATT第23条第1款和DSU第3条第7款的用语说明一成员多半自己决定是否此类行动"有效"。美国因而有理由根据GATT提出自己的诉求。美国是香蕉生产国,且不能排除美国有潜在的香蕉出口利益。

其二,该案原告请求成立专家组的陈述是否提供了DSU第6条第2款要求的"一份足以明确陈述问题的起诉的法律根据概述"。上诉机构同意专家组的看法:对于起诉方而言,列出所称违反WTO有关协定的条款而无须具体论证涉案措施与特定条款的关系。请求成立专家组的陈述显然不同于支持其诉求的论证,后者是首份书面陈述、辩驳陈述的内容。由于DSB通常不具体审查请求成立专家组的陈述,专家组应非常仔细地审查该陈述以确保其符合DSU的用语及精神。

该案争议的关键之一在于欧共体的香蕉进口和销售制度是否符合GATT第1条第1款最惠国待遇和第3条第4款国民待遇。上诉机构维持专家组的认定:欧共体将"好处"给予其传统的香蕉供应国家而歧视性对待其他国家的香蕉进口,违背了普遍MFN待遇原则;欧共体根据其进口许可制度为欧共体自己生产或从传统的香蕉供应国家进口的香蕉提供配额租金,构成了GATT第3条第4款项下影响非传统的香蕉供应国家进口香蕉销售的歧视待遇。[1]

该案经上诉复审后,欧共体修改了其涉案措施,但美国于1999年1月以欧共体未执行裁决为由,请求DSB根据DSU第22条第2款授权实施5.2亿美元的贸易报复,而欧共体则提出根据DSU第21条第5款应先由原专家组审理裁决其执行措施是否符合要求。这就是WTO争端解决实践中发生的请求授权报复与审查执行措施是否遵循DSB建议或裁决的先后"顺序"(sequency)问题。

---

[1] See EC-Bananas, WT/DS27/AB/R, 9 September 1997, paras.205-214.

实际上,该案对请求授权报复的水平与审查执行情况的程序几乎同时进行,并最终作出授权美国、厄瓜多尔的贸易报复和欧共体未完全执行裁决的结论。同时,应欧共体请求,DSB 也成立专家组对美国先于请求 DSB 授权报复而单边采取制裁措施的行为作出裁决,认定美国国内法下单边制裁违反 DSU 规则,但允许美国重申其通过《乌拉圭回合法》时作出不实施相关国内法的承诺而不修改其国内法。该案最终通过 2012 年欧盟与美国及拉美国家的香蕉贸易协定加以初步解决。

二、文献选读:《WTO 争端解决机制的未来:马拉喀什之后的改革建议》

译自 WTO 总干事咨询委员会报告《WTO 的未来:新千年的体制性挑战》(2004)第 4 章《WTO 争端解决体制》F 节。

253. 乌拉圭回合的马拉喀什部长会议决定 WTO 成立后第 4 年复审其争端解决制度。在过去几年里,WTO 成员提出了数以百计的建议。在这上面所花时间不少,但对体制的一揽子改变须协商一致,这难倒了成员们。在多哈回合中,争端解决程序的改革与其他谈判分开进行。迄今该工作尚无结论。

254. 然而,许多政府和非政府的观察者对争端解决体制总体上表示满意。这引出了建议,认为不存在强烈的政治动机去改革该体制。确实,正如本章开始时所说,这表明重要的是关心,或者应该是不损害现行制度,因为它具有很多有价值的特点。

255. 有些改革的想法会产生"外交否决权",或对具体争端而言,当事方有机会使得经历争端解决全部程序而采纳的最终报告某些程度上"无效"或改变。如使得政治或外交活动有机会干预基本的结果,这样经仔细设计而达成相对集中的争端解决程序,重点就会偏离所有当事方享有平等公平机会论证其主张和看法的合理辩驳。这将削弱程序并带来不信任,并且以某种方式引起 GATT 时期一些非常严重的问题,譬如,败诉方有机会阻止报告的通过。鉴于这些原因,咨询委员会强烈建议反对将此类措施作为改革方案组成内容。

256. 还有许多其他改革不值得过多关注,也许不具有很快成功的高度优先性。以上所述,有些已建议过,譬如,上诉机构有机会将要求初审专家组应澄清的案件"发回重审"。显然,问题之一是由于初审专家组是为某一案件而临时任命的,一旦其报告递交 DSB 就不再负责该案了,因而也许没有一个实体可以重审。不过,有必要追求这一原则,尤其是如可以重审而不必延长早已相当长时间的程序时。

257. 另一个建议是指定初审专家组成员,类似于上诉机构程序的花名册模式安排。此类花名册不必提供专家组"百分之一百职员编制"。这可以有一定数量,甚至在案件高发期,至少每一个专家组有一位来自花名册。其余专家组成员可按现行程序任命。这样,花名册与临时任命的结合可使得体制更好,并可减少有些专家组选择程序的特别问题。然而,关于初审专家组的花名册想法存在一个严重问题,即任命花名册人员的程序。存在相当多的疑虑,即通常的外交和政治程序也许不会任命所要求的最佳人选。因此,有必要考虑非政治的专家机构来审查提名符合仔细确定的标准之人选的申请和程序。这一机构在最后决定花名册时可以与DSB一起工作。这只是诸多建议之一。

258. 其他改革建议与上诉机构有关,所提问题是上诉机构有时案件很多,应否有更多成员。还有建议是上诉机构成员可否为全职,而非现在兼职。这些建议涉及许多现实和资源问题,并且,咨询委员会看到了两方面的论证。或许在作出某些改变之前,新的争端解决体制还需要更多经验。在获得此类经验后,DSU也许会改变以允许DSB(或总理事会)对这些问题作出决定时有一些灵活性。

259. 还有一些建议与非常重要的议题有关,即WTO如何让市民社会和非政府机构参与。在第5章(透明度与市民社会交流)已进行广泛的讨论。但是,有两个问题对于争端解决体制非常重要,即争端解决程序公开听取公众意见或出席问题,争端解决体制如何处理"法庭之友"(或在审理案件过程中递交的类似看法)。

260. 首先,就"法庭之友"而言,咨询委员会大致同意程序上已有所发展而接受和考虑此类适当的递交。DSU在第13条就初审专家组行使裁量权也提供了授权。出于不同的法律理由,上诉机构也有权对此类事项加以调整,并且在实践中,已经采取个案处理的方式。然而,那些与这些程序关系密切者认为重要的是需要有一般标准和在初审和复审时的相关程序,以便公平适当地处理"法庭之友"的递交,平衡对此类资料公平含义的担忧与一般地承认此类递交在某些方面可改进争端解决的总体程序。咨询委员会赞同应发展此类程序。

261. 争端解决程序的公开性,特别是对公众开放(不是公众参与)的所谓"听证会"是比较复杂的,部分根据目前DSU约文,在大多数情况下避免这样做。

因此,这将需要修改 DSU,且需要协商一致,这是可能被任何 WTO 成员阻止的。在第 7 章中我们关于协商一致的建议与在此建议具有重要关联性。咨询委员会感到现行争端解决程序的保密性程度看来对 WTO 作为一个体制是有害的。本委员会接受许多本体制的参与者看法,即许多公众观察对程序而言是有利的。

262. 因此,咨询委员会建议作为一个事项,初审专家组和上诉机构的听证一般应向公众开放。

263. 专家组(或上诉庭)或某当事方对这一新的做法提出动议,认为存在"很好的,充分的原因"不向公众开放所有或部分听证。保护保密性的需要,如"商业保密"事项是此类原因之一。进而言之,至少在这一新做法初期,咨询委员会建议只要任何当事方提出"很好的和充分的"书面理由,这就是决定性的。这将减缓对这一透明度的焦虑,但是希望假定公开听证应成为优先的规范。然而,如果实现,这种增加的透明度应有助于加强公众对争端解决体制的积极看法,当然,这应反对故意的错误假象,有时是加强本身是秘密和共谋的机械主义。

264. 与以上所述密切相关的有若干最后的要点。第一,这是不证自明的,外交官和政府官员对国际争端解决的基本情况了解越多越好。这将更好地理解各种程序。对条约履行的"规则导向"作用以及几乎在所有司法机制中,无论是国内或国际上的一般做法有更宽泛的理解,他们的工作往往就更受欢迎。因此,模棱两可的解决方案,某些优先的填补空缺,需要各种解释技术是所有争端解决的必然结果。它们与对市场上企业所提供的可预见性和保障性是相辅相成的。WTO 秘书处应在这方面提供鼓励和便利。

265. 第二,须向公众和政治家们说清楚争端解决体制的性质及价值。显然,在过去几年,对该体制及其结果的许多批评在增强。但是,这种批评在很多方面常常很尖锐,但不一定平衡或信息到位,不无片面性。重要的是应该更好理解该体制,不仅包括外交官、政府官员和不得不参与的立法者,而且还包括该体制所服务,且为此提供宪制的一般公众。

266. 于是,WTO 作为一个组织及其直接服务于争端解决的官员们有教育和管理义务。秘书处对告知公众所尝试的一些努力,譬如 WTO 官网所作合理的详细说明和参考材料,非常好。

267. 与此进一步的建设性努力,也许包括 WTO 和 DSB 任命的专家团体也非常好。

268. 最后,值得注意的是,在非政府的文献中,WTO 争端解决机制得到如何广泛的研究。已有大量学者和政策导向研究该争端解决机制的文献。这体现了一般公众对该问题的兴趣,对该体制的重要性的认识,也许是对其价值的承认。已有大量对个案的讨论(类似于对国内法院判决的关心)。这一活动包括学者和其他观察者的看法,可以起到建设性和补充作用,以支持国际贸易的规则导向框架,这如同各国类似活动一样。

三、扩展阅读

1. 张乃根:《WTO 争端解决机制论——以 TRIPS 协定为例》,上海人民出版社,2008 年。

2. 张乃根:《WTO 法与中国涉案争端解决》,上海人民出版社,2013 年。

3. Ernst-Uirich Petermann, *The GATT/WTO Dispute Settlement System*, The Hague: Kluwer Law International, 1996.

4. David Palmeter and Petros C. Mavroidis, *Dispute Settlement in the World Trade Organization: Practice and Procedure* (2nd ed.), Cambridge: Cambridge University Press, 2004.

第八章 国际多边金融法律体制

前述第二章至第七章围绕 WTO 法律制度,较全面地论述了国际多边贸易法律体制。本章从贸易体制转向金融体制。国际贸易与国际金融是"一枚钱币的两面",相辅相成。就国际商业交易而言,任何国际贸易都离不开国际支付。这与最简单的商品买卖,本质上没有什么区别。但是,各国货币不一,需要国际社会协调不同货币之间的兑换,由此产生了国际货币法。货币不仅是货物买卖的支付手段,而且是各种融资活动的"媒介",由此形成了国际融资法。两者统称为国际货币融资法,或国际金融法。第二次世界大战之后,《国际货币基金协定》(IMF 协定)下的国际货币法和以世界银行为核心的国际融资法均以多边国际条约为依据,由此构成国际多边金融法律体制。本章分别加以评述,并提供经典案例(事件)和文献选读,以助于进一步学习理解。

第一节 国际金融法与国际货币基金组织

一、国际金融法的概念

国际金融法是调整国际货币与融资关系的法律制度之总和,包括国际货币法和国际融资法。前者的调整对象是各国货币比价变化、外汇管制、国际结算、国际货币的确定、国际储备政策的协调、IMF 的法律地位及其与会员国的关系、等等；后者调整的是借贷资本国际活动，即与外国直接投资相对应的各种国际间接投资，如贷款、证券发行和商业票据使用，等等。不限于本章论述范围，广义上的国际金融法渊源包括三方面：第一，国际公约，如 IMF 协定、国际复兴开发银行（世界银行）协定、国际开发协会协定和国际金融公司协定等，这些公约对缔约国具有直接的法律拘束力；第二，国际惯例，如国际辛迪加（国际银团）贷款协定的格式、条款和订立程序等，这些国际惯例是在长期的国际金融活动中形成的，或者由政府间及民间性国际组织制定的一般规则，只有在当事人双方明确表示接受时，对当事人具有直接的法律拘束力；第三，有关国际金融的国内法，特别是国际金融中心所在地（伦敦、纽约等）国家制定的有关国际金融方面的法律，对国际金融法的形成和发展具有重要意义。可见，国际金融法的调整对象极为广泛复杂。本章着重分析以 IMF 和世界银行集团为中心展开的政府间国际货币和融资法律关系。

二、国际货币关系

作为国际货币法调整的对象，国际货币关系是指各国货币之间兑换、流通以及政府管制与国际货币基金组织的协调所产生的各种经济关系。"国际货币法以规制国际货币体系的法律规则为核心。"[①]根据政治经济学的原理，货币是商业交易中的特殊商品。发行货币历来是一个国家或地区政府的权力，在现代社会中，这被称为货币主权。货币（尤其是纸币）的价值，即币值，是由该货币流通所在国法定的。现代各国或地区都规定了在本国或地区流通、使用的本国或本地区货币，即本币，如美国的美元、英国的英镑、欧元区的欧元、日本的日元、中国的人民币、中国香港特别行政区的港元，等等。同时，各国也以各种方式确定本币与外国货币（外币、外汇）的兑换比价，即汇率，并且通常对外汇的兑换、存储、使用和进出入境实行一定的管理或限制，即外汇管制（包括全面管制和部分管制）。

第一次世界大战之前，黄金曾被作为国际货币使用，同时，英镑具有等同于黄金的特殊地位。到第二次世界大战之后，美元代替了英镑的国际货币地位，尤其战后初期可按固定兑换率自由兑换美元与黄金，故称为美金。20 世纪 70 年代初期之后，美元与黄金的固定兑换率不复存在，国际上流通的主要货币包括了

---

① Erik Denters, *Law and Policy of IMF Conditionality*, The Hague: Kluwer Law International, 1996, p.15.

美元、英镑、马克和日元等。自1999年1月1日起,欧元区将欧元作为统一货币,德国马克等欧元区主要国家的原法定货币退出流通领域。此后,国际货币关系进入美元、欧元、英镑和日元作为国际主要可自由兑换货币的新时期。随着近年来中国综合国力的显著提升,自2016年10月1日起,人民币与美元、欧元、英镑、日元一起成为IMF的特别提款权(SDR)计价"篮子"(basket)货币之一,且占比位列第三,国际货币关系又进入一个新时代。人民币作为发展中国家的货币,第一次与发达国家和地区的主要货币进入SDR计价"篮子",意义非同寻常。

三、布雷顿森林体系的兴衰与国际货币法的演变

第二次世界大战结束前夕,由美、英两国发起,来自44个国家的政府代表于1944年7月1日至22日在美国新罕布什州布雷顿森林(Bretton Woods)举行聚会,签署了旨在建立IMF的《国际货币基金协定》,同年12月27日,IMF正式成立。IMF始初的成员国有39个,现有190个成员国(截至2021年7月),是成员最多的多边国际组织之一。中国是IMF创始成员国,并于1980年恢复在该组织的地位。

在布雷顿森林会议上,"各国政府试图明智地选择汇率,并保证这种选定的汇率只有在充分理由下才能改变,各国不能以支付平衡为目的规制贸易,各国将能够获得金融支持以克服暂时的支付平衡赤字,因而能够避免经常改变其汇率"[①],当时作为资本主义世界"后起之秀"的美国,早已取代日趋衰落的大英帝国,成为世界上经济实力最雄厚的国家。战后美国的对外贸易占世界贸易的1/3,黄金储备超过200亿美元,占资本主义世界黄金储备的59%。因此,布雷顿森林会议自然就选择了各国货币与美元的固定汇率,而美元则与黄金保持每35美元兑换1盎司黄金的比率。美国政府保证美元与黄金的这一兑换率不变,从而提供了稳定国际货币关系的强有力基础。各国货币只要与美元保持稳定的汇率即可。这样,整个国际货币关系便以美元为中心。美元彻底取代了英镑,成为与黄金具有同等地位的国际货币,这就是布雷顿森林体系的实质。

布雷顿森林体系确立了战后相对稳定的国际货币关系,有利于当时各国经济在战争废墟上迅速重建,促进了国际贸易的恢复和发展。但是,美元作为国际

---

① Peter B. Kenen, *International Economics* (3rd ed.), Cambridge: Cambridge University Press, 1989, p.487.

清偿的工具,国际需求很大,而巨额美元的不断外流,使其价值基础日益动摇,影响其作为国际货币的能力发挥。布雷顿森林体系确定的美元与黄金挂钩,各国货币与美元挂钩的机制,实际上隐含着以后该体系崩溃的因素。

战后欧洲各国与日本的经济迅速恢复和发展,导致美国的经济地位相对下降,至20世纪50年代末,美国已成为贸易逆差国。加上战后美国到处扩张,接连发动侵朝、侵越战争,极大地消耗了其经济实力。美元大量外流,黄金储备减少,导致美元危机。到60年代中期,面临美元实际贬值,各国开始抛售美元,抢购黄金。1969年7月28日,IMF协定第一次被修订,创设了SDR,规定每35单位SDR等于1盎司黄金,SDR成为IMF成员国之间用于官方计账、结算的"纸黄金"。但是,这并没有扭转当时美元地位急速下滑的趋势。由于无法继续维持每35美元自由兑换1盎司黄金的官价,美国尼克松政府终于在1971年8月15日宣布停止美元自由兑换黄金,废除35美元等于1盎司黄金的官价。同年12月18日,IMF的10集团达成旨在重新调整中心汇率的史密森协议。然而,这也挽救不了布雷顿森林体系崩溃的命运。1973年,各主要工业国家的货币开始实行浮动汇率,史密斯协议实际失效。1976年1月,IMF临时委员会召开会议,达成牙买加协定,对IMF协定作第二次修订,正式认可浮动汇率合法化,决定黄金非货币化。该协定于1978年4月1日生效,宣告就美元与黄金的固定兑换率而言,布雷顿森林体系"寿终正寝"。

布雷顿森林体系瓦解之后,随着国际货币关系的发展变化,IMF协定先后于1992年11月、1997年9月作了第三、第四次修订。第三次修改的主要内容是针对IMF的一些成员国拖欠基金组织贷款的状况,增加了对拖欠成员国施加制裁措施的条款。第四次修改涉及有关SDR分配的IMF协定第15条。

四、IMF近30年的改革

自20世纪90年代IMF协定修订以来,先后发生了亚洲金融危机和肇启于美国而席卷全球的更大金融危机,这对于国际货币金融体制产生了极大冲击,也带来了相应的改革。1997年7月之后,泰国、韩国、印度尼西亚等国家相继发生严重金融危机,并逐渐影响其他国家乃至全球,不仅使当时的亚洲头号经济大国和世界第二经济巨人日本陷入战后最严重的金融危机,而且波及经济重心在欧洲的俄罗斯,以及南美洲的巴西等国。这场金融危机使全球贸易的年增长率从

1997年的10%跌至1998年的4%。虽然，这场自战后国际货币金融体制形成后最严重的金融危机之一逐渐消退，1999年全球贸易开始扭转下降趋势，出现回升，2000年可望进一步好转，但是，这场金融危机促使人们思考IMF的作用及其改革。

在这场金融危机中，IMF起着独特的和非常艰难的作用。虽然，人们对之褒贬不一，但是，该组织在新的国际经济关系下，尤其是在经济全球化下解决危机的能力显然不适应需要。1998年10月间，IMF负责监管基金行政管理的过渡委员会讨论了新形势下的IMF改革措施，包括：(1) 发挥私人投资者在缓冲金融危机过程中的作用，因为现在私人海外直接投资和各种证券投资的数量剧增，资本流动速度很快，在很大程度上代替了传统的商业银行，成为主要的国际资本流动的资金来源，所以在发生金融危机时，除了IMF向有关国家贷款，还应该在私人国际投资者与债务国之间作出适当延期回债的安排；(2) 在成员国的资本账户自由化的过程中，既要避免影响长远投资的过紧措施，也必须采取必要的临时管制措施；(3) 进一步扩大IMF的透明度，尤其是更多地公开对其运作和政策的外部评估；(4) 加强与其他国际金融组织的通力合作。总之，IMF需要改革以适应21世纪全球贸易与金融的大发展。

2007年美国次级房贷（subprime crisis）危机像"海啸"般很快波及日本、欧盟等发达国家或地区以及其他各国金融制度，进而引起全球金融危机，并伴随着战后最为严重的全球性经济衰退和贸易崩溃。美国等国家或地区政府采取措施遏止金融危机蔓延，同时IMF启动了多边措施的新工具，旨在促进各国家集团应对全球金融危机，减少全球失衡和保持全球经济稳健增长。该多边磋商由中国、欧元区、日本、沙特阿拉伯和美国进行，包括中国在内的20国集团的集体行动对于IMF至关重要。为了加强IMF应对全球金融危机的能力，IMF对该组织贷款框架作了改革，包括使得IMF针对所有借款人的贷款条件现代化，对有着非常强劲基本面和政策的成员国推出新的灵活信贷额度，增加传统备用安排和优惠贷款机制的灵活性，改革非优惠性贷款费用和期限结构，以及取消某些很少使用的贷款机制。这些改革之目的是鼓励成员国在金融危机中及早向IMF寻求援助，从而降低危机的可能性或减少危机的最终成本。IMF于2008年和2010年先后批准两轮份额的改革方案，旨在增加具有活力的新兴市场的投票权比重和提高低收入国家的发言权，分别于2011年和2016年正式生效。自1997

年亚洲金融危机之后,IMF每年发布《全球金融稳定报告》。近10多年来,该年度报告加强了对全球资本市场的评估,研究对金融稳定产生潜在风险的金融失衡及脆弱性问题,"防患于未然"。

五、IMF协定的基本内容

作为国际货币法的核心制度,IMF协定自签署生效以来经四次修订,现在包括导论性条款与正文31条,第1条是宗旨;第2条是成员;第3条是配额与认缴;第4条是有关汇兑安排的义务;第5条是基金的运作与交易;第6条是资本转移;第7条是补充与不充足的货币;第8条是成员的一般义务;第9条是地位、豁免与特权;第10条是与其他国际组织的关系;第11条是与非成员国的关系;第12条是组织与管理;第13条是机构与储备机构;第14条是过渡安排;第15条是SDR;第16条是一般资源部与SDR部;第17条是SDR的参与与其他持有;第18条是SDR的分配与取消;第19条是SDR的运作与交易;第20条是SDR部的利息与费用;第21条是一般资源部与SDR部的管理;第22条是参与的一般义务;第23条是SDR运作与交易的中止;第24条是参与的终止;第25条是SDR部的清算;第26条是成员的退出;第27条是紧急规定;第28条是修订;第29条是解释;第30条是期限解释;第31条是最后条款。以下根据修订后的条款加以概述。

1. IMF的宗旨和职能

IMF协定第1条规定IMF的宗旨是:"(1)通过一个永久性的、提供有关国际货币问题的磋商机制的机构,促进货币方面的国际合作;(2)促进国际贸易的发展与平衡,从而有助于提高和保持所有成员国的高水平就业与实际收入及其生产资源的开发;(3)促进汇兑稳定,维持成员国之间有秩序的汇率安排,避免竞相货币贬值;(4)协助建立与成员国之间经常性交易有关的国际收支多边制度,消除妨碍世界贸易增长的外汇限制;(5)在具备充分保障的条件下,通过建立基金的一般资源,向成员国提供临时资金,增强其信心,使其有机会纠正国际收支失衡,从而避免采取有损于本国和国际繁荣的措施;(6)根据以上目标,缩短成员国的国际收支失衡期,缓和失衡程度。"[1]这表明,IMF是协调成员国货币

---

[1] 译自英文作准本:Articles of Agreement of the International Monetary Fund (IMF),22 July 1944,726 UNTS 266。以下援引该协定,出处略。

制度的永久性国际合作组织,其职能在于稳定成员国之间的汇率,向成员国提供必要的短期贷款以帮助其克服暂时的国际收支失衡困难。

2. 配额与投票权

根据 IMF 协定第 3 条,"配额"(quotas)是指根据联合国货币与金融会议,即布雷顿森林会议上确定的、各成员国加入 IMF 时必须认缴的一定数额基金,并将其作为会费。配额起着多种作用:(1)所有的认缴形成基金,以便随时贷款给某个发生国际收支困难的成员国;(2)每个成员国的配额作为基数线,决定该成员国能够向 IMF 借贷的额度,或从 IMF 得到的 SDR 额度;(3)以此决定各成员国在 IMF 的投票权。

根据 IMF 附件 A,IMF 主要成员国的始初配额(以百万美元为单位)依次为:美国 2,750、英国 1,300、苏联(当时没有加入)1,200、中国 500、法国 450、印度 400。IMF 每五年对配额作一次审核,以根据各成员国的经济实力变化,作适当的调整。任何调整都须有 85% 以上的多数票同意(实际上拥有 15% 投票权即可阻止任何多数票同意)。近 70 多年来,IMF 共进行了 15 次审核,最近于 2020 年进行,但未作任何调整。目前进行的第 16 次审核将在 2023 年完成。晚近调整的 2010 年第 14 次审核于 2016 年 1 月生效,据此目前 IMF 基金总额为 4,770 亿单位 SDR(约合 6,680 亿美元)。IMF 采取加权投票制。根据协定第 12 条第 5 节,每个成员国享有 250 票基本投票权,追加投票权以配额(等同 SDR)为基础,每增加 10 万配额等于追加 1 投票权。因此,在 IMF,哪个成员国的经济实力强,配额多,投票权就越多,可谓"财大气粗"。截至 2016 年 1 月 26 日,占 IMF 配额及投票权前十位的成员国如下表所示。

表 8-1　IMF 配额及投票权前十位成员国

成　员　国	配额(百万美元)	所占比例(%)	投　票　权	所占比例(%)
美　国	82,994.2	17.43	831,401	16.50
日　本	30,820.5	6.47	309,664	6.14
中　国	30,482.9	6.40	306,288	6.08
德　国	26,634.4	5.59	267,803	5.31

续　表

成员国	配额(百万美元)	所占比例(%)	投票权	所占比例(%)
英　国	20,155.1	4.23	203,010	4.03
法　国	20,155.1	4.23	203,010	4.03
意大利	15,070.0	3.16	152,159	3.02
印　度	13,114.4	2.75	132,603	2.63
俄罗斯	12,903.7	2.71	130,496	2.59
巴　西	11,042.0	2.32	111,879	2.22

美国仍是 IMF 唯一拥有超过 15% 投票权的最大"股东",实际上对任何决策拥有一票否决权,因此,IMF 在很大程度上根据美国的意愿行事。

3. 组织结构

IMF 作为政府间国际组织,由成员国讨论决定该组织的各项重大事宜。在决定个别成员国对 IMF 的义务时,或谈判具体贷款协议时,IMF 起到了协调大多数成员国与该个别成员国之间关系的作用。所谓"大多数"是指就投票而言,实际上是由掌握多数票的少数发达国家说了算。这说明在 IMF 中,主要是以经济实力为基础,并不是联合国内的主权国家之间,不分大小、强弱,在政治上一律平等,尽管每个成员国平等地享有 250 票的基本投票权。

根据 IMF 协定第 12 条,IMF 设置了董事会、执行董事会、总裁和其他职员。

董事会是 IMF 的最高权力机构。每个成员国有权指派董事和副董事各一名,代表其政府参加理事会的工作。在一般情况下,成员国所指派的董事为本国的中央银行行长或财政部部长。董事会的主要职权是:(1) 批准接纳新成员国;(2) 批准修改 IMF 的基金份额;(3) 批准成员国货币平价的普遍变动;(4) 决定成员国的退出;(5) 讨论决定基金的其他重大问题。

董事会通常是一年开一次例会。IMF 的日常事务均由执行董事会处理。目前,执行董事会由 24 位执行董事组成,其中 7 位是分别来自美国、德国、日本、英国、法国、沙特阿拉伯和中国的代表,其余 17 位执行董事是由成员组联合推举的代表,比如北欧 8 国成员组联合推举其中一国代表为执行董事。根据协定第

12条第3节有关规定,在执行董事会中,每位执行董事按所代表的国家的投票权进行表决,即由7个成员国分别推举的执行董事,只拥有其本国的投票权;由成员组联合推举的执行董事,则拥有其代表的这些成员国总的投票权。但是,执行董事会处理日常事务,每周举行3次例会,一般在作决定时,很少采用投票,而是协商解决。

总裁人选不能是董事或执行董事,由执行董事会任命。总裁是 IMF 的行政首脑,总管基金的业务,兼任执行董事会主席,但是一般无投票权,只有在双方票数相等时,可以投决定票。传统上,IMF 总裁由欧洲人担任,而世界银行行长则由美国人担任,以保持地区利益的平衡。目前,IMF 总裁是保加利亚人克里斯塔利娜·格奥尔基耶娃(Kristalina Georgieva)女士。

IMF 设立两个代表全体成员国的委员会。国际货币与金融委员会是由 24 位 IMF 董事或副董事组成的咨询机构,主要监管基金的行政管理,向董事会和执行董事会提供建议;与世界银行一起建立的联合发展委员会负责提供有关帮助最不发达国家的事宜。

IMF 行政职员约有 2,700 人。这些职员不代表任何成员国,完全是 IMF 的雇员,其中包括经济学家、统计学家、研究学者、公共金融或税收专家、文字处理和其他类型的工作人员。

4. 成员国的基本义务

IMF 协定是多边国际公约,其成员国均须履行协定中的基本义务。中国一贯忠实履行其加入的国际公约或条约义务。对中国而言,这种国际义务一般优先于国内法得到适用。根据 IMF 协定第 4 条和第 8 条,各成员国都必须履行如下一般义务。

第一,在保持合理的价格稳定和根据本国具体情况的前提下,促进有序的经济发展,以此为目标来制定经济和金融政策,进而使各成员国之间的汇率保持稳定。

第二,及时向 IMF 通报其汇兑方面的变化,根据自 1976 年 1 月 1 日起生效的国际货币制度,这类变化包括:(1)成员国所选择的与 SDR 或者其他黄金之外的标准相联系的汇率制度;(2)成员国之间的汇率安排;(3)其他由成员国选择的汇兑制度。

第三,未经 IMF 同意,不得对现行的国际交易中的支付和转让加以限制,凡涉及成员国货币的汇兑契约,如与符合 IMF 协定的任何成员国汇兑管制制度相抵触,在任何成员国域内均无效。

第四,除根据 IMF 协定或经 IMF 同意以外,不得实行歧视性或复汇率制度。

第五,对任何其他成员国在经常性交易中积存的本国货币,一旦对方为保持外汇平衡或为支付其经常性交易所需而提出兑换,任何该成员国都应以特别提款权或其他对方指定的货币换回。

第六,根据 IMF 的要求,向基金通报必要的金融信息,包括:(1)官方在国内外持有的黄金和外汇;(2)官方机构之外的银行和金融机构在国内外持有的黄金和外汇;(3)黄金产量;(4)黄金进出口及其进出口国;(5)以本币计算的货物进出口总量及其进出国;(6)国际收支平衡表,包括货物贸易和服务贸易以及黄金交易与已知资本交易;(7)国际投资状况;(8)国民收入;(9)物价指数,即批发和零售市场的商品价格以及进出口价;(10)外汇买卖汇率;(11)外汇管制,即所有对基金组织的成员国产生影响的外汇管制措施及其具体的后果;(12)官方清算协定以及根据协定的清算情况。在要求成员国提供上述信息时,IMF 应充分顾及成员国的不同能力。成员国没有义务披露个人和公司的具体情况,但是成员国所提供的信息应具体,避免流于推测。

以上第三至第六的义务,即"第 8 条义务",成员国可根据 IMF 协定第 14 条要求过渡期安排,在过渡期内继续实行外汇管制,以便在条件许可时立即取消这种管制。在过渡期满后仍不能取消外汇管制的成员国必须每年同 IMF 磋商,在获准后才能继续实行管制。IMF 认为条件具备时可以建议取消外汇管制,如果一成员国坚持实行外汇管制,与 IMF 主张相抵触,可能会受到 IMF 的制裁。中国通过向市场经济的转变,逐步做到在国际收支经常项目下可自由兑换,但仍保留资本项目的外汇管制。

5. 一般提款权与 SDR

IMF 是通过成员国之间的合作,帮助解决个别成员国的暂时性国际收支困难的国际货币组织。该组织所拥有的可提供援助的资源包括一般资源和 SDR。IMF 协定条款中并没有"一般资源"和"一般提款权"的定义性规定。第 5 条第 2 节"基金运作与交易的限度"规定:在基金账户中的交易限于旨在向某成员国提供援助的交易,即该成员国根据其配额,以本币从基金的一般资源(由一般资源账户掌握)中购买其他成员国的外币。对于该成员国而言,可进行这种交易是其履行了向 IMF 认缴配额股之后享受的权利,因此,从一般资源账户中以本币购买一定额度的外币之过程,被称为"一般提款权"。当成员国遇到国际支付困难时,有权立即从一般资源账户中提取 25% 原先以黄金或其他国际货币认缴的配额,如还不足以解决困难,可允许在 1 年中累计 3 次提取其余 75% 的配额。

SDR 是 IMF 于 1969 年创设的长期国际准备金,以弥补一般资源的不足,原因在于国际贸易的发展和当时的美元危机,导致一般资源中可供成员国购买的国际货币(主要是美元)严重缺乏。SDR 是由成员国授权 IMF 发行的特殊国际货币,其拟制的币值取决于两个基本因素:第一,五种通常国际货币的计价"篮子",即构成比例(每 5 年修改一次,2022 年 5 月 11 日至今,美元、欧元、人民币、日元和英镑的构成比例分别为 43.38%、29.31%、12.28%、7.59% 和 7.44%);第二,美元与其他 4 种货币的浮动汇率(每日国际外汇市场的汇率),比如,2022 年 5 月 24 日的 SDR 币值是如下表这样决定的。

表 8-2 SDR 币值表(2022 年 5 月 24 日)

货 币	每单位 SDR 的货币组成	汇 率	相等于美元
人民币	1.017,4	美元与人民币 1:6.471,00	0.152,372
欧 元	0.386,71	美元与欧元 1:1.186,65	0.414,128
日 元	11.900	美元与日元 1:111.455,00	0.093,359
英 镑	0.085,946	英镑与美元 1:1.379,05	0.107,531
美 元	0.582,52	美元本身 1.000,0	0.582,520
1 美元=0.740,790 SDR		每单位 SDR=1.349,910 美元(取 6 位小数)	

SDR 分配以各成员国在一般资源中的配额为基础,换言之,配额越大,可提取 SDR 就越多。与一般提款权不同的是,成员国以本币购得的 SDR,只是 SDR 账户上的货币,即所谓"纸黄金"。成员国实际上是以账面上提取的 SDR 用于国际支付。同样地,成员国负有购回本币的义务。自 SDR 创设以来,先后于 1970—1972 年、1978—1981 年和 2009 年三次发行,总计现为 2,042 亿,约等于 3,180 亿美元。

6. IMF 的运作机制

根据 IMF 协定第 5 条第 1 节,各成员国都必须指定其国内金融机构与 IMF 开展有关金融业务。这类机构包括:财政部、中央银行、稳定的基金或其他类似的金融机构。IMF 除了与这类指定机构发生业务关系外,不与任何其他金融机构或个人有金融业务来往。这是 IMF 运作机制的基本条件,即 IMF 框架内的国际金融法律关系仅指 IMF 与成员国政府(通过指定的金融代表机构)之间的关系。

根据第 5 条第 2 节,IMF 的运作与交易受到两方面的限制。其一,通过 IMF 账户进行的交易都必须由某成员国提出申请,IMF 通过一般提款权,即在一般资源账户中以本币购买其他成员国的外币或 SDR,即以本币购买 SDR,来提供类似于抵押贷款性质的外汇援助,以便该成员国渡过暂时的国际收支失衡困难。其二,一旦成员国提出申请,IMF 将决定提供金融与技术服务,包括管理使用由各成员国认缴的一般资源和补充资源。这种管理使用的费用不涉及 IMF 账户本身,也不产生任何未经成员国同意的义务。

第 5 条第 3 节规定了使用一般资源,即成员国行使一般提款权的具体条件。这主要包括:(1) IMF 可以对成员国的一般提款权使用采取一定的政策,尤其是国际收支平衡的特殊政策,以帮助成员国在与 IMF 宗旨相符合的前提下,解决其国际收支平衡困难,并为 IMF 一般资源的使用提供足够的保障;(2) 成员国有权从 IMF 一般账户中以本币购买相等数量的其他成员国外币,但必须符合若干条件,比如这种购买应该是弥补该成员国国际准备金的不足,最多不得超过其配额的一倍;(3) IMF 将根据拟选购的外币,与有关成员国磋商,并充分考虑各有关国家的国际准备金、国际收支平衡状况和国际外汇市场等因素。

第 19 条规定了使用特殊提款权的一些主要原则:(1) SDR 只有通过规定的运作和交易才能使用;(2) SDR 部的某参加国(participants)可使用其 SDR 从另一基金指定的参加国获得相等的货币,或者根据与另一参加国的协议,使用其 SDR 从该另一参加国获得等量货币;(3) 各参加国使用 SDR 的目的是解决国际收支失衡,而不是仅仅为了改变本国国际准备金的组成;(4) IMF 指定的参加国,应当根据另一参加国的需求,提供其可自由使用货币(freely usable currency),数量不得超过该另一参加国的累积 SDR 两倍;(5) 可被指定的参加国,其国际收支和储备金应当是十分坚挺和充足的。

根据第 19 条规定，SDR 使用可分为：第一，从基金指定的参加国获得可自由使用的货币；第二，各参加国通过协议使用 SDR，从另一参加国兑换等值的货币（可以是非自由兑现的货币）；第三，转让到一般资源账户，以购回本币。

在第一种使用中，任何希望将 SDR 兑换成自由使用货币的参加国首先向 IMF 提出申请，并说明兑换的用途。IMF 在收到申请后，可指定另一参加国接受申请国的 SDR 并提供可自由使用货币。根据第 19 条第 4 节规定，IMF 指定的参加国有义务提供可自由使用货币，但是该义务限度是：所提供的可自由使用货币不超过其累积的 SDR 分配之两倍。在第二种使用中，参加国不通过 IMF，直接与另一参加国就以 SDR 兑换所需货币达成协议。这可以促进 SDR 的广泛使用。在不违反 IMF 的基本原则前提下，各参加国依协议进行的 SDR 兑换交易，不受 IMF 其他具体规定的约束，但必须遵守等值原则，以防止影响 SDR 定值以及其作为国际准备金的地位。在第三种使用中，参加国通过将其持有的 SDR 转让到一般账户，以购回本币或交纳会费等。近年来，这部分交易量增加较大，说明参加国都更愿意利用这种账面上的"纸黄金"来代替美元等可自由兑换货币，去购回一般资源账户上的本币。

根据 IMF 协定第 5 条第 7 节，IMF 成员国在任何时候都有权购回基金所持有的本币。凡利用一般提款权从基金一般资源中购买的其他成员国外币，旨在解决本国国际收支失衡。一旦这种失衡得到改善，该成员国应分期购回本币。

第二节 世界银行

一、世界银行的宗旨

世界银行是根据《国际复兴开发银行协定》（又称《世界银行协定》）建立的国际金融组织。该协定是同 IMF 协定一起，于 1944 年 7 月 22 日在美国新罕布什州布雷顿森林会议上，由与会国代表签署的。1945 年 12 月 27 日，世界银行正式成立（同日，中国成为其原始成员国），1946 年 6 月 25 日开始营业。上述两项协定以及由此产生的姐妹组织，构成了被称为"布雷顿森林体系"的战后国际金融法律制度的基本框架。

与 IMF 的宗旨有所不同,世界银行旨在通过中长期政府贷款,帮助遭受战争破坏的国家和地区重建,或经济落后的国家和地区的发展。根据《世界银行协定》第 1 条,其宗旨有如下 5 条。

(1)"通过促进生产资本投资,援助各成员国领域内的重建和发展,包括恢复被战争摧毁或破坏的经济,使各种生产设施恢复到和平时期的需要,鼓励较不发达国家的生产设施和资源的开发。"[①]在战后,由美国鼎力支持建立的世界银行对于西欧的重建和发展至关重要,但是,现在世界银行的中长期低息政府贷款,完全用于发展中国家或最不发达国家的经济发展。根据条款规定,这种贷款的用途限于生产设施和资源的开发。

(2)"通过担保或参加私人贷款及其他私人投资的方式,促进私人对外投资,并且,在合理条款基础上成员国未能获得私人资本时,在合适条件下,可运用世界银行自身基金或其他资金来源,提供生产性融资,补充私人投资的不足。"通过担保鼓励私人对外投资,是世界银行的一贯宗旨。在多边投资担保机构(MIGA)建立之前,世界银行在担保私人对外投资方面起着主要作用。现在,MIGA 作为世界银行集团成员之一,实质上是根据上述宗旨,专门从事私人对外投资的担保。世界银行运用自身资金,补充私人投资的不足,这表明世界银行是发展中国家获取生产性融资的重要来源之一。

(3)"鼓励对成员国生产资源发展的国际投资,促进国际贸易的长期均衡发展,维持国际收支平衡,从而帮助这些成员国提高生产,改善生活水平和劳工条件。"通过鼓励生产性的国际投资,使投资所在国的国际贸易获得长期均衡发展,是世界银行与国际货币基金组织的根本区别之一。

(4)"安排所提供的贷款或所担保的国际贷款,以便优先考虑比较急需的项目,而不论大小。"这说明,世界银行在安排国际融资时,可充分顾及发展中国家经济发展的轻重缓急。

(5)"在上述运作中,要适当地注意到国际投资对东道国域内商业条件的效应,并在战后初期,帮助战时经济平稳地转为平时经济。"现在已不存在第二次世界大战后的特殊情势,因此注意国际投资对东道国的商业效应,防止负效应,是世界银行的宗旨。

---

① 译自英文作准本:Articles of Agreement of the International Bank for Reconstruction and Development (World Bank), 22 July 1944, 2 UNTS 39。以下援引该协定,出处略。

由上可知,世界银行与 IMF 是相辅相成的。前者致力于成员国(现在主要是发展中国家)的中长期经济发展和国际收支平衡,后者侧重于负责帮助成员国解决临时的国际收支失衡。从实际运作来看,两者如同国际货币融资体系这一"飞机"的两翼,缺一不可。

二、世界银行的成员和资本

根据《世界银行协定》第 2 条第 1 节(b)款,其成员(股东)应该是 IMF 成员国。这意味着,只有 IMF 的成员国才有资格加入世界银行。事实上,绝大多数国家是同时加入这两个国际货币融资组织的,以便在短期和中长期两方面都能获得一定的金融帮助。目前世界银行成员国为 189 个。

世界银行的资本,即成员国授权世界银行设立的股本,总计为 100 亿美元(1944 年 7 月 1 日生效),分成 10 万股,每股 10 万美元。只有成员国才有资格认股。原始成员国的最低认股额由《世界银行协定》附件 A 规定,其中美国高居榜首,占 3,175 股;英国、苏联、中国和法国分别为 1,300、1,200、600 和 450 股。当时,始初股本只有 9,100 股,美国占了 35%。这一比例超过了美国在 IMF 总配额中所占比例,说明美国在更大程度上左右了世界银行。

根据《世界银行协定》第 2 条第 2 节(b)款规定,经成员国中四分之三多数票同意,世界银行可以增加总股本。1959 年 9 月 1 日,世界银行理事会决定增加 110 亿美元的资本,其中 100 亿根据原始成员国的股本比例配股,10 亿作为新成员国认股的资本。

此后,世界银行隔一定时期就会增加一定的总股本。譬如 1998 年 6 月 23 日,世界银行理事会同意有选择的资本增加,对巴西、丹麦、韩国、西班牙和土耳其五国,根据其各自经济实力给予增资,总计为 23,246 股、26 亿 3,600 万美元。世界银行的资本除了成员国根据认股比例交纳的股金,还包括了贷款所得利息等,比如,1997—1998 年度世界银行的年纯收入为 12 亿 4,300 万美元。世界银行还通过资本市场进行融资,1947 年首次发行债券以来已筹集近 1 万亿美元。2020 财年,世界银行利用其 AAA 评级和良好市场信誉筹集了 750 亿美元,以履行其使命,并帮助贷款的国家管理风险、增强韧性。2020 年 4 月,为了帮助增强各国应对新冠肺炎疫情的能力,世界银行在三天内通过可持续发展债券筹集了 150 亿美元,其中包括 80 亿美元的五年期债券,这是有史以来超国家机构发行的最大规模债券。

每个成员国认缴的股本,只缴纳20%的美元,其余80%作为待缴股本,一旦世界银行需要,可提出要求,各成员国将根据认缴比例交纳本国货币。

三、世界银行的组织结构

根据《世界银行协定》第5条规定,世界银行的组织结构包括:理事会(Boards of Governors)、执行董事会(Boards of Directors)、行长(President)和其他官员、职员。理事会是世界银行的权力机构,由各成员国委派的理事和副理事组成。理事和副理事的任期均为5年。副理事在理事缺席时才有投票权。该理事会选举一名理事担任该理事会主席。理事会可授权执行董事会一定的权力,但是下列情况不属于授权范围:(1)接纳新成员国和决定加入的各种条件;(2)增减股本;(3)中止成员国的成员资格;(4)决定由执行董事会上诉的有关本协定的解释;(5)与其他国际组织的合作;(6)决定永远地中止世界银行和分配资产;(7)决定分配银行的纯收入。实际上,这些都是理事会的重大职权。理事会每年召开一次年会,并在理事会认为必要时,或应执行董事会要求,或根据五个成员国要求,或占25%投票权的成员国之要求,举行特别会议。

理事会内的投票机制是:每个成员国享有250票的基本投票权,再加上每个成员国根据其在世界银行的股份额所拥有的投票权,每股递增一票,这意味着谁拥有的股份多,投票权就大。根据第5条第3节(b)款,"除另有特别规定,有关银行的所有事项均有多数票决定"。目前,前6位大股东成员国是美国(41,148.8股,投票权15.77%)、日本(19,297.7股,投票权7.41%)、中国(13,067.1股,投票权5.03%)、德国(10,977.6股,投票权4.23%)、英国(10,132.8股,投票权3.91%)和法国(10,132.8股,投票权3.91%)。

执行董事会负责世界银行的一般运作,行使理事会所授予的一切权力。最初它由12位常驻世界银行的执行董事组成,2010年之后增至25位,其中6位大股东成员国(美国、日本、中国、德国、英国和法国)指派执行董事和副执行董事各1位,沙特阿拉伯有权指派1位执行董事(副执行董事空缺),俄罗斯联邦也有权指派1位执行董事,副执行董事由叙利亚指派。其他17位执行董事及副执行董事由其他成员国组选派。每位执行董事任期2年,副执行董事作为其缺席时的代表。当执行董事出席会议时,副执行董事可列席会议,但没有表决权。执行董事会以简单多数票决定所讨论的问题。

行长由执行董事会选任,但不能是理事、副理事,或执行董事、副执行董事。行长同时为执行董事会的主席,一般不参加投票,除非投票出现双方相等时可投决定一票。行长可列席理事会,但不参加投票。行长作为全体职员的行政首脑,负责世界银行的日常工作。现任行长为美国人戴维·马尔帕斯(David R. Malpass)。

除上述机构外,世界银行还设置了两个机构,一个是顾问理事会(Advisory Council),由理事会选任的至少七位顾问组成,任期两年,可连任,包括银行界、商界、产业界、劳工界、农业等方面代表,并尽可能包括一位具有广泛代表性的国家代表。该顾问理事会负责就一般政策问题向世界银行提出建议。另一个是贷款委员会(Loan Committees),这是由世界银行选任的、非常设的、负责某具体贷款报告的专门委员会。每一个贷款专门委员会包括一位贷款项目所在地国的专家和一至数位银行委派的技术专家。

世界银行的日常工作机构包括业务评估部、金融部、业务部、经济与调研部、人事与行政部、对外联络部、法律部和秘书处。作为国际法上的完全法人,世界银行可以签订契约、取得和处置动产或不动产、提起诉讼。

四、世界银行的业务

世界银行的业务主要是贷款和担保。根据《世界银行协定》第4条第1节规定,世界银行可以采用如下方法进行贷款:(1)利用自己的基金、已缴纳的资本和盈余发放或参与直接贷款;(2)利用成员国市场上筹集的基金或其他银行借贷,发放或参与直接贷款;(3)全额或部分地担保私人利用正常投资渠道进行的贷款。

贷款的具体程序大致是:首先由成员国政府或由成员国政府担保的公共企业或私人组织直接向世界银行提出申请贷款。然后,世界银行将根据相关国家经济结构和发展前景,与该国政府官员商谈贷款项目的可行性,经研究初步商定可行之后,世界银行接着将与相关国家政府就贷款条件等进行谈判。直至签订有关贷款协议。最后,由行长将有关贷款的可行性报告和协议递交执行董事会审批。如获批准,世界银行将根据协议发放贷款,并经常派员前往接受贷款国,检查项目执行情况。贷款包括有关项目所需的全部或部分外汇,在特殊情况下,也可以提供接受贷款国本币。贷款到期后,可给予宽限期,最长可至10年或20

年。利息以银行取得资金的费用为准,另加少量管理费,因此,这是条件相对优惠的低息中长期贷款,深受发展中国家欢迎。

世界银行在提供担保时,根据所担保的贷款数额,要求投保人支付一定的担保佣金,在世界银行运作的前 10 年,佣金年率为 1‰至 1.5‰。而后,根据银行资本金情况,可适当下调。担保佣金由借贷人直接支付给世界银行。

五、世界银行集团成员

世界银行集团成员包括国际开发协会(IDA)、国际金融公司(IFC)、多边担保机构(MIGA)和解决投资争端国际中心(ICSID)。MIGA 和 ICISID 与国际投资法密不可分,因此放在下一章评述。IDA 和 IFC 的职能与世界银行一样属于国际融资法范畴,下文略作评述。

(一)国际开发协会

国际开发协会是世界银行集团特许的一个借贷机构,限定为最不发达国家提供长期无息贷款,以减少这些国家的贫穷以及促进可持续的经济发展。在世界银行建立之初,头等重要的任务是战后的欧洲重建。在这一任务基本完成后,世界银行便将重点投向发展中国家。但是,在战后的 50 年代,世界银行就发现最不发达国家难以根据已有的制度获得所需资金,它们要求条件更加优惠的贷款。在美国的倡议下,世界银行成员国决定成立一个专门的国际金融机构,负责向最不发达国家贷款。1960 年 1 月 26 日,《国际开发协会协定条款》(IDA 协定)正式签署,同年 9 月,协会正式成立。1961 年,该组织向洪都拉斯等国发放最初的无息长期贷款,标志着国际开发协会开始运作。

国际开发协会与世界银行密不可分,实质上是"两块牌子,一套班子",运行机制亦相同。根据 IDA 协定第 2 条第 1 节,该协会会员国必须首先是世界银行的成员国。在目前的 173 个会员国中,有 74 个成员国有资格获得 IDA 贷款。根据 IDA 的标准,人均国民收入低于 885 美元的国家才有这种资格。这些国家共有 30 亿人口,其中有 13 亿人口处在每天收入不足 1 美元的贫困线下。当这类国家的国民生产总值(GNP)超过了资格线标准,就不能享受 IDA 的无息贷款,然后,须向世界银行申请以市场利息为基础的贷款。

根据 IDA 协定第 2 条第 2 节(a)款,"每个会员国在入会后均应认缴分派的资本份额"。① 附件 A 规定 17 个发达国家认缴 76.307% 的始初份额,其余 51 个发展中国家认缴 23.693%。IDA 的原始资本为 10 亿美元,其中美国一家就认缴了 3 亿 2,039 万美元。国际开发协会还接受成员国的捐款,捐款每 3 年一次。截至 1996 年 7 月进行的第 11 次捐款,国际开发协会累计接受了 960 亿美元的捐款。在第 11 次捐款中,美国、日本、德国、法国、英国和意大利名列前 6 名,阿根廷、博茨瓦纳、巴西、捷克共和国、俄罗斯等仍有资格向世界银行贷款的会员国也捐了款。第 12 次捐款从 1999 年 7 月开始,接受捐款额为 86 亿 5,000 万单位 SDR。

国际开发协会的贷款一般期限为 30 至 40 年,并可有 5 至 10 年的还本宽限期。贷款不设置任何利息,但是国际开发协会需收取 75% 的手续费。自国际开发协会成立至 2021 年,共向 114 个会员国发放了 4,220 亿美元贷款。最近 3 年向不同的发展项目提供了 250 亿美元贷款,帮助最不发达国家的经济社会发展,尤其是教育、饮水卫生、健康、家庭发展和食品生产等。2020 年以来在全球抗击新冠肺炎疫情中,国际开发协会发放了超过 50 亿美元的贷款。

(二)国际金融公司

国际金融公司是根据 1955 年 5 月 25 日签署的《国际金融公司协定条款》(IFC 协定)于 1956 年成立的,它隶属世界银行,是主要向发展中成员国的私人企业提供贷款的国际金融机构。IFC 协定条款第 1 条规定:"本公司的宗旨是通过鼓励成员国内,尤其是较不发达地区的私人生产企业的增长,促进其经济发展,以补充国际复兴开发银行(即世界银行)的活动。"②为此,国际金融公司将:(1)与私人投资者联合,通过投资,帮助融资建立、改进和扩大那些有助于成员国经济发展的生产性私人企业,无须成员国政府的担保,条件是该企业无法以合理条件获取足够的私人资本;(2)寻求各种投资机遇、国内外私人资本和有经验的管理人才,加以综合利用;(3)努力促成和创造各种条件,使国内外私人资本成为成员国生产性投资。

根据 IFC 协定第 2 条第 1 节,凡是世界银行的成员国均可参加该公司。目

---

① 译自英文作准本:Articles of Agreement of International Development Association (IDA), 26 January 1960, 439 UNTS 249。
② 译自英文作准本:Articles of Agreement of International Finance Corporation (IFC), 25 May 1955, 264 UNTS 439。

前,国际金融公司有 174 个成员国。其组织结构包括:由各成员国代表组成的理事会、由世界银行执行董事兼任的执行董事会以及世界银行行长兼任的执行董事会主席、由该主席提名和执行董事会任命的国际金融公司总裁。这说明该公司与世界银行关系非常密切,尤其是两者的执行董事会实质上是一个。因此,两者的政策实施具有一致性。

国际金融公司资金主要来源于成员国的认缴股本。根据 IFC 协定第 2 条第 2 节,公司的始初股本为 1 亿美元,分为 10 万股。根据附件 A(始初认缴比例),美国认缴 35.169%,超过了三分之一,其他主要国家包括英国为 14.4%、中国为 6.6%、法国为 5.815%等。后经扩股,总股本为 24 亿 5,000 万美元。此外,公司在实际运作时也向其他国际金融组织借款,比如,1966 年,公司借款 5 亿 9,000 万美元,其中世界银行提供了 5,000 万美元。国际金融公司还通过银团贷款(又称"辛迪加贷款")向发展中国家提供贷款,如 2013 年,中国承诺向该公司提供 30 亿美元作为该公司新的辛迪加贷款项目的第一个投资方。

国际金融公司的主要业务是项目融资。作为现在世界上最大的、专门对发展中国家私人企业提供贷款、进行投资的国际融资机构,该公司的融资项目包括:(1)根据固定或可变的利率,以主要的国际货币发放长期贷款;(2)股权投资(equity investment);(3)准股权投资(quasi-equity investment),如附属性贷款、优惠性股票和收益票据;(4)担保和备用融资;(5)风险管理;等等。

国际金融公司的融资项目均以国际市场利率为基础,不需要任何政府担保,因此,其与国际商业贷款没有实质区别,只是专门对发展中国家私人生产性企业提供融资。凡符合该公司融资要求的项目必须有投资回报的可能性,有助于东道国经济发展,符合环境保护要求。其融资项目范围包括所有产业,如农业、矿产业、制造业等。虽然国际金融公司主要为私人企业提供项目融资,但是在实践中,对含有政府所有权、由私人资本参股的企业,在商业性基础上,它亦提供融资。同时,由外国资本与发展中国家本地资本合资的本地企业,也属于国际金融公司融资的对象。为了保障私人资本的投入,国际金融公司的贷款或权益投资一般不超过该融资项目投资总额的 25%。融资额一般在 100 万至 1 亿美元之间。1956 年至 1999 年 6 月 30 日,国际金融公司动用自己资金提供了约 267 亿美元的融资,并安排了 179 亿美元的银团贷款。受益者包括 132 个发展中国家的 2,264 个企业。国际金融公司还设立对发展中国家女性企业家的贷款项目,截至 2016 年的统计,该项目累计贷款超过 10 亿美元。

第三节 经典案例与文献选读

一、经典案例:亚洲公共支出管理系统——第二阶段

(Public Expenditure Management Network in Asia-Phase 2)

译自世界银行晚近的一个贷款项目文件(截至 2021 年 4 月 28 日)。

A. 基本信息(基本项目数据)

项目编号	隶属项目(如有)	环境及社会风险	项目名称
P175749		低	亚洲公共支出管理系统:阶段二
地 区	国 家	项目信息文件准备数据	估计批准日期
东亚及太平洋	东亚及太平洋	2021.4.28	
金融手段	贷 款 人	执行机构	
投资项目金融	韩国公共金融院	韩国公共金融院	

项目金融数据(美元:百万)

概 述	
项目总成本	2.92
融资总额	2.92
融资缺口	0
具体来源	
非世界银行集团融资	
信托基金	2.92
其他 1	2.92

B. 导言及背景

东亚各国在追求公共金融管理改革以支持财政、经济增长、服务提供和反腐败目标方面都有各自实质性的不同历史。这代表了不同的出发点、经验和进步。譬如,马来西亚和泰国追求较复杂的预算导向改革,老挝和缅甸主要考虑预算管理的基本方面。就财政管理而言,本地区许多国家投入数字化程序中,包括内部的管理和与纳税人、供应人及转移接收人的关系。新冠肺炎疫情对各国构成新的挑战,它们对各自采取适应的财政政策和合适的应对"公共金融管理"(PFM)程序,表示了强烈的兴趣。

在许多情况下,改革的设计涉及将国际最佳做法与本地情况"良好"结合。典型的是,改革设计从渐进的执行中学到的比走一大步更多。在执行中调整改革以应对经验中所产生的问题及学到的东西,是许多国家改革中的基本特点。各国对改变管理、通讯和支持改革的能力建设也作了大量投资。

<u>部门及体制的背景</u>

改善 PFM 对于在一个国家改进资源配置和服务提供水平以及增进繁荣是一个根本性的、处于上游的贡献因素。合理的 PFM 体制应鼓励预算资源的战略配置,准确地反映政府的发展优先性。这也应该旨在取得高水平的技术效率,意味着对期待项目结果的资源贡献具有有效性。

自 2012 年形成这一观念,亚洲公共支出管理系统(PEMNA)已经鼓励和便利相关知识的分享以影响在 14 个成员国的合理 PFM 做法。来自 PEMNA 国家的 PFM 官员一致确认他们从学习项目和活动中获益。从类似社会经济政治背景的邻国中所获得的知识和初步学习有助于推进其改革努力。PEMNA 伙伴对与国际发展组织的合作及其这些组织由其能力带来 PEMNA 国家之外的PFM 做法和经验,给予高度评价。

<u>与国家公共金融(CPF)的关系</u>

PEMNA 与 EAP 地区战略相关。最近的 EPA 地区战略更新确认了合理的经济治理,包括 PFM 作为在地区中成功的推动力之一,并且将继续这样。此外,PEMNA 间接地有助于国际金融公司的政策承诺:"建设强大的、可预期的透明的体制。"

本项目也与数个 EPA 国家的 CPFs 有关。

国　家	与 CPF 联系
柬埔寨	与 CPF 目标 2(FY9-23)有关：增强公共部门的可预见性和公共金融。在国家公共部门(CoP)的预算讨论有助于国家改进预算执行的努力
中国	与 CPF 目标 1.2(FY20-25)有关：取得更有效和可持续的次国家财政管理和基础融资
印度尼西亚	PEMNA 知识共享活动可支持政府应对国家特殊发展(SCD)(2020 年 6 月)确认的关键挑战之一：在计划与预算之间的弱协调
老挝	与 CPF 目标 1.1(FY7-21)有关：公共金融立足于可持续路径及支持金融部门的稳定性。本项目将使得老挝努力增强其预算体制
马来西亚	与在马来西亚的包容性增长及可持续金融体制的目标有关。特别是在增强公共部门管理的支柱 3 有关，这旨在改进 PFM 和增强透明度
缅甸	与 CPF 目标(FY20-23)有关：增强公共体制制定政策及计划和更有效、更透明和公平提供服务的能力
蒙古国	与 CPF 目标 1.2(FY13-20)有关：支持更有规律、公平透明的公共预算和支出的管理。此外，本项目与执行的两项活动密不可分：增强财政和金融能力(SFFS)项目和欧盟资助信托基金"增强蒙古国的治理"
菲律宾	与 CPF 交叉问题(FY19-23)的治理有关。预算和财政 CoPs 的讨论以及网络中产生的研究将有助于政府 PFM 改革计划
泰国	与 CPF 目标 2(YF20-24)有关：改进金融和财政体制政策执行。PEMNA2 规定了政府论坛交流其改革努力以增强预算机制
越南	与 CPF 交叉治理有关(FY18-22)

说明：因缅甸的军事政变情势，任何银行便利介入都在继续评估中。

C. 项目开发目标

计划开发目标

总的 PEMNA2 目标是便于在预算和财政官员中的知识交换以更好提高其公共金融管理能力。

关键结果

(1) PEMNA 知识分享平台的加强；(2) 促进成员国的 PFM 改革/行动的

知识分享。

D. 初步阐述

<u>活动/组成要素</u>

要素1：初步学习

这一要素包括以下活动：(1) 全体会议。每年一次，与两个 CoPs 一起讨论较宽泛范围的 PFM 改革。这一般延续 2.5 至 3 天，并包括联合 CoP 阶段，分开的 CoP 阶段，CoP 领导团队（LT）会议和引导委员会（SC）会议。(2) CoP 会议。每个 CoP 每年至少组织两次会议，可以是线上或面对面地讨论具体的 PFM 改革。每次 CoP 会议一般 2—3 天，并包括会议阶段和 CoP 领导团队会议。(3) 研究访问。根据需要，研究访问 PEMNA 成员，基于其改革需求和互相学习各自经验。本项目将每年组织 4 次研究访问（CoP 中 2 个），根据预算的可行性和接待国家的能力而定。(4) 线上交流。定期组织以补充面对面会议和提供未来学习机会的背景信息。

在要素1项下，秘书处负责以下工作：(1) 提供经费，管理和安排知识分享活动，比如全体大会、CoP 会议、线上交流和研究性访问的组织。(2) 根据秘书处负责人指导，保障对知识分享项目的总体管理。(3) 协调 CoP 负责人和世界银行促进者的工作，准备和落实知识分享事件，引导委员会和领导团队会议的议程、记录和概述。(4) 提供知识分享事件和会议的技术投入。

要素2：研究活动

这一要素包括以下活动：(1) 政策概述系列。政策概述聚焦具体的 PEMNA 成员的 PFM 问题和兴趣主题。主题基于成员对过去事件评估的建议，成员调研或领导团队指南。每年将准备两项政策概述（CoP 之一）。(2) 总体阶段。总体阶段提供 CoP 选择主题的背景信息，包括国际趋势和前沿知识，PFM 实践者负责在每一次 CoP 会议上开始时提供。(3) 深入研究。PEMNA 将雇佣 PFM 专家准备基于成员主题建议的研究论文。研究论文的范围可以是区域、特定国家或次国家的。这可能是比较分析每个国家的案例研究，可以讨论来自 PFM 框架、工具或改革展望。

在要素2项下，秘书处应负责如下工作：(1) 提供资金，管理和实施研究活动的安排；(2) 协调 CoP 负责人和世界银行促进者的工作，确定主题和潜在专家；(3) 雇佣和管理负责从事研究活动的专家；(4) 回顾和开展不同研究阶段的质量保障,包括组织和独立评估深入研究和评价 PEMNA 成员对研究结果的满意度。

要素 3:咨询服务(AS)

这一要素聚焦协调来自一成员国家对于另一国的改进 PFM 表现的政策建议。秘书处将接受、评估和选择 2 至 4 个 AS 建议,通过竞争接受来自 PEMNA 的支持。秘书处负责雇佣,监察和管理提供咨询服务的专家。

在要素 3 项下,秘书处负责如下工作:(1)提供资金,管理和负责提供咨询服务的安排,包括评估、建设、选择 AS 建议和传播这些发现。(2)建立 PEMNA 成员国的专家数据库。(3)设计和执行咨询服务竞争。(4)对咨询服务机会的建议和指导其执行。(5)开展对咨询服务报告的质量保障。(6)评估个人咨询服务和项目整体。

要素 4:通讯、报告和管理及评估

这一要素聚焦传播、监察和评估 PEMNA。在线上网页(www.pemna.org)、脸书的网页,项目依赖如下通讯和报告工具:(1)年度报告。提供对上一年度的全面系统活动评估。(2)PEMNA 新闻。它们报道 CoP 事件、成员采访、成员给的 PFM 改革新闻以及其他系统通告。每四个月一次。(3)问题和讨论系列。秘书处在某一成员国的调查特定 PFM 问题的 2 页通讯/知识成果以及成员采访。(4)回顾 PEMNA。汇编电子版新闻作为原始资料,"回顾"是双向的,概述项目在既定年度的进展和系统影响。

在要素 4 项下,秘书处负责如下工作:(1)推进年度通讯计划,包括报告执行进展。(2)领导内部和外部通讯的管理。(3)管理线上通讯,包括监视任何其内容的加强和监管。(4)准备年度 SC 报告。(5)评估和监察 PEMNA 对成员国的影响。

环境及社会标准关系(略)

联系人员信息(略)

二、文献选读:《前所未有之年:国际货币基金组织 2020 年年报》

摘自 IMF2020 年年报(中文本)。

在新冠肺炎疫情的影响下,当前全球经济正处于深度衰退中。经济前景仍然充满不确定性,另外,一些长期因素也决定和影响着各国的疫情应对措施和经济复苏进程。世界各国民众的生活都发生了深远的变化:经济衰退、失业率上升、气候变化、技术进步与工作自动化、数字货币兴起、储蓄收益率下降、不平等现象加剧以及债务水平走高。但这些持续存在的全球力量和当前这场危机也为建设一个造福所有人的更美好的未来提供了机遇。让我们朝着共同的目标,真诚携手共进,致力于解决最紧迫的问题,重振领导力和对制度的信任,推动经济复苏,建立一个造福所有人的全球经济。

总裁致辞

致读者:

今年,全世界遭遇了一场前所未有的危机。国际货币基金组织及其成员国迅速投入行动。

各国政府采取果断措施,挽救民众生命,为世界经济提供支撑。各国推出的财政措施总额已接近12万亿美元,货币政策措施的规模约达7.5万亿美元。

国际货币基金组织理事会于2020年2月批准了份额总检查,其中包含的"一揽子"措施维持了我们的资金实力。这些措施将于2021年1月生效,包括将新借款安排扩大一倍、签署新一轮双边借款安排等。

成员国还进一步向控灾减灾信托和减贫与增长信托进一步提供了大量捐款。这些资源使国际货币基金组织自疫情暴发以来能够向成员国承诺超过1,000亿美元的资金,帮助它们应对危机。其中包括向低收入成员国提供亟需的债务减免,并将减免期延长到2021年4月;以及提供优惠贷款,其规模自危机暴发至今已达我们平时的一年内拨付数额的十倍。我们的应对行动具有广泛的覆盖面,既支持那些危机之初即呈现脆弱性(如债务高企)的成员国,也支持具有健全的经济基本面、但需要缓冲支持的国家。

面对危机,我们迅速将工作重点放在成员国最关键的各项需求上。我们简化了工作流程,迅速适应了远程办公模式,加快相关决策、讨论、技术援助和培训的速度。我们推出了"政策追踪",跟踪了196个经济体采取的主要经济应对政策。分享信息、数据和分析是我们为成员国提供价值的独特方式。

尽管国际货币基金组织采取了前所未有的行动,但全球前景仍然不明朗。各国正踏上一次漫长的攀行之旅,其充满艰辛、不均衡性和不确定,且极易出现反复。

我们仍有充足的空间运用1万亿美元的贷款能力,随时准备提供更多帮助。随着安道尔的加入,我们现已拥有190个成员国。在与所有成员国共同努力的基础上,我们能够实现更有韧性、惠及所有人的经济复苏。

本期年报阐述了国际货币基金组织执行董事会和工作人员在疫情暴发之前和疫情期间开展的政策建议、贷款活动和能力建设工作。年报重点关注了支持民众的政策，考察了宏观经济政策对个体的影响。

此外，报告还重点介绍了我们在多个领域持续深化有关工作的进展情况，包括在债务可持续性、治理和反腐、社会支出、金融科技和数字货币、气候变化等方面。通过在这些领域采取行动，我们将有可能促进有利就业、惠及所有人的经济增长，从而实现变革性的复苏进程。

克里斯塔利娜·格奥尔基耶娃

总裁

2020 年 11 月 9 日

第一章 一场前所未有的危机

新冠肺炎疫情

这是一场前所未有的危机。为了应对这场卫生突发事件，各国不得不实行"大封锁"，经济生活由此陷入停滞，引发了"大萧条"以来最严重的经济衰退。国际货币基金组织（IMF）迅速采取行动，向各国及其民众提供帮助，但全球经济前景仍存在巨大不确定性，世界仍在努力应对疫情的未知影响。

这场危机以无数方式扰乱了人们的生活。除了令人惋惜的生命损失之外，危机还造成数百万人失去了工作、收入和储蓄，很多人因房租和账单忧心忡忡。

经济崩溃的程度和速度是前所未有的。危机破坏了全球金融稳定，全球经济陷入大范围停滞，这包括非正式经济部门，其在拉丁美洲和撒哈拉以南非洲地区的经济中仍占据很大比重。为了挽救生命，各国政府为额外的卫生和紧急服务提供了资金。在条件和预算空间允许的情况下，各国政府还提供了非常规的货币和财政支出，向企业和个人提供救助，防止全球增长急剧下滑。截至 2020 年 9 月，全球范围的财政支出规模已达 11.5 万亿美元。

为应对当前非常时期，我们需要迅速采取同等非常规的行动。IMF 已全力以赴为民众和经济提供保障，帮助各公国做好准备，实现经济复苏。

1 万亿美元可向 IMF 成员国提供的贷款能力

伸出援手

全世界各国都面临着空前紧迫的国际收支和融资需求。这即刻对 IMF 资源产生了创纪录的需求。

为应对这场危机，IMF 将工作重点转向最关键的领域，简化了工作流程以加快决策过程，并将工作人员部署到最需要的岗位。

执董会批准的重要治理和融资改革表明，IMF 已做好准备向各成员国提供支持。这些及时的行动帮助 IMF 维持了 1 万亿美元贷款能力，使其在各国面临疫情下的空前融资需求时，能够为其提供强有力的支持。自 2019 年 5 月 1 日以来，IMF 已批准总额约 1,650 亿美元的贷款，包括在疫情暴发前安排的贷款。

三、扩展阅读

1. 董世忠主编：《国际金融法》，法律出版社，1989 年。

2. 王贵国：《国际货币金融法》（第三版），法律出版社，2007 年。

3. 韩龙：《国际金融法》，高等教育出版社，2020 年。

4. "The Quest for International Law in Financial Regulation and Monetary Affairs", *Journal of International Economic Law*, Volume 13, Number 3 (September 2010).

Chapter I Introduction and Purpose

Chapter II The Crisis of 2007-2009: Nature, Causes and Reactions

Chapter III Architecture and Conceptual Issues

Chapter IV Financial Market Regulation

Chapter V Trade, Competition and Tax Related Aspects

Chapter VI Monetary Regulation

第九章 国际投资法律体制

国际投资是国际经济的重要组成部分。与前述国际多边贸易和金融的法律体制不同,国际投资领域尚无诸如 GATT/WTO 协定、IMF 协定此类基础性多边国际条约,因而还没有形成国际多边投资法律体制。仅有两项与国际投资有关的公约实际上属于世界银行的法律体系,考虑其不同于国际融资法的相对独立性,故在本章第一节概述国际投资与国际投资法之后作专门评述。在 WTO 体制下从属于货物贸易多边协定之一的《与贸易有关的投资措施协定》(TRIMs 协定)和包含一定的投资规则的 GATS,内容有限,难以作为比较完整的和具有独立性的多边投资体制加以分析。如今对国际投资关系的政府间协调以双边投资保护协定(BITs)为主,本章第一节也将作一定论述。20 世纪 80 年代由联合国贸易与发展会议主持制定的《跨国公司行为守则》草案对基于各国外资法、有关跨国公司的法律调整有现实指导意义,本章第二节也将适当评析。第三节提供经典案例和文献选读,以加深对国际投资法律体制的理解。

第一节 国际投资及其相关国际条约

一、国际投资与国际投资法

国际投资,系指将本国资本投放在外国,也称海外投资。对于国际投资者的本国而言,这种跨国投资是一种资本输出,其本国就是资本输出国,而接受这种投资的国家就是资本输入国,一般称为"东道国"(host country)。

国际投资可分为直接投资和间接投资。人们通常将前者称为"外国直接投资"或"外商直接投资"(Foreign Direct Investment,FDI),即指私人性国际投资者在东道国通过设立各种企业,从事经营活动而进行的直接投资。后者主要指这类国际投资者以贷款或证券化投资等方式,在东道国进行的投资活动。国际法上并没有严格区分两者的定义。一般而言,在直接投资中,投资者对被投资企业有足够的控制力。

国际投资是国际贸易的延伸。资本的本性在于通过生产(企业)和流通(市场)两大环节,实现投资的产出利润最大化。传统国际贸易是国内投资者将在本国企业生产的货物出口至他国市场销售,以期获得较之在本国市场销售更多的利润。由于国际贸易中关税壁垒或各种非关税壁垒的制约因素,投资者转而到海外投资,在东道国建立合资企业、独资企业或合作经营企业,以求在当地生产、销售或出口,或向东道国企业贷款或购买上市公司股票,以便牟取较之在本国投资更多的回报。世界各国经济发展水平不一,因此,一国资本输出到另一国,尤其发达国家的剩余资本向发展中国家或最不发达国家的输出,是当今国际经济关系中非常重要的方面。

在现代信息技术日新月异,全球经济愈益一体化的今天,国际投资规模越来越大。据联合国贸易与发展会议《2021年世界投资报告》统计,2019年全球FDI流量为1.5万亿美元,2020年受新冠肺炎疫情影响,下降了35%,低于1万亿美元。中国2019年吸收FDI规模仅次于美国,2020年得益于疫情防控,流入中国的FDI共达1,490亿美元,接近美国的1,560亿美元,而中国企业的海外投资达1,330亿美元,首次位居全球第一。①

国际投资法是国际经济法的分支之一。顾名思义,这是关于国际投资的法律制度。所谓调整对象,系指受某一法律制度调整的法律关系。国际投资法的调整对象是各种跨国的投资法律关系,除可分为直接的或间接的国际投资中的法律关系外,国际投资的法律关系还可以分为私人性和官方性两类。比如,《关于国家与他国国民的投资争端解决公约》(ICSID公约)所调整的就是"私人国际

---

① UNCTAD: World Investment Report 2021 (overview),21 June 2021.

投资"中的外国投资者与东道国的争端。本章仅限于论述私人性直接国际投资中的法律关系。

国际投资法体系缺少基础性国际公约而呈现一定的不完全性。就调整外国直接投资中法律关系的法律制度而言,这包括国内法和国际法。以中国为例,调整外国直接投资的国内法主要是:(1)《中华人民共和国宪法》(简称《宪法》)第18条规定:"中华人民共和国允许外国的企业和其他经济组织或者个人依照中华人民共和国法律的规定在中国投资,同中国的企业或者其他经济组织进行各种形式的经济合作。在中国境内的外国企业和其他外国经济组织以及中外合资经营的企业,都必须遵守中华人民共和国的法律。它们的合法的权利和利益受中华人民共和国法律的保护。"这是中国所有现行投资法律制度的宪法依据,也是外国投资者在华投资权益得以保护的宪法保障。(2)《中华人民共和国外商投资法》(简称《外资法》)。2019年3月15日由全国人民代表大会通过的《外资法》取代了自1979年以来先后制定实施的"外资三法"(《中外合资企业法》《中外合作企业法》和《外商独资企业法》),是新形势下我国关于外资在华活动的全面的和基本的法律,确立了外资准入、促进、保护、管理等方面的基本法律框架和规则。(3)行政法规。2019年12月12日,国务院常务会议通过《外商投资法实施条例》。该条例与外资法均于2020年1月1日起正式施行。

中国签订或加入的调整外国直接投资的国际公约或双边条约包括:《多边投资担保机构公约》(MIGA公约)和ICSID公约以及中国加入WTO的"一揽子"协定中涉及FDI的TRIMs协定和GATS。中国自1982年以来与104个国家和地区签订了BITs。如《中华人民共和国政府和瑞典王国政府关于相互保护投资的协定》(1982年3月29日)、《中华人民共和国政府和法兰西共和国政府关于相互鼓励和保护投资的协定》(1984年5月30日)、《中华人民共和国和加拿大政府关于促进和相互保护投资的协定》(2012年9月9日)。

二、与外国直接投资有关的国际公约

(一) MIGA公约

MIGA是1985年10月11日在韩国汉城(首尔)召开的世界银行年会通过该机构的公约(也称《汉城公约》)而建立的,从属于世界银行集团的,但在财务上是独立的一个国际组织,于1988年4月12日正式建立。中国于1988年4月28日签署《汉城公约》,两天后交存批准书,从而成为MIGA成员国。MIGA现有183个成员国。作为一个多边投资担保机构,MIGA是通过国际合作筹资,为在发展中国家投资的外国投资者提供非商业性风险的投资担保。自成立以来,MIGA已为118个发展中国家提供了超过590亿美元的担保。

(1) 宗旨。《汉城公约》前言称:"基于有必要加强针对经济发展的国际合作和促进外国投资,尤其是私人外国投资的发展;承认应通过减缓对非商业风险的担心以促进和进一步鼓励外国投资流向发展中国家;期望根据与发展中国家的发展需要、政策和目的相一致的条件,在以公平、稳定的标准对待外国投资的基础上,增强对发展中国家的、具有生产性的资本和技术的流入;相信多边投资机构可以在鼓励外国投资方面,起到补充国内或区域投资担保项目和非商业风险的私人保险的重要作用;认识到这种机构在尽可能的范围内,可以满足其各种职责而不必动用其经通知可收回的资本,以及通过不断改善投资条件而实现这一目标。"①这说明,MIGA旨在鼓励在发展中国家的FDI。中国自20世纪70年代末实行改革开放政策以来,一直是世界上最大的吸收FDI的发展中国家,自然希望通过MIGA,鼓励FDI流向中国。

(2) 国际法地位、成员与资本。根据《汉城公约》第1条,MIGA是国际法上的完全法人,有能力签订合同、取得和处置动产和不动产、进行法律诉讼。该公约第4条规定:该机构成员对所有世界银行成员国以及瑞士开放;创始成员国是附表A所列的,并在1987年10月30日或之前已加入本公约的成员国。根据附表A,澳大利亚、奥地利、比利时、加拿大、丹麦、芬兰、法国、德国、冰岛、意大利、日本、卢森堡、荷兰、新西兰、挪威、南非、瑞士、瑞典、英国和美国20个发达国家为第一类(Category One);中国等128个发展中国家相应地为第二类。目前,第一类国家(又称"工业化国家")为25个,将上述第一类国家去除南非,加上捷克共和国、希腊、爱尔兰、葡萄牙、斯洛文尼亚、西班牙;第二类国家增至157个。MIGA的成员国完全是国际法上的主权国家,不包括目前有些国际组织和拥有处理对外经贸关系的单独关税区的权力,如WTO中的单独关税区(如中国香港、中国澳门)。

---

① 译自英文作准本:Multilateral Investment Guarantee Agency (MIGA), 11 October 1985, BGBl. 1987 II, 454. 下文援引该公约,出处略。

附表 A 不仅区分了发达国家与发展中国家两类成员国,而且相应地规定了各成员国在 MIGA 中以 SDR 为货币单位认缴的股份。根据第 5 条,MIGA 的总股本为 10 亿 SDR,分成 10 万股,每股价值为 1 万 SDR。根据附表 A,成员国的最低认缴股份为 50 股,在此基础上,各成员国根据其在世界银行中的股份比例增加认缴股份,比如,美国认缴股份最多,为 20,519 股,占总股本 20% 以上;中国为 3,138 股,居发展中国家之首。根据公约第 7 条,各成员国在公约生效之日起 90 天内,其应缴纳的每股 10% 为现金(国际通用货币),10% 为不可转让和无息本票或类似债券,其余部分在机构要求成员国履行其义务时缴纳;根据公约第 8 条,发展中国家在支付 10% 的现金时,其中 25% 可用本国货币支付。

(3) 承保险别。根据《汉城公约》第 11 条,MIGA 向有资格获得担保的投资提供如下四种承保险别:① 货币汇兑(Currency Transfer)险,东道国政府限制受担保人将其持有的东道国货币汇兑成国际通用货币或其他可接受的货币,这包括东道国未能在合理期限内受理这种持有人的汇兑申请。② 征用与类似措施(Expropriation and Similar Measures)险,东道国政府的任何立法行动或行政行动,或懈怠行为,实际上剥夺了受担保人对其所有财产或对其投资的控制,或投资的实质收益,但东道国政府为管理其领域内经济活动而采取的一般性非歧视措施不在此列。③ 违约(Breach of Contract)险,东道国政府不履行或违反其与受担保人签订的合同,并且,受担保人未能诉诸司法或仲裁以认定这种违约,或在合理期限内,这种司法或仲裁程序未能做出判决和裁决,或者,虽然做出判决和裁决,却不能执行。④ 战争与内乱(War and Civil Disturbance)险。这些都是商业性的投资保险所难以承保的政治性风险,因而需要政府间国际组织提供担保。在这个意义上,MIGA 是根据第二次世界大战之后由美国国务院下辖经济合作署设立的海外私人投资公司摹本,通过多边条约建立的、主要为发达国家在发展中国家的私人投资承保政治风险的国际金融组织。

(4) 有资格获得担保的投资、投资者和东道国。《汉城公约》第 12 条规定,有资格获得担保的投资应包括股权利益(equity interests),其中有企业股权持有人发放或担保的中长期贷款,以及由 MIGA 董事会认定的直接投资形式。经董事会特别多数票同意,有资格获得担保的投资可扩大到中长期的投资形式。担保限于 MIGA 给予担保者申请登记之后开始执行的投资,这包括新的投资,即旨在更新、扩大或发展现有投资的任何外汇转让,以及现有投资收益的再投资,即将可以汇出东道国的现有投资的收入转为再投资。在担保某一投资时，MIGA 必须审查其是否具有经济合理性、是否有利于东道国的发展、是否符合东道国的法律和规则、是否与东道国宣布的发展优先目标相一致以及东道国的投资条件，包括对该投资的公平待遇和法律保护。

《汉城公约》第 13 条规定，有资格获得担保的投资者是具有任何东道国以外成员国国籍的自然人，或者是注册地、主要营业地在东道国之外的法人，或者是其主要股本由非东道国的成员国或国民所拥有的法人。这类法人无论是否归私人所有，都必须按商业规范经营。该公约第 14 条规定，只对在发展中国家会员国境内所作的投资予以担保。这就是说，MIGA 所担保的投资必须是在发展中国家的领域内。MIGA 在缔结任何担保合同之前，都必须征得东道国的同意。

(5) 担保合同的签订和履行。《汉城公约》第 16 条规定，每项担保合同的期限和条件均由 MIGA 根据董事会制定的规则和条例决定，但是，担保的范围不得包括受担保投资的全部风险。根据第 17 条，MIGA 总裁根据董事会的指示签约担保合同。一旦承保投资风险发生，总裁将根据董事会的指示和依照合同，以及董事会可能采取的政策，决定向投保人支付赔偿。在投保人向 MIGA 索赔之前，应该根据东道国法律，在当地寻求行政补救。担保合同还可能规定承担风险发生与支付赔偿金之间的合理期限。代位求偿权（subrogation）是 MIGA 投资担保机制的重要内容。根据第 18 条，MIGA 在支付或同意支付给投保人的赔偿之后，将获得代位求偿权，即作为投保人向东道国和其他责任人索赔。这一代位求偿权得到 MIGA 所有成员国的承认。这样，在 MIGA 的法律框架内，投资者与东道国的关系就变成了 MIGA 与东道国的关系。对于投资者在发展中国家的直接投资，这是很重要的保障。MIGA 向东道国的代位索赔额应符合东道国给予受担保持有人的某些优惠待遇。在任何情况下，机构都可用这笔索赔额支付行政费用和其他费用。

(6) 组织机构和运作机制。MIGA 由理事会、董事会、总裁和若干雇员所构成。理事会是 MIGA 的权力机构，由每一会员国指派享有投票权的理事、只有在理事缺席时才有投票权的替补理事各一名所组成。由理事会选举一名主席，主持工作。理事会每年召开一次年会。董事会是 MIGA 的执行机构，现由 24 名董事（美国、日本、英国、德国、巴基斯坦、加拿大、乌拉圭、韩国、比利时、科威特、印度、喀麦隆、乌干达、菲律宾、泰国、中国、墨西哥、荷兰、冰岛、意大利、沙特阿拉伯、俄罗斯、瑞士和尼日利亚)组成。世界银行行长兼任董事长无投票权,除非在票数对等时可投票。董事会以过半数多数票决策。总裁根据董事长的提名,由董事会任命,负责 MIGA 的日常业务,并有权决定雇员的录用。目前总裁职位空缺,日本人俣野弘先生担任执行副总裁。

根据《汉城公约》第 39 条(a)款,在理事会,每一成员国的投票权包括 177 张会员票(membership votes)加各成员国认缴的股份票,如美国的股份票为 20,519,中国持有 3,138 股份票。理事会以不少于三分之二多数票决策。总体上,在 MIGA 内,不仅各成员国的投票权不同,而且发达国家比发展中国家有更多的发言权。

(7) 争端解决。根据《汉城公约》第 56 条,任何成员国与 IMGA 之间,或成员国之间,对于公约的解释或适用问题发生任何争端,均可提交董事会裁决;如对此裁决不服,可提请理事会作最后裁决。

(二) ICSID 公约

1965 年 3 月 18 日,在世界银行总部所在地——美国首都华盛顿召开的董事会上通过了成立 ICSID 的公约(即《华盛顿公约》)。该公约于 1966 年 10 月 14 日正式生效,随即 ICSID 开始运作。在 ICSID 创立之前,世界银行作为国际组织,其行长作为个人,经常协助调解国家与私人外国投资者之间的投资争端。ICSID 旨在建立一个专门协助调解这类争端的国际组织。与 MIGA 类似,ICSID 既属于世界银行集团的一分子,又是一个独立的国际组织。中国先后于 1990 年 2 月 9 日和 1993 年 1 月 7 日,签署和批准了该公约,并声明:中国仅考虑把因征收和国有化而产生的有关补偿的争端提交 ICSID 解决。ICSID 现有 154 个缔约国,迄今已受理超过 700 起缔约国之间的投资者与东道国有关投资争端的案件。

(1) 宗旨、机构和法律地位。根据《华盛顿公约》第 1 条(2)款,"本中心旨在为缔约国与其他缔约国国民之间的投资争端,提供以公约为依据的调解、仲裁"。[①] 该中心由常设的行政理事会和秘书处,以及调解或仲裁庭所构成。行政理事会由各成员国指派的代表和副代表各一名组成。在无相反指定的情况下,

---

① 译自英文作准本: Convention on the Settlement of Investment Disputes between States and Nationals of Other States (ICSID), 18 March 1965. 575 UNTS 160. 下文援引该公约,出处略。

各成员国在世界银行的代表和副代表当然地成为 ICSID 行政理事会的代表和副代表。世界银行行长也当然地为行政理事会主席。这说明了 ICSID 与世界银行之间密切的从属联系。秘书处由秘书长、副秘书长和若干职员组成。ICSID 的主要功能是提供有关投资争端的调解和仲裁,因此,调解和仲裁庭的组成人员十分重要。根据第 13 条,每个缔约国可指定调解员和仲裁员各四位,他(她)们可以是非该国国民。行政理事会可指定调解员和仲裁员各 10 位。这些人员都应具有很高的道德修养,精通法律、商业、工业或金融,尤其是仲裁员,更应是法律专家。ICSID 具有完全的国际法人格,能够缔结契约、取得和处置动产或不动产、进行法律诉讼。

(2) 管辖范围。根据《华盛顿公约》第 2 章各条款的规定,ICSID 的管辖范围包括任何直接地产生于一缔约国(或者该国向中心指定的其所属机构)与另一缔约国国民之间的投资争端,并且争端双方书面同意由中心解决。这说明,提交 ICSID 解决的投资争端必须同时具备三项条件:其一,争端的一方必须是一个缔约国,或其指定的所属机构,另一方必须是另一缔约国的国民(自然人或法人),如果争端双方在同一缔约国,作为争端一方的法人受外国控制,经缔约国政府和该法人同意,可将该法人视为另一缔约国国民;其二,争端的性质必须是直接因投资而引起的法律争端;其三,争端双方书面同意由中心解决该争端,即双方自愿原则。

对于双方已同意提交中心解决的争端,受到若干限制:任何一方都不能单方面撤销同意;对于提交仲裁的争端,除非另有声明,应视为排除任何其他补救方法,但是,一缔约国可以要求先行用尽本国的行政或司法补救,作为同意根据 ICSID 公约仲裁的条件;任何缔约国均不得主张给予外交保护或提出国际索赔要求,除非另一缔约国未遵守和履行中心就该争端作出的裁决。

(3) 调解和仲裁程序。《华盛顿公约》第 3 章"调解"规定了如下基本程序:首先由任何一缔约国或任何一缔约国的国民向中心秘书长提出书面请求,秘书长将请求的副本送达争端另一方。该请求必须包括有关争端的问题、争端当事人情况以及同意根据中心的程序进行调解。在注册该请求之后,中心将尽快组建一个调解委员会。该委员会由一人或任何非偶数调解员组成;如当事人对人数和人员组成有异议,则由双方当事人各任命一位以及协议任命一位(担任委员会主席)组成。调解委员会独立进行调解。在调解过程中,争端双方如达成协议,委员会将对争端的问题不作任何报告,并宣布调解结束;如未达成协议,委员会将作出报告。除非双方另有协议,任何一方均不得再提起仲裁或诉讼。

该公约第 4 章所规定的仲裁程序与上述调解程序,有许多相同之处,比如,仲裁的提出、仲裁庭组建及其成员的任命等。但是,仲裁庭的职权和功能有其特点,比如,第 41 条规定,仲裁庭根据双方当事人同意的法律规则解决争端,也可以适用当事人所在缔约国法律(包括冲突法规)和可适用的国际法规则,乃至在当事人同意时根据正义与公平(*ex aeque et bono*)解决争端。这与国际法院的法律适用原则相仿。第 42 条规定除非当事人另有协议,仲裁庭认为必要时可要求当事人提供证据,或到争端现场调查。第 45 条规定,一方当事人缺席,不影响仲裁庭作出裁决,等等。

(4) 仲裁裁决。根据《华盛顿公约》第 4 章第 3 节规定,仲裁庭根据其成员的多数裁决争端;未经当事人同意,中心不得公布裁决;中心秘书长负责向当事人送达裁决书;如当事人对裁决的含义或范围有异议,可书面请求秘书长予以解释,秘书长在可能时将此移交给作出裁决的仲裁庭,如这难以做到,可以组建新的仲裁庭。当事人可以因仲裁庭的组建不当、越权等,要求撤销原裁决。一旦裁决生效,对各当事方有拘束力,不可上诉和采取其他补救手段。各缔约国应将这种裁决视为本国法院的判决来执行。

三、WTO 框架下与投资有关的协定

(一) TRIMs 协定

TRIMs 是指与贸易有关的投资措施。TRIMs 协定序言表示:WTO 各成员"期望促进世界贸易的扩大和逐步自由化,便利跨国投资,以便提高所有贸易伙伴,特别是发展中国家成员的经济增长,同时保证自由竞争。……认识到某些投资措施可能产生贸易限制作用和扭曲作用"。[①] 为此,WTO 成员在不损害 GATT 其他权利和义务的情况下,不得实施任何与 GATT 第 3 条(国民待遇)和第 11 条(普遍取消数量限制)相抵触的 TRIMs。根据该协定附件的例示清单,与国民待遇义务相抵触的 TRIMs 包括:(a) 要求企业购买或使用国产品或出

---

① 《与贸易有关的投资措施协定》,中译文参考《乌拉圭回合多边贸易谈判结果》,法律出版社,2000 年,第 143 页。以下援引该协定,出处均略。

自任何国内来源的产品,无论按照特定产品、产品数量或价值规定,还是按照其当地生产在数量或价值上所占比例规定;或(b)要求企业购买或使用的进口产品限制在与出口的当地产品的数量或价值相关的水平。与普遍取消数量限制义务相抵触的 TRIMs 包括根据国内法律或行政裁定属强制性或可执行的措施,或为获得一项利益而必须遵守的措施,且该措施:(a)普遍限制企业对用于当地生产或与当地生产相关产品的进口,或将进口限制在与其出口的当地产品的数量或价值相关的水平;(b)通过将企业可使用的外汇限制在与可归因于该企业外汇流入相关的水平,从而限制该企业对用于当地生产或与当地生产相关产品的进口;或(c)限制企业产品的出口或供出口产品的销售,无论是按照特定产品、产品数量或价值规定,还是按照当地产品在数量或价值上所占比例规定。

根据 TRIMs 协定第 3 条,GATT 项下的所有例外均应酌情适用于该协定有关规定。可见,该协定是将 GATT 项下国民待遇原则和普遍取消数量限制规定延伸到了与贸易有关的投资领域,尚不构成单独的国际多边投资协定。

(二)GATS 有关投资规定

如前所述,"商业现场"的服务与服务提供者在当地租赁办公用房、添置办公用品或设置通信设备等密不可分,具有国际私人投资的性质。

GATS 第 16 条第 2 款在规定服务贸易的市场准入时禁止类似 TRIMs 的措施:在作出市场准入承诺的部门中,除非在其减让表中另有规定,否则一成员不得在其某一地区内或在其全部领土内维持或采取按如下定义的措施:(a)无论是以数量配额、垄断、专营服务提供者的形式,还是以经济需求测试要求的形式,限制服务提供者的数量;(b)以数量配额或经济需求测试要求的形式限制服务交易或资产总值;(c)以配额或经济需求测试要求的形式,限制服务业务总数或以指定数量单位表示的服务产出总量;(d)以数量配额或经济需求测试要求的形式,限制特定服务部门或服务提供者可雇用的、提供具体服务所必需且直接有关的自然人总数;(e)限制或要求一服务提供者通过特定类型的法律实体或合营企业提供服务的措施;以及(f)通过对外国股权的最高百分比或单个或总体外国投资总额的限制来限制外国资本的参与。

显然,这是与服务贸易有关的投资措施规定。TRIMs 涉及从事产品制造和出口的企业投资,而 GATS 与作为服务提供者的 FDI 有关。也就是说,服务贸易与货物贸易一样,与外国投资者对提供服务的企业投资有关。这涉及承诺市场准入的外国直接投资于特定服务业的数量、资产总值、服务产出总量、雇用提供服务的自然人总数、特定企业形式和外国股权等。GATS 第 17 条第 1 款规定"对于列入减让表的部门,在遵守其中所列任何条件和资格的前提下,每一成员在影响服务提供的所有措施方面,给予任何其他成员的服务和服务提供者的待遇不得低于其给予本国同类服务和服务提供者的待遇"。但是,相对货物贸易,服务贸易的国民待遇取决于 WTO 成员单方面承诺市场准入的减让表,根据 GATS 第 17 条第 2 款,可给予"形式上相同或不同"的国民待遇以满足第 17 条第 1 款的要求,而非绝对"不低于"的严格国民待遇。也正是如此,不同于 TRIMs 协定,与货物贸易相关的投资措施首先与国民待遇相关,然后与普遍取消数量限制有关,与服务贸易相关的投资措施首先与服务类数量相关,而后与国民待遇相关。

四、国际投资的双边保护协定

根据联合国贸易与发展会议统计,截至 2019 年年底,全球至少有 2,654 项仍生效的 BITs。① 从 BITs 的数量增减趋势看,在过去 40 年(1981—2021 年),前 20 年大致趋于增加,而近 20 年逐步减少。以 2019 年为例,到期的 BITs 为 34 项,而新生效的为 22 项,因而总数递减。BITs 的内容在不断更新,尤其是投资争端解决机制的改革正在进行中。基于条约的外国投资者与东道国争端解决案件趋于增加,截至 2020 年年底,全球此类案件多达 1,104 起,已解决案件 740 起,在审 354 起。其中,涉及 BITs 的案件 846 起,占多数,其次是包含投资条款的有关条约(如自由贸易协定)的案件 292 起。②

以比较典型的 BITs 来看,各国或地区都在努力完善有关投资保护机制。譬如 2012 年中国和加拿大缔结 BIT,是相对晚近的事。该协定序言明确"需要依据可持续发展的原则促进投资"和"在平等互利基础上加强两国经济合作"。③ 这是当今 BIT 的基本原则。就"投资"范畴而言,根据该协定第 1 条,"投资"指

---

① UNCTA,The Changing IIA Landscape: New Treaties and Recent Policy Developments,July 2020,Issue 1.
② Investment Dispute Settlement Navigator,https://investmentpolicy.unctad.org/investment-dispute-settlement,accessed 9 July 2021.
③ 《中华人民共和国政府和加拿大政府关于促进和相互保护投资的协定》,2012 年 9 月 9 日签订,2014 年 10 月 1 日生效。以下援引该协定,出处略。

(1) 一家企业；(2) 企业中的股份、股票和其他形式的参股；(3) 债券、信用债券和企业的其他债务工具，对一家企业的贷款，但是只有对金融机构的贷款或金融机构发放的债务证券在该贷款或债务证券被该金融机构所在缔约方视为监管资本时才是投资；(4) 在企业中的一项权益，该权益能使所有者分享该企业的收入或利润；(5) 在企业中的一项权益，该权益能使所有者在该企业解散时获得资产分配；(6) 由于向缔约一方境内投入该境内经济活动的资本或其他资源而产生的权益；(7) 知识产权以及其他任何出于商业目的取得或使用的有形或无形、可移动或不可移动的财产和相关财产权利；(8) 金钱请求权，来源于销售商品或服务的商业合同、与一项商业交易有关的授信，以及其他任何金钱请求权。可见，FDI以投资企业为基础，涵盖企业所有金融权益、有形或无形的财产权益、金钱请求权等。"投资者"指就任一缔约方而言，寻求从事、正在从事或已经从事一项涵盖上述投资的任何自然人，只要根据缔约一方法律拥有其公民身份或永久居民身份，且不拥有缔约另一方的公民身份，或者根据缔约一方法律组成或组织的任何实体，例如公共机构、公司、基金会、代理、合作社、社团、协会类似实体，以及私人公司、企业、合伙、机构、合资企业和组织，不论是否以盈利为目的，也不论其责任为有限责任或其他形式。根据上述"投资"和"投资者"的界定，"缔约一方投资者的投资"是指被该缔约方投资者直接或间接地拥有或控制的投资。可以理解该BIT下投资包括直接投资（企业）和间接投资（融资）。

　　该协定项下任一缔约方应承担的义务范围包括：(1) 一缔约方采取或维持的与另一缔约方投资者和涵盖投资有关的措施；(2) 任一缔约方授权行使监督职权、行政职权或其他政府职权的实体行使的征税、授予许可证、审批商业交易或设定配额、征收税费或其他费用的权力；(3) 任一缔约方的省级政府应遵守本协定。

　　该协定提供的投资保护待遇或标准主要包括：(1) 最低待遇标准，即"按照国际法，赋予涵盖投资公平和公正待遇并提供全面的保护和安全"；(2) 最惠国待遇，即任一缔约方给予另一缔约方投资者在设立、购买、扩大、管理、运营和销售或其他处置其领土内投资方面的待遇，不得低于在类似情形下给予非缔约方投资者的待遇，但该待遇不包括本协定、其他国际投资条约和其他贸易协定中的争端解决机制；(3) 国民待遇，即任一缔约方给予另一缔约方投资者在设立、购买、扩大、管理、运营和销售或其他处置其领土内投资方面的待遇，不得低于在类似情形下给予其国内投资者的待遇;(4)征收,每一缔约方投资者的涵盖投资或投资收益均不得在另一缔约方的领土内被征收或国有化,亦不得被采取具有相当于征收或国有化效果的措施,基于公共目的、根据国内正当法律程序,不以歧视方式并给予补偿的情况除外。

根据该协定,缔约一方投资者就与另一方政府发生的投资争端诉诸 ICSID 仲裁或联合国贸易法委员会(UNCITRAL)下仲裁。其先决条件是:(1)在提请仲裁的意向通知后 30 日内争端双方首先进行磋商;(2)提请仲裁应在引起发生诉请的事件至少 6 个月后,并在提请仲裁至少 4 个月前,该投资者以向争端缔约方提交提请仲裁的意向通知;(3)该投资者已递交其系另一缔约方投资者的证据;(4)针对该协定项下投资待遇等义务的措施,投资者已放弃根据第三国与争端缔约方之间的任何协定享有的启动或继续争端解决程序的权利;(5)自投资者首次知悉,或本应首次知悉声称的违反以及知悉投资者或其涵盖投资因此而招致损失或损害之日起,未超过 3 年期限。

除了投资者与国家的投资争端解决(ISDS)机制,该协定还规定缔约双方关于本协定的解释或适用的任何争端解决机制,首先应尽最大可能地通过外交途径协商解决,若争端未能在 6 个月内协商解决,则经任一缔约方请求,该争端应提交专设仲裁庭解决,该专设仲裁庭应由 3 名仲裁员组成,其中每一缔约方各任命 1 名,这 2 名仲裁员一起选定与缔约双方均有外交关系的第三国国民担任,或由国际法院院长或国际法院中第二资深法官任命第 3 名仲裁员。该仲裁庭以多数票裁决,且对缔约双方均有约束力。

综上内容可见,这是一项符合当代国际保护投资趋势和特点的 BIT,有利于促进和互相保护缔约双方的各自投资者在另一方投资的合法权益。

第二节 跨国公司相关国际投资法律

一、跨国公司在国际投资中的作用

根据联合国贸易与发展会议统计,在 1995 年,全球共有 4 万家跨国公司及其 25 万家附属外国分公司,所占 FDI 的股份约为 2,600 亿美元。这些跨国公司的生产总值超过当年世界各国出口总额。在20世纪70年代至90年代的大多数年份里,由跨国公司投资带动的全球FDI年增长率都超过了全世界国民生产总值(GNP)与出口总额的年增长率。全世界国民生产总值的25%至30%、非农业产品贸易的3/5、全球3/4的私人性投资创新能力都来自跨国公司。跨国公司直接雇用的人员约占全球非农业性产业人员的10%。在全球经济一体化加速的今天,跨国公司的数量与规模发展趋势有增无减。现在全世界每年成千上万亿美元的国际投资,主要来自那些在各国经济生活中占主导地位的大型跨国公司。2018年,全球最大的100家跨国公司总资产多达154,920亿美元,销售额为93,770亿美元,雇员1,748万人。[①] 这些跨国公司的触角涉及传统工业、新兴高科技产业,乃至信息社会中日益蓬勃发展的服务业。跨国公司在当今国际投资中举足轻重的作用,显而易见,毋庸赘述。

二、与跨国公司有关的法律问题及其研究

跨国公司作为国际性商业组织形式,其增值性活动无一例外地将受到所在东道国法律的管制。该活动的跨国性又必然导致一系列复杂的国际法问题。一般认为,与跨国公司有关的法律问题包括以下十项。

第一,外国直接投资法。这是指东道国对那些通过经营性控制(包括合资企业)进行的外国直接投资或掌握的所有权所采取的法律管制。包括我国在内的大多数发展中国家都制定了这类外资法。我国自1979年以来先后制定颁布了《中外合资经营企业法》《中外合作经营企业法》和《外资企业法》。这些法律适用于跨国公司的投资活动。2019年,我国以新的外资法代替了"外资三法"。

第二,国际争端解决法。这是指跨国公司投资过程中的任何潜在争端,如何通过东道国国内法院或经投资双方同意交国际商事仲裁解决。当然,在东道国加入ICSID的情况下,可通过该中心仲裁解决。

第三,原产地法。跨国公司在数个国家或地区从事生产活动,因此其产品的真正原产地往往难以确定。GATT乌拉圭回合达成的《原产地规则协定》是这一领域的主要国际法。

第四,税法。这是涉及跨国公司的最复杂问题之一。税收是一国经济主权

---

① UNCTAD: World Investment Report 2019, 12 June 2019.

的内容之一。如何行使税收管辖权,即避免双重税收或漏税,是国际税法问题。通常,这是由东道国与资本输出国政府达成双边投资与税收协议来加以解决。

第五,竞争法。由于跨国公司实力雄厚,在东道国市场可能造成垄断地位,需要采取反垄断措施,或者,在资本输出国,由于跨国公司触犯了反垄断法,可能产生法律实施的域外效力。这类竞争法的国际协调越来越引起国际社会的重视。

第六,知识产权与技术转让法。跨国公司拥有强大的科研开放能力,掌握众多知识产权。诸如美国通用汽车、日本东芝公司或三菱重工等著名跨国公司每年在全世界各国或地区的专利申请量在所在国都名列前茅。如何协调各国或地区的知识产权法,一直是国际社会关注的问题。跨国公司在发展中国家的投资,往往采取技术转让的方式,将技术与当地人力、物力资源相结合。东道国也鼓励吸引国外先进技术通过投资方式转让,更快地产生经济效益。自20世纪60年代以来,在联合国贸发会议的主持下,国际社会试图达成一项能够为发达国家与发展中国家接受的国际技术转让守则,但是至今没有成功。

第七,技术标准法。这包括食品与药品加工生产、一般产品的质量与消费者保护以及环境保护等。这些法律可能包含本地标准,对跨国公司的全球性活动产生制约,因此,发达国家通过WTO协定的实施,要求东道国及时公开所有这类法律。同时,跨国公司也应该披露有关的信息,以便东道国政府与消费者了解。

第八,劳工关系法。成千上万的跨国公司是全球范围内数以千万计雇员的大雇主。各国各地区经济水平发展参差不齐,社会环境千差万别。跨国公司内的劳工关系既受到东道国劳工法的制约,也应符合国际劳工组织制定的标准。

第九,诉讼法。这涉及对跨国公司在东道国或资本输出国的活动的司法管辖权,外国政府的主权豁免权,跨国公司对其分公司、子公司经营活动的责任以及相关的破产问题。

第十,与贸易有关的投资措施。WTO管辖的TRIMs协定是该国际法领域的第一项多边协定。如前所述,尽管有限,却对今后这方面法律调整的发展具有重要影响。

总之,跨国公司的活动,几乎涉及投资、贸易、知识产权等各方面的法律问题,是一个需要综合研究的领域。联合国贸发会议于1991年决定,由跨国公司与投资部负责在1992年至1994年期间组织各国专家撰写,并出版了"联合国关于跨国公司文库",共20卷;然后,1996年,这些研究成果的精华被编辑为一卷,以《跨国公司与世界发展》为题出版。我国国际经济法学界在20世纪70年代末开始研究跨国公司的法律问题,已故著名学者姚梅镇教授所著的《国际投资法》(1987年修订,2011年第3版)和主编的《比较外资法》(1993年),陈安教授所著的《美国对海外投资的法律保护及典型案例分析》(1985年)和总主编的《国际投资法学》(1999年)、王贵国教授所著的《国际投资法》(1990年,2008年第2版)、余劲松教授所著的《跨国公司法律问题研究》(1989年)和《跨国公司法律问题专论》(2008年)及主编的《国际投资法》(1994年,2014年第4版)等代表了该领域的研究水平。

三、调整跨国公司的国际"软法"问题

如前所述,与战后至今70多年逐步形成的,分别以GATT/WTO、IMF与世界银行为中心的世界贸易体制与国际货币融资体制不同,国际投资领域迄今没有一项自己单独的国际公约及自成体系的国际组织,因而被称为"不完全的"国际投资法律体系。这种法律状态与跨国公司及其外国直接投资在世界经济中的显著地位极不相称。

自20世纪60年代以来,在广大发展中国家的强烈要求下,经联合国及其贸发会议主持,通过或制定了一系列旨在建立国际经济新秩序,规约发达国家向发展中国家投资及转让技术的原则性文件。这包括《关于自然资源之永久主权宣言》(1962年)、《建立国际经济新秩序宣言》(1974年)、《各国经济权利和义务宪章》(1974年)、《联合国跨国公司行为守则草案》(简称《跨国公司守则》,1986年)、《国际技术转让守则草案》(1985年)。此外,经济合作与发展组织(OECD)等在70年代也制定过一些与跨国公司有关的宣言或指南,如《OECD关于国际投资与多国企业宣言》(1976年)、国际劳工组织(ILO)制定的《关于多国企业与社会政策的原则三方宣言》(1978年)和国际商会(ICC)制定的《国际投资指南》(1973年)。2016年20国集团(G20)领导人峰会在中国杭州举行,通过了《G20全球投资指导原则》,明确G20成员制定投资政策时应摒弃保护主义,促进投资自由化、便利化,并应符合可持续发展和包容增长的原则。

在上述原则性文件中,由联合国及其贸发会议通过的两项宣言与一项宪章,构成了建立国际经济新秩序的基本框架。但是,以美国为首的西方发达国家一直不承认它们是具有拘束力的国际法文件,并将其称为国际"软法"。相对而言,

关于国际多边贸易和金融体制的国际公约是具有拘束力的国际"硬法"。联合国贸发会议主持制定的两项草案历经世界各国政府代表近十年的努力,方才拟就,却被束之高阁,自然也不会发生国际法效力。至于经合组织等制定的文件,也难以产生国际法上的拘束力。

虽然,由联合国及贸发会议通过的建立国际经济新秩序的宣言、宪章以及跨国公司守则不同于经缔约国签署,并履行国内法批准程序后生效的国际公约或条约,但是,它们毕竟是经国际社会大多数成员同意,或参与起草的国际法文件,对于调整跨国公司的行为具有重大的指导作用。以下对这些指导性国际法原则或规范,作扼要评述。

第一,东道国对外国直接投资的管制权。东道国根据本国法律对外国直接投资行使管理的权利,包括外国投资的准入、投资企业的设立与经营等方面的管理,是国际上公认的准则。上述宣言和宪章重申了各国处理国际投资关系的基本原则。比如《各国经济权利与义务宪章》第2条第2款明确规定:"各国有权:(a)根据本国的法律和条例并依照自己国家的各项目标与优先考虑,在本国的管辖权范围内,对外国投资行使管理权力。不得强迫任何国家给予外国投资优惠待遇。(b)在本国管辖权范围内,对跨国公司的经营活动加以管理和监督,并采取各种措施,以保证上述活动遵守本国的法律、法规和条例,并符合本国的经济与社会政策。跨国公司不得干预东道国内政。各国在行使本款规定权利时,在充分考虑本国主权的权利同时,应当与其他国家进行合作。(c)将外国资产国有化、征用或转移所有权,在这种情况下,采取这种措施的国家应当考虑本国有关法律和条例以及所有该国认为相关的一切情势,给予适当的补偿。在因补偿而产生争议的任何情况中,应当根据进行国有化的国家国内法,由其法庭解决,除非所有相关国家自由协商,一致同意在各国主权平等的基础上,并依据自由选择途径之原则,采用其他和平方式解决。"应该说,这些基本原则在近几十年各国管理外国直接投资,尤其是管理跨国公司活动方面,发挥了积极的作用。

第二,跨国公司的行为准则。跨国公司守则规定了一系列准则,主要包括:(1)尊重其营业所在国的国家主权,以及每个国家根据国际法对本国领土之内的自然资源行使充分永久主权的权利。(2)接受其营业所在国根据法律规定而实行的管辖。(3)尊重每个国家对本国境内的跨国公司的活动实行管制和监督的权利。(4)应根据其营业所在国政府制订的发展目标、政策与重点来开展活动,努力为其营业所在国在全国范围内实现经济目标。为协助营业地所在国推动发展进程,跨国公司应同这些国家的政府进行合作。(5)应根据其营业所在国所缔结的政府间合作协议的有关规定来开展自己的活动。(6)尊重其营业所在国的社会及文化目标、价值与传统。(7)尊重其营业所在国国民的人权及基本自由。在处理其社会及劳工关系时,不应对人种、肤色、性别、宗教信仰、语言、社会阶层、民族和种族血统、政治或其他见解等加以歧视。(8)不得干涉营业所在国的内政事务。(9)应尽最大努力使各个企业享有决策权,以便它们能对其营业所在国的经济发展和社会进步作出贡献。(10)应同其营业所在国的政府及国民合作,实现所在国的本地股权参与的目标,并使本地当事人按股权分享或按本国法律和非股权安排的合同条款所取得的控制权能得到有效实施。(11)从事营业活动时,应遵守法律及有关条例,并充分尊重其营业所在国,特别是发展中国家为解决国际收支和金融交易及其相关问题所制订的政策目标。(12)应明确答复其营业所在国政府就公司的活动所提出的问题,以便帮助这些国家缓和国际收支及金融方面的压力。(13)应遵照营业所在国所通过的金融活动惯例,不从事短期金融业务转移、延迟或预付外汇等活动,包括公司内部的外汇支付,以免因从事此类活动而在一定程上加剧有关国家的货币波动,从而给这些国家的国际收支造成严重的困难。(14)在其内部交易中,不应使用不以市场价格作为定价基础,或在没有市场价格可资参考的情况下不以公平原则为定价基础的划拨价格。(15)遵守营业所在国关于技术转让的法律及有关条例的规定,并协助这些国家的主管部门评价国际技术转让对国内经济的影响,就各种技术选择相互磋商,以使技术引进有助于营业所在国,特别是发展中国家,实现经济发展与社会进步。(16)在生产、销售活动中,应遵守营业所在国为保护消费者而制定的法律、条例、行政管理制度及有关政策。(17)应遵守营业所在国有关环境保护的法律、条例、行政管理制度、有关政策,并对有关环境保护的国际标准给予应有的重视。(18)应通过适当的传播途径,就整个公司的组织、政策、公司活动及营业情况,向其营业所在国的大众披露清楚的、全面的、可以理解的资料。(19)应根据国际劳工组织《关于多国企业与社会政策的原则三方宣言》的有关规定,并遵守其营业所在国有关劳资关系的法律、条例及惯例,通过适当的方法,向各个营业所在国的子公司中的工会或其他雇员组织提交本守则提到的有关跨国公司的资料,使他们了解当地跨国公司企业的经营情况。(20)享受不低于其营业所在国本国企业依照国家法律、条例及行政管理制度所享受的待遇。

可见,这些跨国公司的行为准则贯穿了尊重东道国主权、合法经营、充分合作,有利于东道国社会经济发展的基本原则。应该说,这都是基本的原则、规则,但是,发达国家连这些毫无制裁手段的原则、规则也不愿意成文,唯恐给其跨国公司套上"紧箍咒"。对于侧重保护其跨国公司利益的国际公约,发达国家利用其特殊地位,纳入其控制的国际组织体系。这说明在涉及各国切身利益的国际投资领域,发达国家与发展中国家之间存在难以弥合的"鸿沟"。在缺乏实体性国际条约的情况下,发展中国家必须善于运用国内法,既鼓励外国直接投资,又加以管制,以维护其国家与人民的利益。

第三节 经典案例与文献选读

一、经典案例1:KT亚洲诉哈萨克斯坦案

本案原告KT亚洲是2007年12月12日在荷兰鹿特丹市注册的一家"空壳"(shell)公司,在荷兰没有任何实际资产,其控股人为一位哈萨克斯坦国民。原告指控被告哈萨克斯坦政府对该公司实行"国有化"措施,违反2007年8月1日生效的哈萨克斯坦与荷兰缔结的BIT。双方争议的焦点在于原告及其在哈萨克斯坦的投资是否符合涉案BIT与ICSID公约关于"投资者"(investor)和"投资"(investment)的要求。本案仲裁庭首先明确:"《维也纳条约法公约》编纂的习惯国际法被公认为适用于ICSID公约与投资保护条约。"[1]然后分别解释该公约与涉案BIT项下的"投资者"和"投资"。

1."投资者"的解释

ICSID公约第25条(2)款(b)项规定:"在争端双方同意将争端提交调解或仲裁之日,具有作为争端一方的国家以外的某一缔约国国籍的任何法人,以及在上述日期也具有作为争端一方缔约国国籍的任何法人,而该法人因受外国控制,双方同意为了本公约之目的,应视为另一缔约国国民。"ICSID的仲裁实

---

[1] KT Asia Investment Group. B.V. v. Kazakhstan,ICSID Case No. ARB09/8,Award,17 October 2013,para.86.

践公认该公约未对不具有东道国国籍的法人国籍设置任何测试标准,而不论其公司的组建地、有效的财产所在地或控制地,均由缔约国依据相关 BIT 酌定自然人和公司法人的国籍。涉案 BIT 第 1 条规定:"就本协定而言,(b)'国民'应包括缔约双方(i)具有缔约国国籍的自然人;(ii)依据缔约国法律组建的法人;(iii)不是依据缔约国法律组建的法人,但由(i)下自然人或(ii)下法人直接或间接控制。"①

本案仲裁庭指出:根据《维也纳条约法公约》第 31 条第 1 款,"条约应依其用语按其上下文并参照条约之目的及宗旨所具有之通常意义,善意解释之"。本案所涉条约用语是清晰的。根据该协定第 1 条(b)款(ii)项的认定方法,缔约双方同意法人以注册地国为国籍国。KT 亚洲依荷兰法律组建,因而具有荷兰国籍。该规定的上下文,即第 1 条(b)(iii)也支持这一认定,也就是说,即便不是依据荷兰法律组建,但受荷兰国民控制,也具有其国籍。该协定之目的及宗旨也不改变上述认定。尽管涉案的这一解释看起来十分简单,且并未留下任何含糊不清或荒谬之处,但是本案仲裁庭仍进一步适用《维也纳条约法公约》第 32 条的解释补充资料,即缔约国一方与第三国达成的 BIT 可用于解释。哈萨克斯坦与其他国家缔结的 24 项 BITs 包括本案所涉 BIT,均以公司组建地为其国籍国,另有其他 10 项 BITs 增加了"营业地"或"真正经济活动地"等要求,但是涉案 BIT 没有。这表明哈萨克斯坦已接受了荷兰法人国籍应依其公司组建地这一认定标准。

针对哈萨克斯坦辩称"真实、有效国籍"原则应作为《维也纳条约法公约》第 31 条第 3 款(c)项"相关国际法规则",用于解释"投资者"的国籍,本案仲裁庭认为关键在于是否应不考虑 KT 亚洲的荷兰国籍而关注该公司控股人的国籍;"真实、有效国籍"原则适用于外交保护的自然人具有双重国籍的情况,因此不适用于法人国籍的认定。其实,《维也纳条约法公约》第 31 条第 3 款(c)项"相关国际法规则"应作为解释的上下文,而不具有直接适用性。本案仲裁庭没有将"真实、有效国籍"原则作为解释有关投资者国籍的条约款项之上下文,却直接用于解决是否适用于本案的国籍认定。这与条约解释的这一习惯国际法规则不符。"本仲裁庭同意基于判例法的普遍共识,即在外交保护的情况下可适用的习惯国际

---

① 译自该 BIT 英文本,*KT Asia Investment Group. B.V. v. Kazakhstan*, para.113。下文援引该 BIT,出处略。

法并不适用于投资条约的特别法这一不同情况。"①就外交保护是否适用于投资争端解决而言,这也许是对的,但是,离开条约解释的上下文,而将之作为"相关国际法规则"直接适用,却有悖于《维也纳条约法公约》第3款(c)项。至于哈萨克斯坦列举若干国际法院和 ICSID 案例以支持其辩称,即应适用"真实、有效国籍"原则或"刺穿公司面纱"(to pierce the corporate veil)规则,认定本案原告实际上是哈萨克斯坦国民,本案仲裁庭认为:"在履行其职责评估本案所有具体事实时,本仲裁庭设问可否有理由采取[与公司国籍为组建地国国籍]不同的做法。其认定没有这样的理由。"②

2. "投资"的解释

本案仲裁庭认为:涉案 BIT 和 ICSID 公约可解读为具有互相补充性。该 BIT 第1条(a)款强调,投资产生的结果与资产必须得到保护,而与该公约第25条有关,通常采用的投资定义侧重于产生此类结果与资产的贡献。只有来自该贡献的投资结果方可得到保护;只有该贡献所产生且投资者诉称被剥夺的资产方可得到保护。哈萨克斯坦辩称原告未作出任何经济贡献,而是在没有任何"对价"(consideration)的情况下得到名义上的股份,实际持股人为一位哈萨克斯坦国民,因而不构成涉案 BIT 与 ICSID 公约下的"投资"。

本案仲裁庭指出:ICSID 公约第25条(1)款规定诉诸 ICSID 的争端应直接"因投资而引起",但未界定"投资"。涉案 BIT 第1条(1)款对"投资"作了界定:"就本协定之目的而言,(a)'投资'指任何资产,具体而言但不限于如下(i)来自股份、债券和其他公司或合资的任何利益;(ii)对金钱、其他资产或具有经济价值的任何体现。"按照该仲裁庭的解释:"ICSID 公约下'投资'定义的缺失,意味着缔约国有意赋予该术语以《维也纳条约法公约》第31条第1款下的通常意义,而非《维也纳条约法公约》第31条第4款下的特殊意义。"③本案仲裁庭认为该通常意义须通过已有仲裁判例对 ICSID 公约第25条(1)款的解释所形成的若干客观要素加以确定,包括涉案投资须包括一定的贡献或资源配置、持续一定的时期、假定投资者承担的风险和利润及收入的经常性。据此逐一判断,本案仲裁庭认定:"原告投资未满足 ICSID 公约第25条(1)款和涉案 BIT 第1条(a)款下的

---

① *KT Asia Investment Group. B.V. v. Kazakhstan*,para.129.
② *KT Asia Investment Group. B.V. v. Kazakhstan*,para.138.
③ *KT Asia Investment Group. B.V. v. Kazakhstan*,para.165.

投资要求,因而本仲裁庭对此案没有属事管辖权。"①

这是一起仲裁庭通过条约解释,最终裁定无管辖权的典型案件。虽然严格依据涉案条约关于"投资者"的条款,在荷兰合法组建的 KT 亚洲对于哈萨克斯坦而言的外国投资者身份得以确立,但是该"空壳"公司毕竟只是一位哈萨克斯坦国民旨在求助 ICSID 仲裁解决与其政府之间经济纠纷而刻意在荷兰组建的,因而根据投资的通常意义及其客观认定标准,难以满足作为荷兰公司在哈萨克斯坦的投资要求,不符合诉诸 ICSID 仲裁的条件。尽管本案仲裁庭在适用《维也纳条约法公约》第 31 条第 3 款(c)项作为解释上下文的"相关国际法规则"时不无瑕疵,然而总体上依据《维也纳条约法公约》解释通则对涉案条约的解释及其结果是正确、合理的。

二、经典案例 2:安顺诉中国案

安顺房产有限公司(安顺)是一家在韩国组建的私人公司,因投资开发高尔夫球场等与中国江苏地方政府发生争议。依据 2007 年生效的中韩 BIT,安顺于 2014 年 10 月 7 日提起 ICSID 仲裁。中国根据 ICSID 仲裁规则第 41 条(5)款②,认为安顺的诉求"明显缺乏法律依据"(manifestly without legal merit),请求采取初步异议的快速程序加以审理。尽管这属于程序性范畴,但是"明显缺乏法律依据"也具有实体问题的性质,且可能与条约解释有关。该案所涉 BIT 第 9 条(7)款的解释。该条款规定:"尽管本条第 3 款规定,如果从一投资者第一次知悉或应知悉其遭受损失或损害之日起算已过 3 年,则该投资者不可依据该第 3 款提起国际仲裁。"③也就是说,投资者提起国际仲裁的时效为 3 年。

依据 ICSID 仲裁规则第 41 条(5)款的初步异议,认定安顺的诉求是否"明显缺乏法律依据",应参照第一起该第 41 条(5)款下初步异议的判例"TGPJ 诉约旦案"④关于"明显"的认定判理,由中国举证"清晰、明白地确立其异议,且相对容易认定"。⑤

---

① KT Asia Investment Group. B.V. v. Kazakhstan,para.222.
② ICSID 仲裁规则第 41 条(5)款:"除非当事方同意采用初步异议的另一快速程序,一当事方可以在仲裁庭成立后 30 日内,并在任何情况下,在该仲裁庭首次开庭前,提出对明显缺乏法律依据的诉求之异议。"译自 ICSID Convention, Regulations and Rules (2006). 该条款是 2006 年生效的修改规则新增款项。
③ 中韩 BIT 译自 Ansung Housing Co. Ltd v. China,ICSID Case No. ARB/14/25,9 March 2017, para. 29. 下文对中韩 BIT 有关条款的翻译,出处略。
④ TGPJ v. Jordan,ICSID Case No. ARB/07/25,12 May 2008,The Decision on Rule 41(5).
⑤ Ansung Housing Co. Ltd v. China,para.88.

1. 对中韩 BIT 关于提起国际仲裁的时效条款解释

首先,中国认为中韩 BIT 第 9 条(7)款的解释涉及 3 年期的"起点"(*Dies a Quo*)问题。该条款规定的确切日期是"从一投资者第一次知悉或应知悉其遭受损失或损害之日起算"。根据先前有关仲裁庭对类似时效规定的解释,该条款的用语是指"知悉存在损失的事实,而非知悉损失额"。① 中国还提出,本案仲裁庭不必认定该"起点"的确切日期,因为安顺第一次知悉其损失肯定早于 2011 年 10 月。针对安顺诉称 2011 年 12 月 7 日与中方开始谈判以协议价转让其股份作为"起点",中国认为这也许是安顺完全清算其损失的日期"起点",但这不是"安顺第一次知悉或应知悉其投资项目已受损失的日期起点",因为作为本案的法律问题之一,3 年时效"起点"是安顺知悉"某些损失已发生的事实之日,而非其充分理解其损失之日"。针对安顺诉称地方政府对其解决受损的要求迟迟未果,直至 2011 年 12 月 7 日开启有关谈判,中国认为地方政府的不作为本身并不改变安顺在 2011 年 10 月之前第一次知悉其受损的事实。如按照安顺的解释,中韩 BIT 第 9 条(7)款"将成为无效。国家的不作为本身如可使得时效期限更新,或者,如某投资的最后处理是该期限开始的要求,投资者就可完全控制该期限的起点,从而使得该期限形同虚设,并使之所达到的法律稳定性大打折扣"。② 该有效解释进一步印证该第 9 条(7)款用语的通常意义。

中国的上述解释得到了本案仲裁庭的支持。该仲裁庭明确援引了《维也纳条约法公约》第 31 条第 1 款解释通则为可适用法,并在认定该案基本事实的基础上,对中韩 BIT 第 9 条(7)款下 3 年期的"起点"进行解释,指出:安顺忽视了该第 9 条(7)款的用语"第一次"和"遭受损失或损害"的"普通含义"(plain meaning)。一投资者第一次知悉其遭受损失或损害的事实,不是在充分知悉其损失或损害之日。即使假定可归因于中国政府的违约行为具有持续性,在本案中,当安顺对其投资完全失去信心,这也不能改变其已经第一次知悉其损害之日。"这就是第 9 条(7)款所规定的 3 年时效的开始之日。"③ 该仲裁庭认定该开始之日为 2011 年 10 月之前(当年夏季稍晚和秋季初期)。

其次,中国认为中韩 BIT 第 9 条(7)款的解释涉及该 3 年期的"结束"(*Dies*

---

① 中国异议译自 *Ansung Housing Co. Ltd v. China*,para.77。下文援引该异议,出处同。
② *Ansung Housing Co. Ltd v. China*,para.85。
③ *Ansung Housing Co. Ltd v. China*,para.113。

ad Quem)。该日期应是在 2014 年 11 月 4 日之后,因为该第 9 条(7)款所规定"投资者根据该第 3 款提出诉求之日",而在 ICSID 以秘书长登记提交仲裁的诉求为程序起始日,所以"根据《维也纳条约法公约》第 31 条解释该 BIT 第 9 条第 3 款的普通用语,中国主张'一投资者只有在向 ICSID 提交仲裁诉求且经秘书长登记才构成启动仲裁程序'"。① 中国的这一解释也得到本案仲裁庭的支持。该仲裁庭认为:根据中韩 BIT 第 9 条(7)款用语的普通含义,该结束之日应是该投资者请求 ICSID 仲裁之日。"这一解释步骤并不困难。该第 9 条(7)款指示投资者'第一次知悉或应知悉其遭受损失或损害之日起算已过 3 年。则不可依据该第 3 款提起国际仲裁'。"② 换言之,投资者向 ICSID 请求仲裁之日,也就选择了该 3 年时效的结束之日。但是,如果该投资者第一次知悉其损失或损害之日和该结束之日相距超过 3 年,则意味着超过了可提起 ICSID 仲裁的 3 年时效。安顺分别于 2014 年 10 月 7 日、8 日向 ICSID 提交仲裁的电子和书面申请。这两个"结束"之日与"起点"之日(2011 年 10 月之前)相距均超过 3 年时效。因此,安顺提起的 ICSID 仲裁"明显缺少"中韩 BIT 第 9 条(7)款规定的法律依据。

2. 对中韩 BIT 有关 MFN 条款的解释

安顺诉称,即使超过了可提请 ICSID 仲裁的时效,但是根据中韩 BIT 第 3 条有关 MFN 条款,可援引不包含此类时效的中国与其他国家 BIT,仍有权提起仲裁。中国则辩称该第 3 条不适用于争端解决。首先,"安顺援引该第 3 条犯了条约解释方面的一个错误"。③ 该第 3 条(3)款的约文将 MFN 待遇限制在东道国的领土内,并且仅涵盖"投资与商业惯例",这在中韩 BIT 第 3 条(1)款被界定为涵盖"投资的扩展、运行、管理、维护、使用、享受和销售或其他投资处置,不包括争端解决"。中韩 BIT 第 3 条(5)款专门规定通过法院和行政法庭解决争端的 MFN 待遇,这说明缔约国不考虑该第 3 条(3)款适用于争端解决。中国的投资、贸易协定的实践也确认了该第 3 条(3)款不适用于争端解决。比如,2012 年中国与韩国、日本的投资协定也同样规定 MFN 待遇限于包括"投资管理、行为、运行、维持、使用、享有和出售或其他处置",缔约国明确表明该 MFN 条款不适用于争端解决。2015 年中国与韩国的自由贸易协定也具有类似规定。其次,安

---

① *Ansung Housing Co. Ltd v. China*,para.88.
② *Ansung Housing Co. Ltd v. China*,para.116.
③ *Ansung Housing Co. Ltd v. China*,para.131.

顺错误地将该第 9 条(7)款明确规定根据该第 9 条(3)款,缔约国同意仲裁的条件是在确切的期限内提交仲裁,与基于习惯国际法的衡平原则相混淆。前者根据条约用语的普通含义,期限规定是中国同意仲裁的条件;后者是普通法的概念,要求对国家的过失评估不受期限的限制。两者不可相提并论。最后,安顺错误地将该 9 条(7)款归类为实体义务,而实际上,该条款只是明确规定缔约国同意仲裁的条件,仅涉及仲裁庭管辖权的程序规定。

本案仲裁庭认为是否接受安顺援引的中韩 BIT 第 3 条 MFN 条款,取决于该条款的用语,并适用《维也纳条约法公约》解释规则对该第 3 条进行解释。中韩 BIT 第 3 条(3)款规定:"各缔约方应在其领土上给予另一缔约方的投资者及其投资和与此类投资相关活动以不低于给予其他缔约方投资者在相同情况下的投资及其相关活动的待遇,此类待遇与(1)款界定的投资与商业活动有关,如投资的扩大、经营、管理、维持、使用、享有和出售或其他处置,包括投资的准入。"该仲裁庭指出:该条款的普通意义并没有将 MFN 待遇扩展到国家对投资者提起仲裁的同意,尤其没有扩展到中韩 BIT 第 9 条(7)款有关 ISDS 仲裁的时效规定。"中韩 BIT 第 9 条(7)款属于国际法问题,正如中国正确地指出,并且这也反映在国际法委员会关于国家责任条款草案中。……由于本仲裁庭已认定该 BIT 第 3 条(3)款的 MFN 条款是清楚的,没有必要进一步考虑其余主张或先前案例关于 MFN 条款的解释或条约实践。该第 3 条(3)款的普通意义及其解释没有留下任何疑问,中国已'清晰、明白地确立其异议,且相对容易认定'以及证明 MFN 条款不适用于安顺的替代诉求。"①

自第一起 ICSID 仲裁规则第 41 条(5)款下初步异议的"TGPJ 诉约旦案"以来,全部支持初步异议的案例较少。"安顺诉中国案"之所以裁决中国初步异议全部成立,除了安顺提起 ICSID 仲裁与中韩 BIT 第 9 条(7)款的 3 年时效规定明显不符以外,中国对该第 9 条(7)款以及第 3 条 MFN 条款的解释主张,符合条约解释规则,得到仲裁庭的肯定,也是非常重要的原因。根据对"安顺诉中国案"在内,近年来该第 41 条(5)款下初步异议的案例所援引的判理来看,有关"明显缺少法律依据"的解释以及初步异议的成功之处主要为:第一,无论从"明显"用语本身的通常意义,还是从第 41 条(5)款的特殊程序看,只有在"显而易见"的

---

① *Ansung Housing Co. Ltd v. China*, paras.138-140.

情况下才能适用之;第二,在认定"缺乏法律依据"时,原则上仅审查"法律上"的问题,但必要时应考虑相关的确凿事实;第三,初步异议的主张必须清楚、明显、容易认定;第四,提出初步异议的一方对异议的"清晰和相对容易判断",负有举证责任;第五,考虑到投资争端程序的复杂性,初步异议的快速程序不排除必要的条约解释,只要这样做本身没有使得根据"明显"标准的解决过于复杂。提出异议的一方对于涉案条约解释本身也应清晰、简明,没有留下任何可能引起进一步争议的解释问题。否则,此类案件仍有可能进入仲裁庭管辖权限范围。

三、文献选读:《世界投资年报 2021》(概述)

译自联合国贸发会议发布的《世界投资年报 2021》全球投资趋势与展望。

新冠肺炎疫情引起 FDI 的急剧下滑

2020 年全球 FDI 减少 35%,从前年 1.5 万亿美元减至 1 万亿美元。世界各国为应对疫情的锁城措施减缓了现有的投资项目,并且多国企业(MNEs)为主的新项目减少。这一剧减对于发达国家影响巨大,它们的 FDI 减少 58%,部分原因在于公司重组和企业间资金流动减少。在发展中国家 FDI 减少约 8%,部分原因在于亚洲减缓尚可。结果,发展中国家相比 2019 年,在 2020 年吸收了全球三分之二的 FDI。

FDI 方式与新的项目活动形成鲜明对比,发展中国家正承受着投资下滑的压力。在这些国家,新开工的绿色项目减少 42%,国际融资项目(基础建设)减少 14%。在发达国家,绿色投资项目减少 19%,而国际融资项目增加 8%。绿色投资和国际融资对于生产能力和基础建设,乃至可持续的恢复期望,至关重要。

FDI 的所有相关因素都在下滑。新项目活动的总体合约与跨境并购的减少,使得投资企业减少超过 50%。MNEs 的利润平均减少 36%,外国分支的再投资收入是常规年份 FDI 的重要组成部分,也在减少。

疫情对全球 FDI 的影响在 2020 年上半年加剧。在下半年,跨境并购和国际融资大部分恢复。但是,绿色投资,这在发展中国家更为重要,继续处于负增长,直至 2021 年第一季度。

地区的 FDI 趋势差别很大

发展中国家抵御风暴的能力比发达国家好一些。然而,在发展中地区和转型经济体中,FDI 流量相对地在全球价值链(GVCs)聚集、旅游和资源型活动中受疫情影响。在对于经济支持措施退出而留有财政空间的不对称方面也促使了区域不同。

FDI 流量在发展中地区减少是不均匀的,拉美和加勒比地区减少了 45%,非洲减少了 16%,相反在亚洲增长了 4%,使得该地区吸收了全球一半的 FDI。

疫情进一步使得 FDI 在受打击和脆弱的经济体中更加恶化。虽然在最不发达国家(LDCs)的流量仍稳定,但是在绿色投资上下降一半,国际项目融资减少三分之一。FDI 流向小岛发展中国家(SIDS)也下降了 40%,内陆发展中国家(LLDCs)下降了 31%。

流向欧洲的 FDI 减少了 80%,而在北美减少稍好一些(为负 42%)。美国依然是最大的东道国,其次是中国。

2020 年的发达国家 MNEs 减少其海外投资约 56%,为 3,470 亿美元,低于 1996 年水平。结果它们在全球 FDI 的输出减少 47%。来自主要投资经济体的投资输入因其投资渠道的高度不稳定而加剧。欧洲 MNEs 的投资输出减少 80%,只有 740 亿美元。荷兰、德国、爱尔兰和英国也看到其资本输出在减少。美国依然保持了 930 亿美元的输出,日本 MNEs 在过去两年一直是最大的输出投资者,但也减少了一半,为 1,160 亿美元。

在转型经济中,主要依赖自然资源的俄罗斯 MNEs 也深受打击,减少 75%。

发展中国家的 MNEs 在海外的投资价值达到 3,870 亿美元。拉美国家 MNEs 的投资输出降至 35 亿美元,尤其是巴西的海外投资负增长,墨西哥和哥伦比亚的资本输出很低。然而,亚洲的 FDI 输出增长 7%,为 3,890 亿美元,成为唯一增长的地区。中国香港和泰国的资本输出强劲。中国的 FDI 输出稳定在 1,330 亿美元,成为世界上最大的资本输出国。中国的 MNEs 继续扩张,并且"一带一路"倡议也促进了 2020 年的资本输出。

四、扩展阅读

1. 姚梅镇:《国际投资法》(第三版),武汉大学出版社,2011 年。
2. 王贵国:《国际投资法》(第二版),法律出版社,2008 年。
3. 余劲松:《跨国公司法律问题专论》,法律出版社,2008 年。
4. 陈安主编:《国际投资争端仲裁——"解决投资争端国际中心"机制研

究》,复旦大学出版社,2001 年。

5. Antonio R. Parra, *The History of ICSID*, Oxford: Oxford University Press, 2018.

6. Campbell McLachlan, *International Investment Arbitration*, Oxford: Oxford University Press, 2017.

第十章 区域经贸法律体制

根据 GATT 第 24 条,从总协定时期到 WTO 成立至今,在国际多边贸易体制下,各缔约方/成员可以建立和推进相互间更紧密的经济一体化的各种安排,包括关税同盟和自由贸易区。如今,这已从传统的贸易领域扩展到涵盖货物贸易、服务贸易、知识产权、投资和金融等国际经贸各方面,并以条约为法律渊源,形成了一个遍布世界各国各地区的、庞大的区域经贸法律体制。这是当代国际经济法不可或缺的重要部分。本章第一节重点评述以关税同盟为基础的欧盟经贸法律制度,第二节分别评述以自由贸易区为特点的北美经贸法律制度和与中国密切相连的《区域全面经济伙伴关系协定》(RCEP),第三节提供有关经典案例和文献选读。

第一节 欧盟及其经贸法律制度

一、欧盟的由来及现状

欧洲联盟(European Union,简称"欧盟")是根据 1993 年 11 月 1 日生效的《欧洲联盟条约》(简称《欧盟条约》),也即《马斯特里赫特条约》而建立的。欧盟现有 27 个成员国:奥地利、比利时、保加利亚、克罗地亚、塞浦路斯、捷克、丹麦、爱沙尼亚、芬兰、法国、德国、希腊、匈牙利、爱尔兰、意大利、拉脱维亚、立陶宛、卢森堡、马耳他、荷兰、波兰、葡萄牙、罗马尼亚、斯洛伐克、斯洛文尼亚、西班牙、瑞典。英国已于 2020 年 1 月 31 日起正式脱离欧盟。欧盟现有总面积为 400 万平方公里,总人口约 4.46 亿。

欧盟是第二次世界大战之后,欧洲区域经济,乃至政治与社会一体化过程的发展结果。20 世纪上半叶从欧洲大陆燃起的两次世界大战烽火,使欧洲尤其是西欧各国痛苦地认识到,经济、政治的冲突乃至战争,结果只会"两败俱伤";唯有互相合作,才能使整个欧洲走向和平繁荣之路。战后的欧洲区域经济一体化,肇启于 1951 年 4 月 18 日在巴黎签署的《建立欧洲煤钢共同体条约》(ECSC 条约)。在欧洲一体化的历史进程中,该条约具有奠基石的作用。条约的前言开宗明义:"鉴于只有通过创造性的努力,消弭威胁世界和平的危险,才能使之得到维护……决心以合并各国的根本利益,取代世世代代的对立;通过建立一经济共同体,为因流血冲突而长期分裂的各国人民间的一更为广阔与深刻的共同体打下基础;以及为引导今后共同命运的组织机构奠定基石。"①接着,1957 年 3 月 25 日,比利时、法国、意大利、卢森堡、荷兰和联邦德国 6 国签署了两个罗马条约,即《建立欧洲经济共同体条约》(EEC 条约)和《欧洲原子能共同体条约》(Euratom 或 EAEC 条约),据此,同时建立这两个共同体。1967 年,上述 3 个共同体机构合并。当时,欧洲共同体是这 3 个共同体的合称。1968 年,共同体成员国之间取消了关税,从而逐渐形成了最初的欧洲关税联盟。但是,直到 1992 年欧盟条约才正式将欧洲经济共同体改为欧洲共同体。

可见,欧盟的政治起因是饱受战争之苦的欧洲各国决心携手合作走和平发展之路。同时,欧洲以外的两大促成因素不可忽视。其一,战后,冷战遂起。美国大力支持西欧恢复并联合起来,有利于对抗苏联阵营。美国主导建立国际复兴与开发银行(后称"世界银行")和推出马歇尔计划,旨在从经济上帮助西欧重新走上正轨。其二,GATT 第 24 条为日后西欧经济一体化提供了多边条约的依据。该第 24 条的最初受益者,或者说最大受益者,就是以关税同盟为基础的欧洲经济共同体(现为欧盟)。

20 世纪 70 至 80 年代,共同体成员日益增多。英国、丹麦和爱尔兰于 1973 年,希腊于 1981 年,西班牙和葡萄牙于 1986 年加入欧洲共同体。1987 年 7 月

---

① 《欧洲煤钢共同体条约》,载《欧洲共同体条约集》,戴炳然译,复旦大学出版社,1993 年,第 1 页。

1日,经签署的《单一欧洲法》(Single European Act)生效,从而促进了统一的欧洲大市场的建立。90年代后,随着冷战的结束和德国的统一,欧洲一体化进程加快。1992年2月7日,欧盟条约签署;1993年1月1日,单一欧洲市场和欧洲经济区建立,同年11月1日,欧盟条约生效,欧盟正式诞生。1995年1月1日,奥地利、芬兰和瑞典三国决定加入欧盟。此后,中东欧及欧洲其他地区共12国先后加入欧盟。然而,随着欧盟新成员国的迅速增加,不同经济发展水平的各国对于区域发展政策、承担义务等意见不一,导致英国2020年退出欧盟。

如今,欧盟是以关税同盟为经济基础,涵盖政治、经济、社会等各方面,高度一体化的区域性国际组织。1997年10月2日签署的《阿姆斯特丹条约》旨在调整并加强欧盟在司法合作、人员自由流动、对外政策和公共卫生等方面的权力,并确定欧洲议会作为联合立法者的地位。1999年1月1日起,欧元正式成为欧盟11个成员国内(欧元区)的统一货币,并从2002年1月1日起完全取代欧元区内各国原有货币。一个对外以关税同盟为基础的单一经济实体,对内实行货物、人员自由流动,统一货币的单一共同市场完全确立。这不仅对区域经济一体化,而且对全球多边贸易体制的发展,产生了重大的影响。2007年12月31日签署并于2009年12月1日生效的《修改欧盟条约和建立欧共体条约的里斯本条约》(简称《里斯本条约》)①设立了常设的欧洲理事会主席职位,取消原先每半年轮换一次的欧盟首脑会议主席团轮替机制。主席任期两年半,可以连任;设立欧盟外交和安全政策高级代表,全面负责欧盟对外政策;将欧盟委员会的委员人数减至18名,加强该委员会主席的职权;增强欧洲议会在欧盟决策中的权力,该议会席位增至750席;建立有关决议须获55%的成员国和65%的欧盟认可的同意这一"双重多数表权制";欧盟法院享有更多权力,可裁决各国司法和内政相关法律与欧盟法的冲突。总体上,该条约提升了欧盟的全面一体化,使得该地区组织进一步具有某些超国家的性质。

二、欧盟的基本体制

欧盟是根据一系列区域性国际条约形成的,实质上是主权国家之间的区域

---

① Treaty of Lisbon amending the Treaty on European Union and the Treaty establishing the European Community, signed at Lisbon, 13 December 2007, Document C2007/306/01.下文援引该条约,出处略。

性国际组织,但具有一定的超国家特点。其基本制度"既不同于国际公法,也不同于一个国家的国内法,也许可以称为自成一类(sui generis)的法律制度"。①

欧盟的目标是:(1)经济联盟——促进平衡与持久的经济与社会进步,尤其是经由创建一个没有内部边界的区域,经由增强经济与社会聚合,以及经由建立经济与货币联盟,包括最终根据本条约的规定引入单一的货币;(2)政治联盟——维护其在国际舞台上的同一性,尤其是经由实施一项共同外交与安全政策,包括最终制定可适时走向共同防务的一项共同防务政策;(3)社会联盟——经由引入联盟公民资格,加强对成员国国民权利与利益的保护,以及发展在司法与民政事务上的密切合作。可以说,这是从1951年ECSC条约到2007年里斯本条约的一致目标的延展。欧洲一体化的倡导者从一开始就高瞻远瞩地为最终实现这些目标设计了一系列基本的制度性机构,并不断加以完善。目前,欧盟的主要制度性机构如下所列。

第一,欧洲议会。根据里斯本条约第9A条规定,由联盟公民的代表,即欧盟各成员国的选民直接选举的750名议员组成议会,并由议会选举议长1名。每个成员国的议员人数根据其国家人口的比例确定,最少6位,最多不超过96位。议员任期5年。如同西方通常的议会活动方式,欧洲议员可打破国家界限,组成不同的泛欧政党派别。议会设立的20个常设委员会,代表不同的政党组织。

根据里斯本条约第9A条,欧洲议会应与欧盟理事会一起共同行使立法和预算的职权。欧盟条约第138B条规定:"欧洲议会应通过行使第189B条与第189C条规定程序下的权力,以及通过给予其同意或提出顾问性意见,参与直至通过共同体法令的整个过程。"②在这个意义上,它又不是我们一般理解的,作为立法机关的议会。根据欧盟条约的第一部分"实质性修订"中第4条关于欧洲议会的职权,欧洲议会在听取欧盟委员会的意见,经欧盟理事会的同意,应制定条例与规约各成员履行义务的一般条件。显然,这将增强欧洲议会的立法功能。

第二,欧洲理事会。根据里斯本条约第9B条第1款,"欧洲理事会应为联盟提供其发展所需的动力,并确定联盟的总体政治方针。它不应行使立法职权"。欧洲理事会由成员国的国家元首或政府首脑与该理事会主席、欧盟委员会主席

---

① [英]弗兰西斯·斯奈德:《欧洲联盟法概论》,宋英编译,北京大学出版社,1996年,第2页。
② 《欧洲联盟条约》(1992年签订于马斯特里赫特),载《欧洲共同体条约集》,戴炳然译,复旦大学出版社,1993年,第435页。下文援引该条约,出处略。

组成。欧盟外交和安全政策高级代表应参与该理事会工作。他们由成员国的外交部部长与一名委员会成员协助。欧洲理事会每半年至少会晤两次,由理事会主席主持。欧洲理事会组成人员的级别最高,因而成为欧盟的最高政治决策机构。其决定而后由以下的欧盟理事会进一步讨论落实。除条约另有规定外,欧洲理事会的决定应协商一致。

第三,欧盟理事会。欧盟理事会,亦称欧盟部长理事会,由各成员国政府的一名部长级代表组成。欧盟理事会依参加者和会议议程内容的不同分为一般理事会和特别理事会。前者由成员国外交部部长参加,负责处理欧盟的外交事务和一般事务。后者由各成员国职能部部长参加,负责处理各专门事务,如由各国农业部部长参加的部长理事会负责处理欧盟农业事务等。欧盟理事会实行轮执主席国制度,由各成员国按一定顺序分别轮流担任,每届任期6个月。根据里斯本条约第9C条第8款,欧盟理事会讨论立法草案应公开。

欧盟理事会有两个常设机构,分别是总秘书处和常驻代表委员会。总秘书处负责理事会的一般日常工作,由秘书长主持工作,内设法律部和若干个专门事务部。主要工作任务是准备欧盟理事会会议的议程,负责理事会与常驻代表委员会之间的联络。常驻代表委员会的任务是为欧盟理事会会议做实质性准备工作,决定部长们首先应当考虑哪些问题。另外,它使欧盟理事会与成员国政府保持联系,参与形成成员国的意见和建议,对不同意见进行协调;负责成员国行政机关与欧盟机构之间的信息传递和联络;并直接参与欧盟机构的工作。因此,常驻代表委员会在欧盟工作中的重要性显而易见。

如果说欧洲议会和欧盟委员会具有明显的联盟特征,那么欧盟理事会代表更多的成员国利益。由于成员国国家主权力量对整个共同体及联盟事务的决定性影响,欧盟理事会一直是共同体及联盟最主要的决策机构。根据欧共体及欧盟条约的规定,部长理事会负责协调各成员国总的经济政策;在联盟大部分二级立法及其他绝大多数领域拥有决策权;采取其认为适当的措施以实现共同体和联盟的目标;以及授权欧盟委员会实施由欧盟理事会制定的法令,等等。可见,欧盟理事会在共同体和联盟的一切重要事务上拥有决定权。原则上,除条约另有规定外,欧盟理事会以其成员的多数议决事项。但是事实上,各条约在多数事项上"另有规定",即要求以"特定多数票"或"全体一致"做出决定。

第四,欧盟委员会。该委员会设在布鲁塞尔,由各成员国联合任命的18名委员组成。这些委员不是特定成员国的代表，而是任期 5 年、具有独立性的行政官员。根据里斯本条约第 9D 条第 1 款，"该委员会应促进联盟的总体利益并为此采取适当的提议。它应保证各条约及各机构为履约而采取措施的适用。它应执行预算和管理项目。它应行使各条约规定的协调、执行和管理职能。除共同外交和安全政策及其他各条约规定的情况外，它应保证联盟的对外代表。它应启动为取得跨机构协定的年度或跨年度项目"。总之，该委员会的职责非常宽泛，主要是提出立法建议，落实欧盟的有关条约，执行欧盟的各项内部和国际贸易政策，并在对外关系方面代表欧共体。委员会设主席 1 人，副主席 8 人（其中 3 人为执行副主席），18 名委员则分别负责某一方面的事务。相对而言，该委员会是欧盟的执行机构，拥有庞大的工作职能体系，内设各种秘书处、稽查部、法律部、安全局以及 20 多个专业性事务总局。根据里斯本条约第 9E 条第 1 款，欧洲理事会按多数票决定并与该委员会主席达成一致，任命委员会副主席之一为欧盟对外和安全政策高级代表，并由他负责该委员会的外交事务理事会和协调对外行动。

第五，欧盟法院。欧盟法院设在卢森堡，最早是建立于 1952 年的欧洲法院，在欧洲一体化过程中形成颇具特色的区域性国际司法机构。根据里斯本条约第 9F 条，欧盟法院应包括一般法院和专门法院，负责欧盟及其成员国法律所涉各条约的解释与适用。每个成员国提名 1 名法官和协助的法律顾问，并由成员国一致同意而任命，任期 6 年，可被再任命。一般法院的法官至少包括每个成员国提名的 1 名法官。欧洲法院受理的案件主要为 3 类：（1）一个成员国、一个机构或自然人、法人对另一个成员国违反条约义务提起的诉讼；（2）应成员国的法院或法庭请求，对联盟法或机构通过法案的有效性作出初步裁决，以便对欧盟法作出统一解释并在一定程度上确保其在各成员国的统一适用；（3）各条约项下其他案件。可见，欧盟法院担负着对各条约以及欧盟法的司法解释，从而在很大程度上发展了欧盟法，比如在其司法实践中发展出一系列普遍法律原则。

除了以上欧盟的主要机构，还有欧盟审计院（由各成员国的纳税人代表组成，审查欧盟收支执行情况）、欧洲投资银行（欧盟主要金融机构，负责联盟内投资，均衡各国发展）、经济与社会委员会（提供有关联盟的经济与社会政策咨询），等等。为了适应欧洲货币体系的变化和联盟内区域发展的需要，根据欧盟条约，欧盟还建立了两个新的机构体系：一个是欧洲中央银行和欧洲中央银行系统；另一个是区域委员会。

三、欧盟法的渊源

欧盟法是指调整欧盟各成员国之间关系以及欧盟与非成员国或地区之间关系的法律制度之总和。欧盟法的渊源主要有以下四类。

第一,成员国之间签订的条约。成员国之间为建立各共同体和欧盟而缔结的条约、条约附件以及条约的补充和修正是欧盟的宪法性基础,也是联盟最为重要的法律渊源。这些条约被称为欧盟的主要立法。欧盟机构的立法都是这些条约的派生立法,又称为二级立法。在欧盟未获授权的领域,一些亟待解决的与欧盟相关的问题只能通过成员国之间的条约或协定来解决。如《阿姆斯特丹条约》生效之前,在共同外交与安全政策方面以及司法与民政事务合作方面,成员国代表在欧盟理事会并不是以理事会成员名义而是以各成员国部长的名义签订条约。以后,在欧盟未获授权的领域,很可能还会出现这种局面。这些条约也被认为是欧盟法的渊源之一。

第二,联盟机构的立法。联盟机构为行使各宪法性条约的授权而制定的法律是欧盟法的主要渊源。这部分立法因形式、名称及效力的不同而被分为四类,分别是条例(Regulations)、指令(Directives)、决定(Decisions)三类具有法律拘束力以及"只具有说服力"的一类建议(Recommendations)和意见(Opinions)。

第三,欧洲法院确认的一般法律原则。欧盟法以上述条约法和欧盟机构立法为主,以欧盟法院确认的一般法律原则为补充。现已被承认为欧盟法渊源的一般法律原则包括相称原则、合法期望权益原则、基本人权和平等原则。虽然欧盟法院在司法过程中确立了一系列对欧盟法非常重要的一般法律原则,它们得以被承认为欧盟法的渊源之一,但是没有任何条约规定,欧盟法院自己也并未宣称其判例本身构成欧盟法的渊源。

第四,与非成员国签订的国际条约。这类欧盟法的渊源与欧盟在国际社会上的地位有关。作为国际社会的重要一员,欧盟不仅需要处理其内部事务,更需要协调与其他国家的经济、社会和政治关系。为此目的,欧盟与非成员国国家或国际组织缔结了大量条约,包括在贸易、工业、技术和社会领域扩大合作的条约。如 2020 年 9 月 14 日签署、2021 年 3 月 1 日生效的《中华人民共和国与欧洲联盟地理标志保护和合作协定》;在 WTO,欧盟作为单一经济实体代表整个欧盟参加多边贸易谈判,签署有关协议或协定,提起或应诉有关贸易争端。因此,WTO

"一揽子"协定不仅对欧盟成员国,而且对欧盟处理对外经贸关系具有约束力。

四、欧盟法与成员国国内法的关系

欧盟法是自成一类的法律制度。基于成员国出让部分的立法权,欧盟获得了独立的立法权,其制定的法律对成员国及其国民均有约束力。宪法性条约使得欧盟创设了独立于各成员国的法律体制,而根据欧盟法院对条约的解释,欧盟立法是成员国国内法律体制不可分割的一部分,成员国法院必须遵守。

由于欧盟法和成员国国内法是相互独立的法律体系,又因其立法目的、立法技术和立法者的不同,两者之间的冲突几乎是不可避免的。譬如,当某一欧盟法律对欧盟公民进行直接授权或施加特定义务,而各成员国对之又有不同的规定时,冲突就产生了。解决这种特殊法律冲突的基本原则包括如下三个方面。

第一,欧盟法的直接适用性与直接效力原则。一般认为,欧盟法的直接适用性是指欧盟法律自颁布生效之日起,在全体成员国内具有一致的完全效力,即可以在全体成员国直接适用,不必通过国内的立法或行政措施;欧盟法为所有欧盟公民个人直接创设权利和义务,公民个人可以依法请求国内法院保护,国内法院必须保护欧盟法赋予个人的权利,即使这些权利与国内法存在冲突。欧盟法律的直接效力以其直接适用性为前提。只要直接适用的联盟法律为联盟机构、成员国或个人创设了明确的无条件的义务,联盟公民就有权在成员国法院直接引用这些法律以保护自己的权利。欧盟法的直接适用性和直接效力原则是由欧洲法院通过判例形成和发展起来的,并将"直接适用"与"直接效力"视作通用词。这说明两者具有内在联系。

第二,欧盟法的优先性原则。尽管原则上各成员国法院均承认联盟法律对成员国及其国民的直接适用,但是联盟法律与国内法的冲突并未得到解决。欧盟立法对于两者有所冲突时哪一个法律优先适用并没有明确的规定。欧盟法院通过长期的司法实践确立了欧盟法优先原则。欧共体和欧盟建立的目标决定了这是唯一的解决方案。如果成员国法律优于欧盟法,那么后者将不可能在各成员国得到统一平等的适用。而如果缺乏统一的内部市场规则,各成员国赋予联盟的任务也不可能顺利完成。可以说,欧盟法的优先地位对联盟法律秩序而言是不可或缺的。

第三,欧盟与其成员国的合作原则。尽管欧盟法和成员国国内法存在冲突,但是欧盟与其成员国在实践中更多地通过合作来解决冲突。各成员国认识到联盟法律体制是它们自己和联盟机构为实现联盟的目标而建立的一种共同体制。因此,成员国机构不仅要求遵守联盟条约和二级立法,并且要积极予以配合执行。

五、欧盟主要的经贸法律制度

欧盟区域一体化的经贸法律制度是欧盟法的基础,包括关于货物、服务、人员和资本自由流动的统一内部市场法、竞争法、货币法和对外贸易法。

（一）统一内部市场法

建立一个欧盟成员国内部单一的大市场,是欧盟区域一体化的初衷。1986年《单一欧洲法》以"内部市场"代替了原先 EEC 使用的"共同市场",但是 EEC 条约第 7A 条第 2 款确定的统一内部市场的基本原则没有变,即"内部市场由一个没有内部边界的区域构成,在此区域内,货物、人员、服务与资本的自由流动得到本条约条款的保证"。"没有内部边界"是指成员国之间取消一切关税,结成关税同盟。因此,关税同盟是欧洲经济一体化的基础。正是在这个意义上,GATT 第 24 条第 5 款允许缔约方结成关税同盟作为最惠国待遇的例外,成了战后欧洲经济一体化得以形成与发展的国际法根据。

根据 EEC 条约第 9 条规定,关税同盟对内要求各成员国之间取消进出口关税以及同等作用的所有其他税费,对外建立共同关税税则,对第三国采用相同的关税税率。与关税具有同等作用的税费是指仅仅由于跨越边境这一事实而征收的任何税费。关税同盟不仅适用于原产于成员国的一切产品,也适用于来自第三国,但在成员国中已自由流通的产品,即已在一成员国办妥进口手续和缴纳应付关税的产品。因此,内部市场的货物自由流动是指在关税同盟区域内所有货物(包括已进口货物)均可享受"自由流动"待遇。

成员国除不能对来自其他成员国的产品征收进口税之外,对该类产品直接或间接地征收的各种国内税也不得高于对本国同类产品征收的国内税。并且,各成员国也不得对其他成员国的产品征收能够间接保护本国产品的其他国内税。除取消关税之外,欧盟还要求取消进口量的限制以及其他具有同等作用的措施。进口量的限制包括一切以量为标准限制进口的法律规则、行政规则,或行政措施。

成员国之间货物的自由流通不是绝对的。根据 EEC 条约第 36 条,成员国可出于公共道德、公共秩序或公共安全,对人、动物或植物的生命健康的保护,对具有艺术、历史或考古价值的国家珍宝的保护,或对工业和商业产权的保护等原因对货物的进出口或过境采取禁止或限制措施。当然,这种禁止和限制不得在成员国间造成任意的歧视,也不得变相地构成对成员国间贸易的限制。另外,如果对于某一特定产品的生产或销售缺乏共同体层面的规则,那么各成员国在这一方面被允许有规定上的差异,即使这种规定上的差异将妨碍欧盟内货物的自由流通。但是,各成员国采取的以上措施必须同等适用于本国产品和进口产品,必须同其目的和所要保护的利益相称,如有效的财政监督、公共卫生、商业交易的公正性和消费权利等。

人员的自由流动是单一内部市场的必要条件。根据《建立欧盟条约》第二部分"联盟公民"的规定,每一个具有成员国国籍的人均为联盟公民。联盟公民在各成员国境内享有自由流动和居住的权利,尽管该权利在特定条件下受到限制。内部市场自由流动的人员主要是指"工人"。根据 EEC 条约第 48 条规定,工人的自由流动是指就业人员享有各成员国市场上自由谋求职业的权利与相关的移民权利,包括出入境和居留许可,以及附属或派生于前两类权利的各种其他权利,如获得退休金等社会福利保障权及家庭成员和亲属的相应权利等。工人为寻求工作或为工作而居留的权利同样适用于其家庭直接成员,包括工人的配偶、未成年子女或需要其抚养的子女,以及与工人及配偶具有赡养关系的尊亲属。此外,工人的家庭成员所享有的权利并不仅仅限于在东道国内居留,还包括该国对其国民所提供的一切待遇。

同货物的自由流动一样,工人的自由流动也可以被合法限制。东道国可以出于公共政策、公共安全或公共卫生的理由,对工人的自由流动权利加以合法的限制。但是这种限制不得以国籍歧视为出发点或导致国籍歧视。另外,工人自由流动权利不适用于国家公务员的受雇。与人员的自由流动密切相关的是1990 年由法国、德国、比利时、卢森堡和荷兰五国签订的《申根协定》(Schengen Agreement),该协定旨在逐步废除各签约国家之间的边境关卡制度。而后,意大利、西班牙、葡萄牙和希腊四国加入。目前,奥地利、比利时、捷克、丹麦、爱沙尼亚、芬兰、法国、德国、希腊、匈牙利、爱尔兰、意大利、拉脱维亚、列支敦士登、立陶宛、卢森堡、马耳他、荷兰、波兰、葡萄牙、斯洛伐克、斯洛文尼亚、西班牙、瑞典和瑞士为申根协定国。欧盟成员国和个别非欧盟成员国(瑞士和列支敦士登)国民如今在已废除边卡的申根协定国内出入境,无须携带本国护照;在仍保留边卡的申根协定国,只需出示本国护照,而无须东道国签证;但在欧盟的非申根协定国出入境,仍须办理签证。这说明欧盟内部人员的自由流动仍受到一定限制。

与工人自由流动不同,服务自由是指自由开业和自由提供服务。根据 EEC 条约第 60 条规定,该条约所称"服务"是指为取得报酬而正常提供的服务,只要这类服务不属于货物、资本和人员自由流动的事项范围。与工人不同,提供服务者是自我雇佣者,或非工薪收入者。这包括各种工商业主、执业医师、工程师、建筑师和律师等专业执业人员,以及其他各种雇主等。

开业是指具有成员国国籍的自然人、法人或非法人团体设立营业存在或营业机构、代理机构、分支机构和子公司等行为。欧盟法要求各成员国给予其他成员国国民在本国境内开业以国民待遇,不得因国籍产生歧视。欧盟对于各行各业如何在各方面取消开业权的限制颁布了大量指令以保证自由开业权的实现。比如,自我雇用者包括专业自雇用者,如前面所提到的医师、律师、建筑师和会计师等,一般各国对这些专业自雇用者都规定有一定的资格要求,如一定的文凭、证书或其他资格证明。为确保专业自雇用者开业自由权的实现,欧盟颁布了一系列指令要求医生、兽医、牙医、助产士、药剂师、建筑师、美发师、民用航空人员等行业领域相互承认各成员国的文凭、证书或其他资格证明。关于工人的自由流动方面的限制同样适用于自由开业权和自由提供服务权的行使,但不得以国籍或注册地为理由规定歧视性限制措施。

资本的自由流动对建立内部统一市场至关重要。但是,资本流动与货币体系相关,而欧盟的统一货币体系较晚形成,因此,资本的自由流动一直受到很大限制。自 1994 年 1 月 1 日起,根据《建立欧盟条约》第 73B 条,对成员国之间以及成员国与第三国之间的资本流动或支付所规定的一切限制,均应予以禁止。随着欧元的引入,即使各成员国之间的资本流动仍存在一定的限制,但是欧元区内支付方面的限制不复存在。

(二) 竞争法

有市场就有竞争,统一的内部市场,必须有统一的竞争法。欧盟竞争法旨在帮助建立统一内部市场,并寻求在该内部市场实现有效竞争。EEC 条约第 3 条(g)款确定了欧盟竞争立法的原则,即建立"保证内部市场中竞争不受扭曲的一种制度"。该条约第五编分别对企业行为、倾销及国家补助等方面作了规定,其中,第 85 条和第 86 条一直被认为是共同体竞争政策的核心。

第 85 条对企业间的协议行为作了禁止性规定。凡是可能影响成员国间的贸易,并以妨碍、限制或违反共同体市场规则为目的或造成此类后果的企业间协议或企业联合决定或协作惯例都在被禁止之列。具体包括:(1) 直接或间接地限定购买或销售价格,或其他销售条件;(2) 限制或控制生产、销售、技术开发或投资;(3) 对市场或货源进行分割;(4) 对进行相同贸易的贸易伙伴适用不同的贸易条件使他们处于不利的竞争条件;(5) 迫使贸易伙伴接受额外义务作为签订合同的条件,而这些义务与合同标的完全无关。根据条约规定,违反条约义务的诸如上述行为都自动无效。如果企业间协议、联合决定或协作惯例有助于改进商品的生产和销售或有助于促进技术进步或经济发展,并同时让消费者分享利益,那么条约的禁止性规定可以不适用。但是除类别豁免之外,有关企业必须把具体的协议或决定通报给欧盟委员会并申请负责。

第 86 条对企业滥用市场优势地位作了限制性规定。一个或几个企业滥用其在共同市场或相当一部分共同市场中的优势地位,从而影响成员国间的贸易,这应被视作与共同市场的目标相抵触的行为而予以禁止。滥用优势地位的行为主要表现为:(1) 直接或间接地实行不平等的买卖价格或其他贸易条件;(2) 限制生产、市场或者技术发展,损害消费者利益;(3) 在相同的交易条件下,对交易当事人实行不同的交易条件,因而置其于不利的竞争地位;(4) 以其他贸易当事人接受附带义务为条件缔结合同,而这些义务与合同宗旨无关。

(三)货币法

早在 1969 年,欧共体成员国政府首脑会议就决定建立一个完整的经济货币联盟。1972 年,欧共体实行"可以调整的中心汇率制",各成员国货币间的汇价浮动幅度限定在上下 1.125%,而各国货币与美元的汇价可在上下 2.5% 浮动。这是一种紧密的联合浮动制,又被称为"蛇行浮动汇率制",它使成员国之间的货币联系加强,相关程度大大加深。1978 年,欧共体成员国政府首脑会议决定建立欧洲货币体系。欧洲货币体系的核心内容是"欧洲货币单位"(ECU),它是欧共体各成员国货币按一定的比值加权组合构成的计算单位。欧洲货币单位本身并不是具有纸币或铸币形式的货币,但它是确定成员国之间每一对货币的中心汇率的标准,是成员国之间各种清算和储备的计算标准。欧洲货币体系的建立是欧洲货币一体化发展的重要阶段,为现在的欧洲货币联盟以及单一欧洲货币(欧元)的运行奠定了良好的基础。

尽管1993年11月1日生效的《建立欧盟条约》才正式规定欧洲经济货币联盟事宜,但是该联盟的第一阶段已从1990年开始运行。第一阶段内成员国的义务包括:取消对成员国之间以及成员国与非成员国之间的资本流动的一切限制;取消对成员国之间以及成员国与非成员国之间的支付方面的一切限制;限制成员国中央银行向欧共体机构、中央政府、地区和地方其他公共当局、受公法管辖的其他机构或成员国的公共企业提供透支安排或其他任何类别的信贷安排或购进其债券;禁止非基于审慎考虑而给予欧共体机构、中央政府、地区和地方其他公共当局、受公法管辖的其他机构或成员国的公共企业,以特惠利用金融机构的任何措施;以及制定旨在保证实现经济货币联盟所需的持续聚合,特别是在价格稳定与健全的公共财政方面的多年性规划。

1994年1月1日,欧洲经济货币联盟进入第二阶段,建立欧洲货币局(European Monetary Institute,EMI)。该机构由主席和各成员国中央银行行长组成,其职责主要包括:加强各成员国中央银行的合作;以保证价格稳定为目标,加强成员国货币政策的协调;监督欧洲货币体系的运行;就属于各成员国中央银行主管范围内和影响金融机构与市场稳定的事务,举行磋商;接管欧洲货币合作基金的任务;促进欧洲货币单位的使用,并监督其发展,包括欧洲货币单位结算体系的顺利运行;为在欧洲经济货币联盟第三阶段执行单一货币政策,筹备所需的文件与程序以及监督发行欧洲货币单位纸币的技术准备。

欧洲经济货币联盟的第三阶段自1999年1月1日实行,只有达到了一定标准的成员国才可以进入这一阶段。这些标准包括成员国国内立法与EEC条约及《欧洲中央银行体系章程》不相抵触、实现高度价格稳定、避免过度的财政赤字、遵守欧洲货币体系汇率机制所规定的正常波动幅度且未对任何其他成员国货币贬值,以及实现成员国间持续的聚合和持续参加欧洲货币体系的汇率机制并在长期利率水平上有所反映。根据欧盟委员会和欧洲货币局提交的报告,欧盟部长理事会于1998年1月1日向欧洲理事会提交报告,认为有11个国家具备了采用单一货币的条件，可以进入第三阶段。在第三阶段，欧洲货币局被欧洲中央银行代替。

进入第三阶段的 11 个国家从 1999 年 1 月 1 日开始使用欧元(Euro)，这些使用国被称为"欧元区"。1999 年 1 月 1 日至 2001 年 12 月 31 日是欧元过渡期，过渡期内欧元与原本国货币同时流通，且原货币仍维持法定货币的地位。过渡期结束后，各成员国货币在其本国境内仍可作为法定货币持续有效最长达 6 个月。但是，6 个月期限可由成员国国内立法缩短。因此，可以说，从 2002 年 1 月 1 日起，在欧元区内，欧元是可流通的唯一法定货币。自此，一个更加统一的内部市场形成了。目前欧元区 19 个成员国是奥地利、比利时、塞浦路斯、爱沙尼亚、芬兰、法国、德国、希腊、爱尔兰、意大利、拉脱维亚、立陶宛、卢森堡、马耳他、荷兰、葡萄牙、斯洛伐克、斯洛文尼亚、西班牙。

（四）对外贸易法

对内逐步实现经济货币联盟，对外以单一经济实体参与国际经济竞争，团结一致维护各成员国的共同利益，这是欧盟区域一体化的缔造者与后继者梦寐以求的目标与百折不挠的实践。欧盟对外贸易法是欧盟法的重要组成部分。以下扼要介绍欧盟共同关税法与反倾销法。

根据 EEC 条约第 9 条，自 1968 年后逐步形成的关税同盟不仅是整个欧洲区域经济一体化的基石，而且是欧盟对外作为单一经济实体的前提。就对外贸易关系而言，该关税同盟通过《共同海关税则》(CCT)体现。该税则适用于所有从欧共体之外进口至共同体内的产品，从而构筑了任何一个成员国都不能任意改变的共同关税壁垒。EEC 条约第 18 条至 29 条规定了共同关税税率，欧盟理事会据此制定颁布在各成员国具有直接适用效力的 CCT。根据该税则，所有进口产品的分类依据海关合作理事会（现为世界海关组织）的《海关税则商品分类目录公约》，产品目录与关税税率作为 EEC 条约附录一，并由欧盟委员会负责定期修订颁布。如果某既定产品在共同体内的生产不足，欧盟理事会根据委员会的建议，以特定多数议决，有权改变或中止一定限度的关税，或者授予个别成员国一定的优惠关税乃至免税的配额。一旦进口产品完税后进入共同体内部市场，便享受自由流动的待遇。

就执行对外共同关税的机制而言，欧盟委员会经理事会的批准，在设置与实施共同海关税率方面起着中心的作用。根据 EEC 条约第 29 条规定,委员会在执行共同关税时,必须考虑如何促进成员国与第三方国家贸易的需要,在有利于改善企业竞争能力的前提下,改善共同体内的竞争条件,满足共同体对原料和半成品供应的需求,避免成员国经济严重混乱和保证共同体内部生产合理发展与消费扩张的需求。可见,欧盟共同关税制度的实施主要是为了更好地促进区域经济一体化健康发展。

反倾销法作为非关税壁垒措施,是欧盟对外贸易法的关键组成部分之一。作为 WTO 的成员,欧盟于 1995 年 12 月 22 日制定了新的反倾销法,即《理事会 384/96 条例》,以实施 WTO《反倾销协定》。这是欧盟第一次将反倾销与反补贴分开立法,以与 WTO 法律体系相吻合。与 WTO《反倾销法协定》一致,欧盟反倾销法分实体法与程序法两部分。实体法包括倾销的认定、正常价值与出口价格及其比较、损害的认定、相同产品的认定、国内产业及其重大损害、倾销与损害之间的因果关系。欧盟在认定正常价值时,区分市场经济与非市场经济的进口。对于来自市场经济国家的进口产品,根据《理事会 384/96 条例》第 2 条第 1 款,正常价值以在正常贸易过程中由出口国的独立消费者实际支付或相同产品的可支付的可比价格为基础。出口国通常是原产国,也可能是中间国。根据该条例第 2 条第 2 款,作为正常价值,在出口国国内市场的正常贸易过程中的销售必须至少占向欧盟出口的 5%。这正是 WTO《反倾销协定》第 2 条第 2 款的规定。该条例第 2 条第 3 款规定,如果在出口国国内市场没有相同产品的销售,或者销售量不足,或者市场不允许作适当比较,正常价值必须以相同产品的构成价值或相同产品至第三国的出口价格来认定,前提是这类价格具有代表性。

如果根据相同产品的正常价值认定及其与出口价格的比较,某进口产品构成倾销,欧盟反倾销机构将依据《理事会 384/96 条例》有关规定,进一步认定该倾销产品是否引起欧共体产业的重大损害。该条例第 4 条第 1 款规定,国内产业通常是指作为整体的共同体生产该相同产品的生产者,或者该相同产品的累加产量构成共同体总产量的多数。某一成员国内的生产者也可以视为共同体产业,前提是其综合产量构成整个共同体产业的多数。在一定情况下,共同体市场可能划分成若干竞争的市场,就损害认定而言,其中每个市场中的生产者被视为共同体的产业。损害认定取决于对国内产业是否正在受到重大损害的评估。重大损害实际上可包括三种不同情况:严格意义上的重大损害;重大损害的威胁；对共同体产业的建立构成重大阻碍。这三种情况的认定都必须有充分的证据。

根据《理事会384/96条例》第3条第6款，只有当进口产品的倾销与共同体国内产业遭受的重大损害之间有因果关系时，才能作出因倾销而致重大损害的决定。该条例规定了在分析这种因果关系时必须考虑的一系列相关因素。即便在因果关系被确定之后，欧盟并不是必然地采取反倾销措施。只有从国内产业、进口商与消费者等全面考虑了共同体利益之后，欧盟反倾销机构才会作出有关反倾销措施的裁决。

欧盟反倾销法的程序部分包括启动、调查、临时措施、终止（包括不采取措施、出口商作出价格承诺、实施反倾销措施）、复审。根据《理事会384/96条例》第5条第1款，任何自然人、法人或非法人的社团均可代表共同体产业，经书面向欧盟委员会请求启动反倾销程序。经成员国请求，或欧盟委员会自行也可以启动该程序。根据该条例第6条，反倾销调查必须同时涉及倾销与损害是否存在。一旦初步认定两者同时存在，且有因果关系，要求共同体干预，欧盟委员将在反倾销程序启动后的9个月内实施临时的反倾销措施。此后，如果出现撤回启动的请求，或出口商作出价格承诺，或没有充分理由采取最后的反倾销措施，整个反倾销程序终止。如果没有出现这些情况，且认定倾销与共同体产业的重大损害有因果关系，要求共同体干预，那么根据该条例第9条第4款，欧盟委员会在听取了咨询委员的意见之后，向欧盟理事会提交建议，由理事会最后裁定是否对构成倾销的进口实施反倾销税措施。反倾销税的实施期不超过5年，期间允许复审。

欧盟反倾销法本身没有规定有关司法审查的程序。根据EEC条约第173条，欧盟初审法院对因实施反倾销措施而提起的诉讼享有管辖权。初审法院将审查欧盟反倾销机构在程序上是否遵守有关条例，在事实认定上有无明显错误，以及滥用职权的可能性。这样，欧盟反倾销法就符合了WTO《反倾销协定》第13条要求所有成员方提供反倾销实施的司法独立审查之规定。

如前所述，根据《理事会384/96条例》，欧盟海关在认定正常价值时，须区分市场经济与非市场经济国家的产品进口。2010年12月，WTO争端解决专家组对"欧盟紧固件（中国）案"作出裁决，认定欧盟对《理事会384/96条例》修改后的《理事会1225/2009条例》（也即《反倾销基本条例》）第9条(5)款与WTO《反倾销协定》相关规定不符,欧盟不服而提起上诉。上诉机构经复审,指出根据该第9条(5)款规定,对于任何来源的产品,一旦被认定构成倾销并导致损害,应个案酌定,征收适当的反倾销税,除非根据该条例已接受其价格承诺的来源之产品。《反倾销基本条例》还规定应对每一个产品提供商,或在无法认定单个提供商的情况下,根据该条例第2条(7)款(a)项,对有关提供产品的国家征收反倾销税,并且,对于来自非市场经济国家的WTO成员的进口产品,不以其出口国的独立消费者在正常贸易中可支付的价格,而以市场经济的第三国价格或构成价值计算正常价格。如果接受反倾销调查的此类WTO成员的生产者能够根据第2条(7)款(a)项规定的标准及程序而证明其产品生产和销售"具有市场经济条件",则可按适用于市场经济国家的规则认定其产品的正常价值。上诉机构同意专家组对该第9条(5)款的解读:该条款要求反倾销税应"适当",因而其前提是个别税基于个别幅度,国家范围的税基于某国家范围的幅度。幅度计算与税的征收密切相关。如果欧盟对来自非市场经济国家的WTO成员的产品施加国家范围的反倾销税,则与WTO《反倾销协定》第6条第10款和第9条第2款规定对"每一"(individual)已知出口商或生产者确定各自倾销幅度的规则相抵触。[①] 至于欧盟辩称《中国加入WTO议定书》第15条允许就适用反倾销规则而言将中国作为非市场经济国家,因而可施加国家范围的反倾销税,也遭到上诉机构的驳回(详见本章第三节提供的经典案例)。

在该案之后,尤其是在中国对欧盟未完全履行该案裁决而提出复审,并得到WTO争端解决专家组和上诉机构的支持后,欧盟放弃了其反倾销条例明确将中国列为非市场经济国家的WTO成员,并可施加国家范围的反倾销税的做法。但是,欧盟转而采用所谓"国家报告"(country report)的方法。根据2017年12月12日修改的《欧洲议会和理事会2017/2321[欧盟]条例》[②],针对自由市场力量可能在很大程度受到政府明显干预而存在市场扭曲,因而在欧盟的反倾销调查中,调查主管部门和受进口产品倾销影响的企业可利用欧盟委员会提供的国家报告作为证据,个案酌定进口产品所涉市场条件是否存在扭曲,以便用替代的第三国价格或构成价值计算正常价值。目前欧盟只公布了相关的中国的国家报告和俄罗斯的国家报告。

---

① EC-Fastener (China), WT/DS397/AB/R, 15 July 2011, para.329, para.354.
② Regulation (EU) 2017/2321 of the European Parliament and of the Council of 12 December 2017.

第二节 自由贸易区及其经贸法律制度

与以 GATT 第 24 条下关税同盟为基础、区域经济一体化程度最高的欧盟不同,该第 24 条下自由贸易区的经济一体化程度参差不齐。本节分别评介美国、加拿大和墨西哥根据 2020 年 7 月 1 日生效的《美墨加协定》①(USMCA,替代 1989 年《北美自由贸易区协定》)建立的北美自由贸易区和中国、日本、韩国、澳大利亚、新西兰与东盟十国(新加坡、印度尼西亚、马来西亚、泰国、越南、柬埔寨、老挝、缅甸、文莱和菲律宾)根据于 2020 年 11 月 15 日签署,并于 2022 年 1 月 1 日起生效的《区域全面经济伙伴关系协定》(RCEP)而将形成的全球最大的自由贸易区。②

一、北美自由贸易区的经贸法律制度

北美自由贸易区是根据 1994 年 1 月 1 日生效的《北美自由贸易协定》(NAFTA)而产生的。NAFTA 现已被 USMCA 取代。不同于以关税同盟为基础的欧盟,北美自由贸易区各国仍保留其独立关税,也不具有政治或社会联盟的意义,属于区域性国际经贸合作联盟。

虽然 USMCA 旨在替代 NAFAT,但是如今作为北美自由贸易区基本法的 USMCA 是在美国主导制定的《跨太平洋伙伴关系协定》(TPP)的基础上更新的。因美国政府更替而退出 TPP,使其无法生效乃至被废止,取而代之的是 TPP 其他缔约国缔结的《全面与进步的跨太平洋伙伴关系协定》(CPTPP)。美

---

① Agreement between the United States of America, the United Mexican States, and Canada. 英文作准本来自美国贸易代表办公室网站,https://ustr.gov/trade-agreements/free-trade-agreements/united-states-mexico-canada-agreement/agreement-between,最后浏览日期:2021 年 7 月 20 日。以下援引该协定,出处略。
② RCEP 第 20 章的最终条款第 6 条第 2 款:"本协定应当在至少六个东盟成员国签署方和三个非东盟成员国签署方向保管方[注:东盟秘书长]交存核准书、接受书或批准书之日起 60 天后生效。"RCEP 的中英文作准本来自中国自由贸易区服务网:http://fta.mofcom.gov.cn/rcep/rcep_new.shtml,最后浏览日期:2021 年 7 月 20 日。以下援引该协定,出处略。RCEP 成员国总人口、经济体量、贸易总额均占全球总量的约 30%。相比之下,《全面与进步的跨太平洋伙伴关系协定》(CPTPP)有 11 个成员国,经济体量占全球的 13%;USMCA 三国经济体量约占全球总量的 27%;2021 年 1 月 1 日起正式实施的非洲大陆自由贸易区成员国为 44 个,但经济体量只有 2.5 万亿美元。

国则以 TPP 为摹本,与加拿大、墨西哥达成全面更新的 USMCA。

(一) USMCA 的经贸法律制度框架

USMCA 由序言和 34 章及议定书组成。该序言明确以此替代 1994 年 NAFTA,依据 21 世纪的高标准新协定支撑本地区的互利贸易,促进更加自由、公平的市场和经济增长。第 1 章 A 节第 1 条第 1 款规定缔约方根据 GATT 第 24 条和 GATS 第 5 条建立自由贸易区。

关于货物贸易规则(第 2 章至第 13 章),包括国民待遇和货物的市场准入、农产品、原产地规则与程序、纺织品与服装、海关管理与贸易便利化、承认墨西哥对其烃(hydrocarbons)资源的主权权利、卫生与植物卫生措施、贸易救济、技术性贸易壁垒、部门附件(化学材料、化妆品、信息与通信技术产品、能源利用标准)、政府采购。

关于投资规则(第 14 章),包括定义、范围、与其他章的关系、国民待遇、最惠国待遇、最低标准待遇、武装冲突或内乱情形下的待遇、征收和补偿、转移、履行要求、高级管理层和董事会、不符措施、特别规范程序和信息要求、拒绝授予利益、代位、投资与环境健康安全及其管制目标、公司社会责任、附件(习惯国际法、征收、合法投资主张与待审主张、墨西哥投资争端、墨西哥与美国关于政府合同的投资争端)。

关于服务贸易规则(第 15 章至第 19 章),包括跨境服务贸易、商务人员临时入境、金融服务、电信、数字贸易。

关于知识产权规则(第 20 章),包括一般条款、合作、商标、国家名称、地理标志、专利与未披露试验或其他数据、工业外观设计、版权与相关权利、商业秘密、实施、最后条款。

关于竞争政策(第 21 章)、关于国有企业和指定垄断企业(第 22 章)、劳工(第 23 章)、环境(第 24 章)、中小企业(第 25 章)、竞争力(第 26 章)、反腐败(第 27 章)、良好管制做法(第 28 章)、公布和行政管理(第 29 章)以及管理和机构条款(第 30 章)等国际经贸相关规定,不在此逐一评介。

关于争端解决规则(第 31 章),包括合作、范围、争端解决场所的选择、磋商、斡旋调解和调停、专家组的设立、职权范围、专家组名册库与成员资格、专家组的组成、专家组成员的替换、诉辩的电子文件、专家组的职能、第三方的参与、技术专家的作用、专家组程序的中止或终止、专家组报告、专家组报告的执行、不执行和利益的中止、国内程序和私人商事争端解决、附件(劳工争议快速解决机制)。

例外规定和一般条款(第 32 章)、宏观经济政策和汇率事项(第 33 章)及最终条款(第 34 章),不赘。

(二) 货物贸易、服务贸易和相关知识产权以及争端解决机制新规则

在 USMCA 的以上法律框架中,与 WTO"一揽子"协定下现行规则相比,货物贸易、服务贸易和相关知识产权以及争端解决机制新规则主要体现如下:

(1) 货物贸易新规则。在 GATT 第 3 条及其解释性说明的国民待遇基础上,一缔约方应给予来自另一缔约方的进口产品不低于给予其本地任何相同、直接或间接竞争或可替代产品的最优惠待遇;农产品及其出口补贴均根据 WTO《农业协定》相关规定,允许以粮食(涵盖鱼及鱼制品)安全为由限制出口,并作为 GATT 第 11 条一般取消数量限制的例外;原产地规则下原产货物是在一个或多个缔约方境内全部获得或生产,或完全以原产材料在一个或多个缔约方境内全部生产,或如符合特定原产地规则而使用非原产材料在一个或多个缔约方境内全部生产;卫生与植物卫生措施规则下的科学与风险分析应基于相关国际标准、指南或建议,并符合缔约方的适当保护水平;在 WTO 新的《贸易便利化协定》基础上的规则,包括过境航空器中的货物(含行李)过境自由规则,更加具体有效的报关电子化"单一窗口"规则;技术性贸易壁垒规则明确要求各缔约方承认国际标准、指南和建议,支持更高的管理基准和良好管理做法以及减少对贸易的不必要壁垒;贸易救济规则包括保障措施和反倾销及反补贴税,各缔约方应根据其国内法与其他缔约方合作以实施或协助其有关规避相应征税的措施;政府采购规则被纳入"一揽子"协定,并涵盖"建设—经营—转让"(BOT)合同招标。

(2) 服务贸易新规则。跨境服务贸易包括 GATS 规定的 4 种服务贸易中"跨境服务""域外消费"和"商业存在"3 种,但不包括涵盖投资提供的服务,而将投资性提供商业存在服务纳入投资规则调整。同时,GATS 下"自然人流动"的服务贸易则被纳入包括提供服务的"商务人员"临时入境规则的调整范围。关于金融服务规则,则被纳入"一揽子"协定,涵盖除自然人流动外的其他跨境金融服务(银行、保险及再保险、证券),对于金融服务市场准入及金融机构的投资准入

给予国民待遇和享有最惠国待遇。电信服务同样也属于"一揽子"协定的规则体系,在 GATS 的电信服务附件基础上,更加完整地规定电信服务(公共电信网络或服务接入与使用、公共电信服务提供者义务、增值服务的提供和任何其他有关公共电信网络或服务的措施)的规则,包括政府监管方式,要求电信服务市场作为竞争性市场应有利于提供更为广泛的电信服务供应选择,增加消费者福利,在存在有效竞争或市场存在新服务时可能不需要经济监管。数字贸易(电子商务)包含货物(电子传输产品免征关税)和服务贸易,其中的服务贸易包括缔约方不得禁止或限制数据(信息)的跨境电子传输,可出于合法公共政策目标而加以禁止或限制,但不得构成任意、不合理之歧视或对贸易的变相限制,不超出实现合法目标的必要限度。

(3) 贸易相关知识产权新规则。这是典型的"TRIPS 递加"(TRIPS-plus)模式,即基于 TRIPS 协定,大幅提高知识产权保护水平。① 延长或调整知识产权保护期限,包括作品、表演及录音制品保护期以自然人的生命为基础计算,不少于作者终生及其死亡后 70 年,不以自然人的生命为基础计算的作品、表演或录音制品自首次经授权的出版的日历年年底起算不得少于 70 年,如作品、表演或录音制品自创作完成起 25 年内未被授权出版,则自其创作完成的日历年年底起算不少于 70 年。这比《伯尔尼公约》项下此类 50 年的期限更长,对著作权与相关权的保护更强。专利有效期因授予机关不合理迟延或缩短可调整保护期限。商标首次注册时的保护期和每次续展的期限延长均为不少于 10 年。工业设计保护期自申请之日或授权或注册之日起算延长至 15 年。② 药品专利及试验数据保护规则,包括监管审查例外规则、对药品新用途的专利保护规则、药品专利相关早期纠纷解决规则、未披露药品试验数据保护期,自新药在缔约方地域内获得市场许可之日起至少 5 年的规则。③ 商标保护规则,包括驰名商标的特别保护扩展到未注册的驰名商标,商标许可无须备案。④ 商业秘密保护规则,设专节加以规定,增加民事保护和执法、刑事执法,在界定商业秘密的基础上明确侵占和违背诚信商业做法的含义,临时措施及其民事程序中的保密,民事补救,商业秘密的许可与转让,政府禁止未经授权披露商业秘密,形成了一个高水平的商业秘密保护规则体系。⑤ 知识产权执法规则,包括对过境商品的海关知识产权执法,基于商业利益或财务收益目的,实施蓄意盗版或假冒商标作为具有商业规模的犯罪,适用刑事程序及刑罚。

(4) 争端解决机制新规则。该机制限定适用于货物贸易(国民待遇与货物的市场准入、农产品、原产地规则及程序、纺织品与服装、贸易便利化、卫生与植物卫生检疫、技术性贸易壁垒、政府采购)、服务贸易(跨境服务贸易)和知识产权。金融和电信服务、投资及其现行 WTO"一揽子"协定未包含的贸易相关部门(竞争、国有企业、劳工、环境等)均不在该机制适用范围内。这实际上与该机制允许选择 USMCA 或 WTO 争端解决机制有关,上述限制的范围与 WTO 争端解决涵盖的协定基本一致,但是,USMCA 提供了劳工相关争端的快速解决机制。与 WTO 争端解决机制最大的不同在于只有专家组,而无上诉复审机制。专家组的最终报告自提交争端当事方之日起 45 天,当事方应努力履行该报告裁定,如不履行,受损当事方可中止适用与损失相当的关税或其他措施,直至另一当事方履行裁定。

总体上,相比 WTO 现行规则,USMCA 在国际经贸法律的实体规则方面,大大扩展了范围,显著提升了规则水平,但在争端解决机制方面则摒弃了上诉复审,转而采用经改革后相对简捷高效的专家组程序。

二、RCEP 的自由贸易区经贸法律制度

与美国主导、只有 3 个国家且没有最不发达国家的北美自由贸易区不同,RCEP 的 16 个缔约国包括日本、澳大利亚等发达国家,中国等大多数发展中国家和缅甸、老挝和柬埔寨这三个最不发达国家,堪称一个小型 WTO。这一基本特征也决定了 RCEP 的经贸法律制度更加接近 WTO 现行规则体系。

(一) RCEP 的经贸法律制度框架

RCEP 包括序言和 20 章。第 1 章初始条款和一般定义(第 1 条区域全面经济伙伴关系自由贸易区的建立、第 2 条一般定义和目标)明确规定根据 GATT 第 24 条和 GATS 第 5 条建立自由贸易区,并强调兼顾缔约方,特别是最不发达国家缔约方所处的发展阶段和经济需求,逐步实现缔约方之间货物和服务贸易以及投资的自由化和便利化。

货物贸易规则包括第 2 章的货物贸易总则和货物市场准入以及非关税措施;第 3 章的原产地规则,原产地证明、证书、声明等及其签字程序和适用,第 4 章的海关程序和贸易便利化的各项规定,第 5 章的卫生与植物卫生措施,第 6 章

的标准、技术法规和合规评定程序,第 7 章的贸易救济;服务贸易规则包括第 8 章的服务贸易定义、范围和承诺减让表等,第 9 章的自然人临时移动规则;第 10 章的投资包括定义、范围、国民待遇、最惠国待遇、投资待遇等规则;第 11 章的贸易相关知识产权规则以 TRIPS 协定为基础和框架体系,适当增加若干新规则;第 12 章的电子商务包括一般条款以及无纸化等贸易便利化规则,促进跨境电子商务等;第 13 章为竞争规则;第 14 章为中小企业相关规则;第 15 章为经济技术合作;第 16 章为政府采购;第 17 章为一般条款和例外。第 18 章、第 19 章和第 20 章是有关 RECP 机构设置及其职能、争端解决机制和最终条款。

可见,RCEP 经贸法律制度的框架与 USMCA 相似,说明这已经成为涵盖各类经贸规则的综合性自由贸易区的基本模式。

(二)货物贸易、服务贸易和相关知识产权以及争端解决机制新规则

RCEP 的 16 个缔约国包括了 CPTPP 的 7 个缔约国(日本、澳大利亚、新西兰、马来西亚、新加坡、越南、文莱),因此 RCEP 的结构与规则很大程度上接近 CPTPP,并且也与 USMCA 类似,但总体上兼顾 RCEP 内较多发展中国家和部分最不发达国家的特点,规则水平相对较低。比较 WTO "一揽子"协定和 USMCA,RCEP 在货物、服务和知识产权以及争端解决机制方面具有如下不同之处。

(1)货物贸易新规定。原产地累积规则是 RCEP 货物贸易规则的一大亮点,这是指在确定产品原产资格时,可将 RCEP 其他缔约国的原产材料累积计算,来满足最终出口产品增值 40% 的原产地标准。这使得 RCEP 缔约国的出口产品更容易享受到优惠关税。原产国有关"微小加工"的规则,即对于符合原产地规则的原产货物,其在出口缔约方的生产工序超出微小加工的情况时,其RCEP 原产国应当为出口缔约方,微小加工指为确保货物在运输或储存期间保持良好状态而进行的保存操作等。关于农业出口补贴,各缔约方重申在 2015 年 WTO 部长级会议决定中所作的承诺,包括取消已计划的对农产品使用出口补贴的权利。对"经认证的经营者"(AEO)的贸易便利化措施作了更具体的规定,明确每一缔约方应当根据 AEO 标准的经验者提供与进出口或过境手续和程序相关的额外的贸易便利化措施。在贸易救济方面,明确禁止反倾销调查中确定倾销幅度时采用归零,要求确定倾销幅度时应当将所有单独幅度,不论是正的还

是负的,纳入"加权平均对加权平均"(W-W)和"逐步交易对逐笔交易"(T-T)的比较,但这不影响以缔约方在与"加权平均对逐步交易"(W-T)比较相关的权利和义务。

(2) 服务贸易新规则。在 GATS 的基础上(包括跨境服务、域外消费、商业存在和自然人流动),对垄断和专营服务提供者作了新的规定,每一缔约方应当保证在其领土内的任何垄断服务提供者在相关市场中提供垄断服务时,不以与国民待遇或市场准入下的义务不一致的方式行事;如一缔约方的一服务垄断提供者直接或通过关联公司参与其垄断权范围之外并且受该缔约方承诺约束的服务提供的竞争,该缔约方应当保证此类提供者不滥用其垄断地位,以与此类不一致的方式而在其领土内行事。增加东盟成员国最不发达国家缔约方的参与,其他缔约方应当便利于增强其国内服务能力、效率和竞争力,特别是在商业基础上获得技术;提高其进入分销渠道和接入信息网络的机会;在对其有出口利益的部门和提高方式方面实行市场准入的自由化,并在对其有利的部门方面提高市场准入。

(3) 与贸易相关的知识产权新规则。RCEP 首次以国际条约规定遗传资源、传统知识和民间文学艺术,可以制定适当的措施保护此类目前尚未明确为传统范畴的知识产权,或者说,尚未得到制度化保护的知识产权。其中,确认对专利申请涉及遗传资源的来源或起源有披露要求,可作为一缔约方专利制度的一部分,只要此类要求的相关法律法规和程序可获得,并使得利害关系人和其他缔约方能够了解这些要求,同时,在专利审查确定在先技术时,应当致力于考虑遗传资源相关传统知识的公开可获得性。在商标与地理标志的保护方面,允许地理标志可以通过商标制度或专门制度加以保护,只要其符合 TRIPS 协定的所有要求。这意味着对地理标志的商标和/或专门保护的单独或平行制度得以确立。这有助于各缔约方根据其国情酌定有关保护制度,尽可能避免地理标志作为在先权利与含有地理标志的商标注册之间的冲突。根据最不发达国家或特定缔约方的过渡期和技术援助原则规定,RCEP 知识产权条款专门以附件方式规定柬埔寨、老挝、马来西亚、缅甸、菲律宾、泰国和越南的不同过渡期和给予柬埔寨、老挝、缅甸和越南的技术援助清单,充分体现了兼顾 RCEP 缔约方之间不同发展水平的特殊性。

(4) 争端解决机制新规则。该机制对以下事项不适用:卫生与植物卫生检疫,标准、技术法规和合规评定程序,贸易救济的反倾销和反补贴调查相关的做法,自然人流动所涉临时入境,投资便利化,电子商务,竞争,中小企业,经济技术合作和政府采购,一缔约国主管机关作出是否批准或承认外国投资建议的决定,以及批准或承认投资必须满足的任何条件或要求的执行。可见,RCEP 争端解决机制的适用范围小于 WTO"一揽子"协定的范围。鉴于 RCEP 允许缔约方选择争端解决的场所,因而在该机制不适用而 WTO 争端解决机制适用之处,且 RCEP 义务与 WTO"一揽子"协定存在重叠之处,争端当事方可选择诉诸 WTO 争端解决机制。

就 RCEP 争端解决而言,突出的新颖之处在于明确专家组应当考虑 WTO 争端解决机关通过的专家组和上诉机构报告所作的相关解释。这在一定程度上以条约方式承认之前 WTO 争端解决报告的指导作用。

专家组应在其设立之日起 150 天内作出中期报告,并在此后 30 天内发布最终报告,对争端各方具有约束力;在该报告发布之日起 30 日内,执行方应当通报其执行意愿;如对执行期限无法达成一致,由专家组主席确定最长不超过自最终报告发布之日起 15 个月的合理执行期;如对执行与否存在争议,由重新召集的专家组审查,并在自提起执行审查之日起 150 天内发布审查最终报告;如审查认定未执行,可优先谈判达成当事方共同可接受的补偿,或在未达成补偿情况下,可提出中止减让或其他义务,并由重新召集的专家组确定中止水平。可见,一旦专家组设立,有可能重新召集就执行的合理期限、执行争议、中止水平作出裁决。这是完全由专家组解决争端的机制。为解决特定争端而临时设立的专家组具有国际经贸仲裁庭的性质。

第三节 经典案例与文献选读

一、经典案例:欧盟紧固件案

此案是迄今中国历经时间最长、意义重大的一起 WTO 争端解决案。2009 年 9 月,WTO 争端解决机构决定设立专家组审理此案;2011 年 7 月,上诉机构复审裁定欧盟对来自中国的紧固件实施反倾销措施违反《反倾销协定》有关规定;2016 年 1 月,上诉机构再次复审,裁定支持了中国就欧盟未执行本案裁决所提起执行复审案的诉求。该案关键在于《反倾销协定》第9条第2款①和《中国入世议定书》第15条(a)款②的条约解释。

（一）2011年上诉机构复审案

（1）对《中国入世议定书》第15条(a)款的解释。在上诉时，欧盟辩称《中国入世议定书》第15条允许就适用反倾销规则而言将中国作为非市场经济（Non-Market Economy，NME），而中国则回应：该议定书第15条"并不包含中国正式承认是NME，而是在发起对来自中国的进口反倾销调查时，暂时和有限地克减《反倾销协定》有关认定正常价值的规则"。上诉机构将此作为首要解释问题。

上诉机构指出：《中国入世议定书》第15条与GATT第6条第1款的补充规定③相似，承认在认定来自中国进口的价格可比性方面的困难。该第15条允许调查主管机关在认定正常价值时采用第三国市场经济中的价格或成本。《反倾销协定》第2条第7款规定不损害WTO成员援引该第6条第1款的补充条款，因此，该第6条第1款包括该补充规定。可见，该第15条是属于该第6条第1款的"追加"条款。根据该第15条(a)款，"中国生产商应'清楚地表明'在生产同类产品的产业中市场经济条件为主，以使得在认定价格比较时采用中国的价格或成本。如中国生产商不能'清楚地表明'在该产业中市场经济条件为主，进口WTO成员则可以采用替代方法，即不以严格比较在中国的国内价格或成本，诸如采用第三国的价格或构成的正常价值"。④ 显然，相比该第6条第1款，该第

---

① 《反倾销协定》第9条第2款："如对任何产品征收反倾销税，则应对已被认定倾销和造成损害的所有来源的进口产品根据个案在非歧视基础上酌定收取适当的反倾销税。"
② 《中国入世议定书》第15条："确定补贴和倾销时的价格可比性。GATT1994第6条、《反倾销协定》和SCM应与如下规定相一致，适用于涉及来自中国进口至某WTO成员的程序：(a)在根据GATT1994第6条和《反倾销协定》确定价格可比性时，进口方的WTO成员应采用被调查的中国价格或产业成本，或根据下列规则，采用不依据在中国的市场价格或成本进行严格比较的方法：(1)如被调查的生产商能够清楚地表明在生产同类产品的产业中，在制造、生产和销售该产品方面具备市场经济条件，该进口方的WTO成员在确定价格时应采用就调查产业而言的中国价格或成本。(2)如被调查的生产商不能够清楚地表明在生产同类产品的产业中，在制造、生产和销售该产品方面具备市场经济条件，该进口方的WTO成员在确定价格时可采用不依据以中国的市场价格或成本进行严格比较的方法。……(d)一旦中国依据进口方的WTO成员国内法，确认其为市场经济，上述(a)款则停止适用，只要在中国入世之日，该进口方的国内法中须包含有关市场经济的标准。在任何情况下，上述(a)款(2)项的规定应在中国入世之日起15年期满失效。"译自 The Protocol on China's Accession to the WTO，转引 US-Anti-Dumping Methodologies (China)，DS471/AB/R. 11 May 2017，footnote 459。
③ GATT第6条第1款补充规定2："各方承认，在进口产品来自贸易被完全或实质上完全垄断的国家，且所有国内价格由国家确定的情况下，在确定第1款中的价格比较时可能存在困难的情况下，进口缔约方可认为有必要考虑与此类国家的国内价格进行严格比较不一定适当的可能性。"
④ EC-Fasteners (China)，WT/DS397/AB/R, 15 July 2011, para.286.

15条(a)款的"追加"规定在于中国生产商负有"清楚地表明"其受到反倾销调查的同类产品之生产产业所具有的市场经济条件这一举证责任。

上诉机构解释:"我们注意《中国入世议定书》第15条(a)款对中国生产商设置举证责任,清楚地表明生产该同类产品的产业在其制造、生产和销售方面,具备市场经济条件。如做到该表明,该进口WTO成员应采用中国价格和成本以认定价格比较。如同GATT1994第6条补充规定,该第15条(a)款允许进口WTO成员克减严格比较在中国的国内价格或成本,亦即在认定正常价值时予以克减。该第15条(a)款的约文提示在认定价格比较方面,涉及'中国价格或成本'或'不以严格比较中国国内价格或成本的方法'。"①

根据上述对该第15条(a)款的约文之解释,上诉机构进一步澄清:其一,这与出口价格的认定无关,即便该条款提及以市场经济条件为主的相关产品销售,但明确这是就比较在中国的市场价格或成本而言。其二,《中国入世议定书》第15条(d)款确立该第15条(a)款在中国加入之日起15年(即2016年12月11日)失效。这还规定其他WTO成员应在此前就中国整个经济或具体部门或产业而言终止该第15条(a)款,如果中国证明根据进口WTO成员的法律,其为市场经济或在特定部门或产业中以市场经济为主。由于该第15条(d)款规定了第15条(a)款的终止规则,其适用范围也不得超出该第15条(a)款。该(a)款和(d)款完全是有关正常价值的认定,换言之,(a)款包含了在涉及中国的反倾销调查时认定正常价值的特殊规则。第15条(d)款进一步确立这些特殊规则将在2016年失效,并规定了在2016年之前可提前终止这些特殊规则的某些条件"。②对该第15条(a)款和(d)款的这些澄清本身是非常清楚的,而且,上诉机构始终明确将该第15条(a)款作为一整体看待,包括(1)项和(2)项,该第15条(d)款所终止的是(a)款,尽管约文本身规定"上述(a)款(2)项应在中国入世之日起15年期满失效",因为(a)款(2)项与(1)项相辅相成,均为"追加"中国生产商的举证责任款项,举证不成的(2)项终止,举证成功的(1)项也不复存在,因为该(1)项是相对(2)项而存在的。

上诉机构的这些解释是对中国诉求的完全支持。应该说,这既是由所涉条约的约文本身的含义所决定的,这些解释使得该约文的含义更加清晰,也是中国

---

① EC-Fasteners (China), WT/DS397/AB/R, 15 July 2011, para.287.
② EC-Fasteners (China), WT/DS397/AB/R, 15 July 2011, para.289.

诉求坚持还约文之本来面目的正确性。然而,对于如此清晰的约文,欧盟依然认为该第15条允许就适用反倾销规则而言,将中国作为NME。上诉机构指出:"我们认为《中国入世议定书》第15条没有授权WTO成员将中国与其他成员区别对待,除非涉及在中国的市场价格和成本有关价格比较的认定。我们认为该第15条确定的涉及与价格比较有关的国内价格认定的特殊规则,不包含一个毫无限制的例外,可允许WTO成员就《反倾销协定》和GATT1994项下其他目的而言区别对待中国,譬如认定出口价格或个别抑或国家范围的倾销幅度和关税。"①上诉机构在驳回欧盟的解释主张的同时,再次强调支持中国诉称该第15条不包含任何中国正式承认NME。也就是说,WTO不存在对中国整个经济性质的认定规则,只有WTO成员的国(域)内法存在此类规则(这些规则如与该第15条抵触,则构成违反WTO法)。WTO仅限于在中国入世之日起15年内允许WTO成员对来自中国进口实施反倾销调查时,如中国生产商不能举证表明其生产同类产品的产业在制造、生产和销售该同类产品方面具备市场经济条件,则可采用不严格基于中国国内价格和成本的替代方法。

(2)对《反倾销协定》第9条第2款的解释。针对欧盟诉称该第9条第2款并未强制规定实施个别的反倾销税,而只是"原则性或可参考的规定"(a principle or a reference),中国回应:"该第9条第2款的用语在其上下文中(包括第6条第10款)重申调查主管机关基于个案实施反倾销税的义务,除了该第9条第2款第三句规定的情况。"②

上诉机构认为:《反倾销协定》包含聚焦产品和进出口商以及生产商的反倾销规则。该协定第9条第2款涉及生产商和供应商。因此,该协定某些条款聚焦产品与某些案件中要求基于供应商的反倾销税并不抵触。"该第9条第2款规定反倾销税'应个案酌定收取适当的反倾销税','主管机关应列出有关产品供应商的名称'。因此,该规定的用语很清楚,采用了情态动词'应',亦即收取适当的反倾销税和列出供应商名称具有强制性。"③这就驳回了欧盟有关第9条第2款的非强制性诉求。上诉机构明确根据该第9条第2款,反倾销税应基于个案适当收取,并取之于受调查的单独出口商或生产商有关所有来源。该第9条第

---

① EC-Fasteners (China),WT/DS397/AB/R,15 July 2011,para.290.
② EC-Fasteners (China),WT/DS397/AB/R,15 July 2011,para.334.
③ EC-Fasteners (China),WT/DS397/AB/R,15 July 2011,para.336.

2款第二句也要求个案酌定。由此,上诉机构也支持了中国关于"个案实施反倾销税的义务"这一诉求,而不同意欧盟在曲解《中国入世议定书》第15条(a)款的基础上将中国作为NME的整体实施反倾销税。"我们根据《反倾销协定》第9条第2款的约文在其上下文中的含义已作出的结论,该条款要求基于个案实施反倾销税,该第9条第2款第三句的例外也不能证明对来自NME的非个别供应商实施国家范围的反倾销税为正当。因此,我们认为没有必要援引《维也纳条约法公约》第32条的补充解释方法,诸如条约之准备工作及缔约之情况,以确认或决定第31条之适用结果而获意义。"①

可见,上诉机构的这些条约解释虽未直接援引《维也纳条约法公约》第31条,尤其是第31条第1款解释通则,但实际上均以该解释通则为可适用法,解决涉案条约解释的争端,并充分肯定了中国的解释主张。这对于澄清中国相关NME以及国有企业的问题,更具法律和政治意义。

(二) 2016年上诉机构执行复审案

这是就欧盟是否执行上述2011年裁决,中国提起的执行复审案,并经上诉机构复审解决。中国的所有上诉请求得到支持,因此这是上诉机构复审裁决的起诉方"完胜"的案例之一。

其一,《反倾销协定》第6条第5款的解释。上诉机构认为该条款要求依据"说明的正当原因"(good cause shown),调查主管机关应将"依其机密性质的"或当事方基于保密而提供的信息作为机密信息。第6条第5款第1项要求提供机密信息的利害关系方提供此类信息的非机密摘要。"因此,该第6条第5款规定'正当原因'是将当事方递交给主管机关的信息按机密信息对待的前提条件。依此,上诉机构认为在原审程序中,如果某主管机关将信息作为机密处置而没有说明'正当原因',则该主管机关有悖第6条第5款下义务。"②在这方面,主管机关与当事方有着不同的作用。要求其递交信息作为机密处置的当事方应说明正当原因,而主管机关必须评估这些理由并客观地认定当事方是否说明其正当原因。在作出此类客观评估时,主管机关应寻求递交一方保护其保密信息的利益与对其他当事方关于透明度和正当程序要求之间的平衡。这是对进口国反倾销调查主管机关而言的义务。上诉机构维持了专家组关于欧盟违反这一义务的认定。

---

① EC-Fasteners (China), WT/DS397/AB/R, 15 July 2011, para.353.
② EC-Fasteners (China, 21.5), DS397/AB/RW, 18 January 2016, para.5.38

其二,《反倾销协定》第2条第4款的解释。中国诉称欧盟违反该条款最后一句下的义务:"主管机关应向所涉各方指明为保证进行公平比较所必需的信息,并不得对这些当事方强加不合理的举证责任。"上诉机构认为这是确保公平比较的一般义务下的"程序要求",并坚持原审的上诉报告已解释的:"作为调查主管机关与利害当事方之间对话以确保公平比较的起点,作为最低要求,主管机关必须将产品信息通知与该公平比较有关的当事方。"[①]这同样是对中国诉求的支持。

中国进一步诉称欧盟违反了《反倾销协定》第2条第4款第2项下义务。按照该款项,"在计算倾销幅度时考虑的出口比例,无论从数量上还是质量上,都与该款项下法律义务无关,因为'该款项要求在计算倾销幅度时需考虑所有可比较的出口交易'。"[②] 上诉机构对此表示认可,指出:"该条款下比较所有可比较的出口交易,意味着正常价值的'加权平均对加权平均'与就计算倾销幅度而言的出口价格的比较应在所考虑的产品作为整体的情况下进行,在本案中这包括所有紧固件的出口类别。我们已经提示第2条第4款'公平比较'为第2条第4款第2项的解释提供了上下文。"[③]因此,中国的诉求也得到了支持。

二、文献选读:《WTO区域贸易协定的透明度机制》

这是2006年12月14日WTO总理事会通过的决定,也是WTO成立以来关于GATT第24条的唯一决定。根据该决定英文本翻译。

总理事会,

虑及《建立世界贸易组织马拉喀什协定》(WTO协定)第9条第1款;

根据WTO协定第4条第2款在部长级会议休会期间行使该会议职能;

注意互惠性贸易协定(区域贸易协定或RTAs)数量剧增,并已成为成员贸易政策及发展战略的重要因素;

相信加强RTAs的透明度和理解这对于体制利益的作用,将有利于所有成员;

也虑及GATT1994第24条的透明度规定,关于GATT1994第24条的解释谅解(GATT谅解)和GATS第5条以及1979年关于区别与最优惠待遇、互惠和发展中国家充分参与决定(使能够条款);

---

① EC-Fasteners (China, 21.5), DS397/AB/RW, 18 January 2016, paras.5.164-166.
② EC-Fasteners (China, 21.5), DS397/AB/RW, 18 January 2016, para.5.128.
③ EC-Fasteners (China, 21.5), DS397/AB/RW, 18 January 2016, para.5.281.

承认发展中国家成员的资源及技术限制；

承认根据多哈部长级宣言的规定开展谈判,依据该宣言第47段在基于条款的实施早期达成协议；

决定：

A. 早期宣布

1. 不影响GATT1994第24条要求的通报实质及时间性,GATS第5条和使能够条款,也不以任何方式影响成员在WTO协定下的权利与义务：

(a) 新谈判的成员应努力通知WTO。

(b) 签署新的RTA成员方应在可公开之时向WTO通报该RTA,包括正式名称、范围及签署日,预期生效日或临时适用日,相关联系点或网站以及其他任何相关非限制信息。

2. 上述第1款所列信息应向WTO秘书处通报,这将在WTO网站公布,并根据成员定期提供信息加以更新。

B. 通报

3. 要求成员有关其作为缔约方的RTA通报应尽早。作为一项规则,一旦缔约方批准RTA,或对某协定的相关部分适用的任何决定,即应通报,并在缔约方之间优惠待遇适用之前。

4. 在通报其RTA时,缔约方应根据其通告依据的WTO协定的条款。这应包括WTO正式文字之一的RTA的完整文本(或已决定适用部分),以及任何相关减让表、附录和议定书。如有电子版,则应一并提供。也可给予相关正式网站地址。

C. 加强透明度程序

5. 在通报时,并不影响成员在WTO协定下已通报的义务,该RTA应视为以下第6款至第13款下的RTA。

6. 成员考虑所通报之RTA通常应在通报之日后1年内缔结。确切时间表应由WTO秘书处与缔约方在其通报时确定。

7. 为帮助成员考虑通报RTA,

(a) 缔约方应向WTO秘书处提供附件规定的数据；

(b) WTO秘书处根据其职权并充分与缔约方磋商。准备实际提交RTA。

8. 第7款(a)项提及数据应尽早准备。一般应在通报该协定之日后10周内提交,或在包括发展中国家的情况下不超过 20 周。

9. 第 7 条(b)款规定的实际提交首先应基于缔约方提供的信息,如有必要,WTO 秘书处也可利用其他渠道获得数据,应考虑缔约方进一步提供的确切性。在准备实际提交时,WTO 秘书处应避免做出任何价值判断。

10. WTO 秘书处的实际提交不应用于争端解决或为成员创设新的权利和义务的依据。

11. 作为一项规则,考虑通报 RTA,应努力组织一次正式会议;任何其他信息交换应采取书面形式。

12. WTO 秘书处的实际递交以及缔约方的任何其他递交信息,应以 WTO 三种正式语言不迟于考虑 RTA 的会议之前 8 周予以散发。成员们对所考虑的 RTA 任何书面问题或评论应至少在该会议前 4 周通过 WTO 秘书处转交给缔约方,缔约方应至少在相应的会议前 3 个工作日将其回复与这些问题及评论一并散发。

13. 所有书面递交材料以及所通报协定考虑的会议记录应以所有 WTO 官方语言适当散发,并在 WTO 官网上公布。

以下部分均略。

D. 嗣后通报与报告

E. 受托实施该机制的机构

F. 对发展中国家的技术支持

G. 其他规定

H. 透明度机制的临时适用

I. 机制的评估

附件:RTA 缔约方的数据递交

三、扩展阅读

1. 曹建明:《欧洲联盟法——从欧洲统一大市场到欧洲经济货币联盟》,浙江人民出版社,2000 年。

2. 曾令良:《欧洲联盟法总论》,武汉大学出版社,2007 年。

3. [英] 弗兰西斯·斯奈德:《欧洲联盟法概论》,宋英编译,北京大学出版社,1996 年。

4. 王贵国主编:《区域安排法律问题研究》,北京大学出版社,2004年。

5. Francis Snyder, *The Europeanisation of Law*, Oxford: Hart Publishing, 2000.

6. Francis Snyder, *International Trade and Customs Law of the European Union*, London: Butterworths, 1998.

附录 缩略语对照

AEO	经认证的经营者	Authorized Economic Operator
BIA	可获得的最佳信息	Best Information Available
BITs	双边投资保护协定	Bilateral Investment Treaties
BOT	建设—经营—转让	Build-Operate-Transfer
CCT	共同海关税则	Common Customs Tariff
CPs	缔约方全体	Contracting Parties
CPTPP	全面与进步的跨太平洋伙伴关系协定	Comprehensive and Progressive Agreement for Trans-Pacific Partnership
DSB	争端解决机构	Dispute Settlement Body
DSU	关于争端解决规则与程序的谅解	Understanding on Rules and Procedures Governing the Settlement of Disputes
EAEC	欧洲原子能共同体	European Atomic Energy Community
ECSC	欧洲煤钢共同体	European Coal and Steel Community
EEC	欧洲经济共同体	European Economic Community
ECU	欧洲货币单位	European Currency Unit
EDI	电子数据交换	Electronic Data Interchange
FDI	外国直接投资	Foreign Direct Investment
G20	20国集团	Group of 20
GATS	服务贸易总协定	General Agreement on Trade in Services
GATT	关税与贸易总协定	General Agreement on Tariffs and Trade
GNP	国民生产总值	Gross National Product
GPA	政府采购协定	Government Procurement Agreement
GSP	普惠制	Generalized System of Preferences

GVCs	全球价值链	Global Value Chains
ICC	国际商会	International Chamber of Commerce
ICSID	解决投资争端国际中心	International Center for Settlement of Investment Disputes
IDA	国际开发协会	International Development Association
IFC	国际金融公司	International Finance Corporation
ILO	国际劳工组织	International Labour Organization
IMF	国际货币基金组织	International Monetary Fund
ISDS	投资者与国家的投资争端解决	Investor-State Dispute Settlement
ITA	信息技术协定	Information Technology Agreement
ITO	国际贸易组织	International Trade Organization
LTFV	低于公平价值	Less-Than-Fair-Value
MFN	最惠国	Most-Favoured-Nation
MIGA	多边担保机构	Multilateral Investment Guarantee Agency
MNEs	多国企业	Multinational Enterprises
MVTO	汽车关税令	Motor Vehicles Tariff Order
NAFTA	北美自由贸易协定	North American Free Trade Agreement
OECD	经济合作与发展组织	Organization for Economic Cooperation and Development
PTAs	优惠贸易协定	Preferential Trade Agreements
RCEP	区域全面经济伙伴关系协定	Regional Comprehensive Economic Partnership
RTAs	区域贸易安排	Regional Trade Arrangements
SCM	补贴与反补贴措施	Subsidies and Countervailing Measures
SDR	特别提款权	Special Drawing Rights
SPOs	特别免税令	Special Remission Orders
TFA	贸易便利化协定	Trade Facilitation Agreement
TPP	跨太平洋伙伴关系协定	Trans-Pacific Partnership Agreement
TRIPS	与贸易有关的知识产权	Trade Related Aspects of Intellectual Property Rights
TRIMs	与贸易有关的投资措施	Trade-Related Investment Measures
UNCITRAL	联合国贸易法委员会	United Nations Commission on International Trade Law
USMCA	美墨加协定	Agreement between the United States of America, the United Mexican States, and Canada
WIPO	世界知识产权组织	World Intellectual Property Organization
WTO	世界贸易组织	World Trade Organization

主要参考文献

(一) 中文

《马克思恩格斯选集》(第1卷),人民出版社1972年
曹建明:《欧洲联盟法——从欧洲统一大市场到欧洲经济货币联盟》,浙江人民出版社2000年
陈安主编:《国际投资争端仲裁——"解决投资争端国际中心"机制研究》,复旦大学出版社2001年
董世忠主编:《国际经济法》(第二版),复旦大学出版社2009年
董世忠主编:《国际金融法》,法律出版社1989年
高永富、张玉卿主编:《国际反倾销法》,复旦大学出版社2001年
韩龙:《国际金融法》,高等教育出版社2020年
刘丁:《国际经济法》,中国人民大学出版社1984年
王贵国:《世界贸易组织法》,法律出版社2003年
王贵国:《国际货币金融法》(第三版),法律出版社2007年
王贵国:《国际投资法》(第二版),法律出版社2008年
王贵国主编:《区域安排法律问题研究》,北京大学出版社2004年
汪尧田总编审:《乌拉圭回合多边贸易谈判成果》,复旦大学出版社1995年
汪尧田、李力主编:《国际服务贸易总论》,上海交通大学出版社1997年
汪尧田、周汉民主编:《关税与贸易总协定总论》,中国对外经济贸易出版社1992年
姚梅镇:《国际投资法》(第三版),武汉大学出版社2011年
余劲松:《跨国公司法律问题专论》,法律出版社2008年
余劲松主编:《国际经济法学》,高等教育出版社2016年
曾令良:《欧洲联盟法总论——以〈欧盟宪法条约〉为新视角》,武汉大学出版社2007年
赵维田:《最惠国与多边贸易体制》,中国社会科学出版社1996年

张乃根等编著:《美国专利法:判例与分析》,上海交通大学出版社2010年

张乃根:《WTO争端解决机制论——以TRIPS协定为例》,上海人民出版社2008年

张乃根:《WTO法与中国涉案争端解决》,上海人民出版社2013年

张乃根主编:《与贸易有关的知识产权协定》,北京大学出版社2018年

张乃根:《条约解释的国际法》(上下卷),上海人民出版社2019年

[美]约翰·H.杰克逊:《世界贸易体制——国际经济关系的法律与政策》,张乃根译,复旦大学出版社2001年

[美]布鲁斯·E.克拉伯:《美国对外贸易法和海关法》(上下册),蒋兆康、王洪波、何晓睿等译,法律出版社2000年

[英]弗兰西斯·斯奈德:《欧洲联盟法概论》,宋英编译,北京大学出版社1996年

[罗马]查士丁尼:《法学总论——法学阶梯》,张企泰译,商务印书馆1989年

《拿破仑法典》(法国民法典),李浩培、吴传颐、孙鸣岗译,商务印书馆1979年

[法]卡路、佛罗列和朱依拉:《〈国际经济法〉目录》,王铁崖(笔名"石蒂")译,载《国外法学》1980年第8期

[日]金泽良雄:《国际经济法的结构》,姚梅镇译,载《国外法学》1982年第2期

芮沐:《第一讲 关于国际经济法的几个问题》,载《国外法学》1983年第1期

张乃根:《关于WTO未来的若干国际法问题》,载《国际法研究》2020年第5期

《世界贸易组织乌拉圭回合多边贸易谈判结果法律文本》(中英文对照),对外贸易经济合作部国际经贸关系司译,法律出版社2000年

(二) 英文

Antonio R. Parra, *The History of ICSID*, Oxford: Oxford University Press, 2018

Antony Taubman, *A Practical Guide to Working with TRIPS*, Oxford: Oxford University Press, 2011

Arthur E. Appleton, "Shrimp/Turtle: Untangling the Nets", *Journal of International Economic Law*, Volume 2, Number 3, September 1999

Campbell McLachlan, *International Investment Arbitration*, Oxford: Oxford University Press, 2017

David Palmeter and Petros C. Mavroidis, *Dispute Settlement in the World Trade Organization: Practice and Procedure*, 2nd ed., Cambridge: Cambridge Univeristy Press, 2004

Draft Articles on Most-Favoured-Nation Clauses, in *Yearbook of the International Law Commission 1978* (Vol. II, Part Two), New York: United Nations, 1979

Final Report of the Study Group on the Most-Favoured-Nation Clause, in *Yearbook of the International Law Commission 2015* (Vol. II, Part Two), New York: United Nations, 2015

Erik Denters, *Law and Policy of IMF Conditionality*, The Hague: Kluwer Law International, 1996

Ernst-Uirich Petermann, *The GATT/WTO Dispute Settlement System*, The Hague: Kluwer Law International, 1996

Francis Snyder, *The Europeanisation of Law*, Oxford: Hart Publishing, 2000

Francis Snyder, *International Trade and Customs Law of the European Union*, London: Butterworths, 1998

John H. Jackson, *The World Trading System: Law and Policy of International Economic Relations*, 2nd ed., Cambridge: The MIT Press, 1997

John H. Jackson, *Legal Problems of International Economic Relation*, 4th ed., St. Paul: West Group, 2002

Justin Malbon, Charles Lawson and Mark Davision, *The WTO Agreement on Trade-Related Aspects of Intellectual Property Rights*, Cheltenham: Edward Elgar, 2014

Peter B. Kenen, *International Economics*, 3rd ed., Cambridge: Cambridge University Press, 1989

Petros C. Mavroidis and Mark Wu, *The Law of the World Trade Organization*, 2nd ed., St. Paul: West Academic Publishing, 2013

Steve Charnovitz, "What is International Economic Law?" *Journal of International Economic Law*, Volume 14, Number 1, March 2011

The Institutes of Justinian, translated into English with an Index by J. B. Moyle, 5th ed., Oxford: At the Clarendon Press, 1913

The Future of the WTO: Addressing Institutional Challenges in the New Millennium, Report by the Consultative Board to the Director-General Supachai Panitchpakdi, Geneva: WTO 2004

"The Quest for International Law in Financial Regulation and Monetary Affairs", *Journal of International Economic Law*, Volume 13, Number 3, September 2010

WTO: *Global Value Chain Development Report 2019: Technological Innovation, Supply Chain Trade, and Workers in a Globalized World*, Geneva: WTO Publication, 2019

WTO Agreements: the Marrakesh Agreements Establishing the World Trade Organization and its Annexes, Cambridge: Cambridge University Press, 2017

UNCTAD: World Investment Report 2019, 12 June 2019

AAPL v. Sri Lanka, Case No. ARB/87/3, Award, 27 June 1990

Ansung Housing Co. Ltd v. China, ICSID Case No. ARB/14/25, 9 March 2017

Argentina-Financial Services, WT/DS453/AB/R, 14 April 2016

Australia-Tobacco Plain Packaging, WT/DS435,441/AB/R, 9 June 2020

Brazil-Retreated Tyres, WT/DS332/AB/R, 3 December 2007

Canada-FIRA, BISD, 30 Supp., 2 July 1984

Canada-Periodicals, WT/DS31/AB/R, 14 March 1997

Canada-Autos, WT/DS139,142/AB/R, 31 May 2000

EC-Bananas, WT/DS27/AB/R, 9 September 1997

EC-Asbestos, WT/DS135/AB/R, 12 March 2001

EC-Bed Linen, WT/DS141/AB/R, 1 March 2001

EC-Trademarks and Geographical Indications, WT/DS174/R, 15 March 2005

EC-Chicken Cuts, WT/DS269,286/AB/R, 12 September 2005

EC-Fasteners (China), WT/DS397/AB/R, 15 July 2011

EC-Fasteners (China, 21.5), DS397/AB/RW, 18 January 2016

India-Patents, WT/DS50/R, 5 September 1997; WT/DS50/AB/R, 19 December 1997

Italian-Agricultural Machinery, BISD, 7 Supp., 23 October 1958

Japan-Alcoholic Beverages I, 34S/83, 10 November 1987

Japan-SPF Dimension Lumber, BISD 36S/167, 19 July 1989

Japan-Alcoholic Beverages, WT/DS8, 10, 11/AB/R, 4 October 1996

KT Asia Investment Group. B.V. v. Kazakhstan, ICSID Case No. ARB09/8, Award, 17 October 2013

Spain-Unroasted Coffee, BISD28S/102, 11 June 1981

TGPJ v. Jordan, ICSID Case No. ARB/07/25, 12 May 2008, The Decision on Rule 41(5)

Thailand-Cigarettes, WT/DS371/AB/R, 15 July 2011

US-Spring Assemblies, BISD, 30 Supp., 26 May 1984

US-Gasoline, WT/DS2/AB/R, 29 April 1996

US-Shrimp, WT/DS58/AB/R, 12 October 1998

US-Section 211 Appropriations Act, WT/DS176/AB/R, 2 January 2002

US-Gambling, WT/DS285/AB/R, 7 April 2005

US-Zeroing (Japan), WT/DS322/AB/R, 9 January 2007

US-Anti-Dumping Methodologies (China), DS471/AB/R, 11 May 2017

图书在版编目(CIP)数据

新编国际经济法导论/张乃根著. —3 版. —上海:复旦大学出版社,2022.9
(复旦法学. 研讨型教学系列教材)
ISBN 978-7-309-16304-9

Ⅰ.①新… Ⅱ.①张… Ⅲ.①国际经济法-高等学校-教材 Ⅳ.①D996

中国版本图书馆 CIP 数据核字(2022)第 125263 号

新编国际经济法导论(第三版)
XINBIAN GUOJI JINGJIFA DAOLUN (DI SAN BAN)
张乃根　著
责任编辑/朱　枫

复旦大学出版社有限公司出版发行
上海市国权路 579 号　邮编:200433
网址:fupnet@fudanpress.com　http://www.fudanpress.com
门市零售:86-21-65102580　　团体订购:86-21-65104505
出版部电话:86-21-65642845
上海盛通时代印刷有限公司

开本 787×1092　1/16　印张 16.75　字数 273 千
2022 年 9 月第 3 版
2022 年 9 月第 3 版第 1 次印刷

ISBN 978-7-309-16304-9/D·1124
定价:56.00 元

如有印装质量问题,请向复旦大学出版社有限公司出版部调换。
版权所有　侵权必究